中國學術思想 研究輯刊

十六編

林慶彰 主編

第 6 冊

莊子安命哲學之探究

吳建明 著

花木蘭文化出版社

國家圖書館出版品預行編目資料

莊子安命哲學之探究／吳建明 著 ── 初版 ── 新北市：花木蘭
文化出版社，2013〔民102〕
目 2+244 面：19×26 公分
（中國學術思想研究輯刊 十六編；第6冊）
ISBN：978-986-322-131-9（精裝）
1.（周）莊周　2.學術思想　3.生命哲學
030.8　　　　　　　　　　　　　　　　　　102002261

ISBN-978-986-322-131-9

9 789863 221319

中國學術思想研究輯刊
十六編　第 六 冊　　　　　　ISBN：978-986-322-131-9

莊子安命哲學之探究

作　　　者	吳建明
主　　　編	林慶彰
總 編 輯	杜潔祥
出　　　版	花木蘭文化出版社
發 行 所	花木蘭文化出版社
發 行 人	高小娟
聯絡地址	235 新北市中和區中安街七二號十三樓
	電話：02-2923-1455／傳真：02-2923-1452
網　　　址	http://www.huamulan.tw 信箱 sut81518@gmail.com
印　　　刷	普羅文化出版廣告事業
封面設計	劉開工作室
初　　　版	2013 年 3 月
定　　　價	十六編 25 冊（精裝）新台幣 42,000 元

莊子安命哲學之探究

吳建明　著

作者簡介

吳建明，台灣宜蘭人，東海大學哲學系博士。曾任弘光技術學院、台中空中大學、中華醫事學院兼任講師、靜宜大學通識教育中心、南華大學哲學與生命教育學系、國立嘉義大學中國文學系兼任助理教授。

提　　要

　　「命」是中國哲學的重要範疇，在思想文化的遞遭下，呈現各種不同的樣貌。在莊子書中亦是其重要思想內涵之一，向來治莊學人對莊子哲學難免有消極之疑慮，尤其對莊子安命思想的理解更是如此；這從莊子書中部分對隱者的讚揚，以及顛覆常理常情的價值觀言，是容易令人產生誤解的。然吾人皆知，莊子這般洸洋不儻的敘述方式，其實也是與其思想性格互為表裡，即莊子哲學乃是一對生命反省與治療之性格，是一對生命存有之道的回復。因此，從理解莊子哲學之整體義理面向而言，安命思想正有其積極的意義，即其作為反省工夫進路之一，是與莊子體道逍遙的理境可以上下相溝通的。

　　因此，本文立足於安命對生命的反省為起始，指出命感之由生實乃生命罹病所致，明白其病原是生命沉淪與異化的交互影響，而藉由安命所闡明的工夫進路，來完成體道歸真的回復療程。

　　本文除結論外共計五章，首先是以生命問題的反省與關懷為起始，指陳研究之問題緣起與動機。復次，闡述「命」概念在歷史上的陵替與發展，主要說明莊子論命之要義大宗。接著，探討莊子「道」的性格及其意涵，理解其與老子「道」論之間的承接與發展，並論證莊子體道逍遙之可能，指出「安命」思想與存有之道相續相通的縱向實踐可能，及其生命治療學的實質意涵，以明「安命」哲學體道工夫之所在。最後，期能將安命哲學的橫面向擴而廣之，進而能闡發莊子出世入世自在，生死無礙的圓滿智慧。

謝　誌

　　本文之完成而得以呈現，特別要感謝陳德和先生的指導，在筆者初入哲學之門，能遇到陳德和先生的悉心教導，眞是千里難得之明師。而當時，南華管理學院哲學研究所，也集一時研究中國哲學的重要學術傳統，儒學血脈在此開枝散葉、薪火相傳。尤其，哲學研究所諸位師長們，如袁保新先生、林安梧先生、鄭志明先生、蔡瑞霖先生、顏國明先生的敦促與勉勵，令後學能在學識上有所開啓，而同學間的相互砥礪與問學，也使得學生在本文的撰寫上有所憑依與靈感，令筆者五內誌感、隻字片語無以銘謝。

2012 年 5 月 1 日　宜蘭

目

次

第一章　緒　論

第一節　論題之選定及其研究動機〔註1〕

　　人自降生於世，似乎便須面對著生命存有的種種現實情境。生老病死是
人生命必經的體驗，沒有人可以從中遁逃，而富貴貧賤、壽夭禍福則是生命
歷程外在境遇之展現，人人不同。雖然富貴壽福乃是人人所希求，但真正隨
心所欲者能有幾人，是以常人存活於世，不免就要逐名追利，跳脫不出生命
的盲點，不能透徹生命存有的實情，於是就不免逐物戕性，迷途失真。誠如
《莊子・齊物論》所云：

> 一受其成形，不亡以待盡。與物相刃相靡，其行盡如馳，而莫之能
> 止，不亦悲乎！終身役役而不見其成功，茶然疲役而不知其所歸，
> 可不謂哀邪！人謂之不死，奚益！其形化，其心與之然，可不謂大
> 哀乎？人之生也，固若是芒乎？其我獨芒，而人亦有不芒者乎？

在兩千年前，莊子對人生命存在之精神困境，已有深刻的反省與體會；對照
經過二次大戰洗禮、世紀末文化衰頹、與物欲橫流之消費社會下的當今人類
處境，其因生命之「異化」（alienation）而產生的種種精神危機而言，〔註2〕

〔註1〕 本節部分內容摘錄筆者拙著：《《莊子》虛己之處世智慧探究》，《人文研究期
　　　　刊》第4期，2008年6月，頁35～54。

〔註2〕 「異化」（alienation）一詞，自從馬克思發表「1884年經濟學與哲學手稿」
　　　　（Economic and Philosophical Manuscripts of 1884）以來，倍受重視。費爾
　　　　巴哈宣佈宗教係人的自我分裂及疏離，馬克思受到他的影響，遂宣稱疏離
　　　　或異化，為資本主義社會的特徵：「他認為資本主義社會中的工作已成為貨
　　　　物，人的固有本質因之喪失；由於這一社會全部關係均因工作而形成，因

莊子之言無異是最貼切的描述與寫照。實際上，現代人的生命情境，早已是
精神上的無殼蝸牛與流浪漢，精神心靈無處安頓，生命理想無處掛搭，這是
一種生命無家可歸、不得其所的惶恐與危機。《老子》三十三章云：「不失其
所者久」然而現代人的處境正是亡其宅與失其所的。人類社會的物質文明隨
著科技的日新月異而飛快進步，但是，精神文明卻不能相對的成長；是故對
生命的體會與反省，反而不及兩千年前老莊的洞見。雖然工業革命後，由於
生產技術的進步以及「價值觀」的改變，大大改善了人類的生活環境，但也
強烈的影響了自然環境。現代歐美工業先進國家，首先嘗到工業污染所帶來
的環境危機問題。〔註3〕再者，隨著工業化而來的消費社會，也使得人生活本
身被大量的物品所包圍，使得生命日趨物化，而物品所形成的宰制系統，更
剝奪了人存有的本然狀態，一如尚‧布希亞（Jean Baudillard，1929～2007）
在他的〈消費社會與消費欲望〉一文中所陳述的：「就像狼童因生活在狼群之
間而變成狼，我們也變成功能性的（functional）。」〔註4〕在今日西方物質文
明強勢主宰當今人類生活方式的影響下，科技只知道追求進步和發展，卻絲
毫不去注意這種發展對人類生存的意義。也就是說，科學理性並未解決人類
生活的難題。現在，科技理性已然滲透到人的社會和日常生活中，使得人類
生活變得機械，並且毫無特性可言。〔註5〕此正如《莊子‧天地》所云：

> 有機械者必有機事，有機事者必有機心。機心存於胸中，則純白不
> 備；純白不備，則神生不定；神生不定者，道之所不載也。

正是如此，莊子認為機械雖然帶給人便利，但其背後隨之而生的「機心」，卻
更易使人背離大道，失去純潔的心靈。海德格（Martin Heidgger，1889～1976）

此它們都被物化及異化。」參見布魯格，《西洋哲學辭典》，項退結編譯，
台北：華香園，1992，頁 51。於此，拙文在論文中所提及之「異化」，與上
述之意義有所出入：是表明一種較負面的意涵，並指涉著生命的諸種非本
然的情境。

〔註3〕 謝政諭，〈老子思想與後工業社會環境倫理〉，《道家思想文化》，海峽兩岸道
家思想與道教文化研討會論文集，台北：中華民國宗教哲學研究社，1994，
頁 613。

〔註4〕 尚‧布希亞說：「我們生活在物的時期，亦即我們靠著物的韻律、依照物的不
斷循環而生活。今天，是我們在觀看物的誕生、完成與死亡；反之在以前的
文明，是物、器具及紀念碑在世代的人們之間茍延殘喘。雖然物既非植物也
非動物，但物給人一種癌細胞增殖的印象……這些人類所生產的動植物，反
過來包抄與圍攻人。」參見尚‧布希亞（Jean Baudrillard），蔡崇隆譯，〈消費
社會與消費欲望〉，《當代》第 65 期，1991 年 1 月，頁 49。

〔註5〕 嚴平，《高達美》，台北：東大，1997，頁 218。

也認為人在科技時代已經異化了，技術帶來的環境污染可以克服，但人的本性的喪失卻不易克服。〔註6〕所以，新媒介科技可能活化但也可能蠢化心靈，而新的科技模態既提供了增進生活的可能性也可以成為毀滅生活的工具。〔註7〕可見莊子於此所作的反省，無乃是具有前瞻與洞見的。

唐君毅在反省西方存在主義興起之原由時，曾指出當代文明「上不在天，下不在地，外不在人，內不在己」的存在危機。〔註8〕這個存在的危機，袁保新認為是在科技獨大以後，所造成的一個「存在意義」的危機。〔註9〕另外，劉述先也認為：

> 當代基督教大神學家田立克宣稱，今日對人類最大的威脅即是人生意義失落的感受。他認為這個世界以內的一切都是曖昧模糊的。只有人通過信仰的飛躍，才能在基督和上帝那裏找到安身立命之所。人在科技分析之中找不到意義，但神學家卻又不能不訴之於信仰和神話的象徵，二元分裂，莫知所從。在這樣的情形下，我們重新發現中國哲學的傳統……既不必為客傾的科技、物質機械世界所吞噬，也不必仰仗他世福音與救贖。……〔註10〕

因此，以「生命」為中心的中國儒釋道哲學正可以解消這樣的困境。誠如牟宗三所云：

> 它沒有西方式的以知識為中心，以理智遊戲為第一特徵的獨立哲學，也沒有西方式的以神為中心的啟示宗教。它是以「生命」為中心。〔註11〕

中國這種哲學就是生命的學問。它主要的用心在於如何來調節我們的生命，來運轉我們的生命、安頓我們的生命。〔註12〕是故，中國哲學在發展的開端，對於「人是什麼」這個問題特別注意。基本上，中國哲學主流的儒、釋、道三大家，都有其對人性的看法。儒家是透過道德實踐以探討心性的問題，它以為人之所以為人，就在於人之可以實踐道德以人文化成天下；佛家所說的

〔註6〕 滕守堯，《海德格》，台北：生智，1996，頁181～182。

〔註7〕 Steven Best,Douglas Kellner，《後現代理論：批判的質疑》（*Postmodern Theory：Critical Interrogations*），朱元鴻校訂，台北：巨流，1996，頁361。

〔註8〕 唐君毅，《中華人文與當今世界》下冊，台北：學生，1975，頁540～565。

〔註9〕 袁保新，《孟子三辯之學的歷史省察與現代詮釋》，台北：文津，1992，頁166。

〔註10〕 劉述先，《中國哲學與現代化》，台北：時報文化，1970，頁55。

〔註11〕 牟宗三，《中國哲學的特質》，台北：學生，1994，頁5～11。

〔註12〕 牟宗三，《中國哲學十九講》，台北：學生，1993，頁15。

「證菩提」，即是指出人可以如其所如地證萬物的本性而解脫。〔註13〕至於道家則對人現實存在困境作深思與反省，思考由文明所帶來之種種病症，來理解人存在之現實生命裡的種種荒謬及其瘋狂，進而提示一向人存有自身回歸之路徑，此即是向自然而然之道的回歸。

道家對現實有著強烈的敏銳感，往往能隨著時代的遞遷，與予回應與反省；其對生命的感受與理解特深，不會因時代的變遷而減損其豐富的意蘊；也因此在不同的時代，它能以不同的面貌被呈現與詮釋，持續展現其不朽的生命力。再者，考諸先秦諸子百家的興起，乃是由於「周文疲弊」的這樣一個時代歷史的因素。〔註14〕道家對「周文疲弊」的回應，乃是針對禮樂制度的形式化與空洞化所造成對人生命的束縛與桎梏，為其學思之起點，〔註15〕而重新理解人生命存有之究竟意涵，及其人存在天地萬物自然之中的地位。

道家思想當以老莊為代表，而道家「生命的學問」到了莊子時代，可說是由原先老子對道的體認、與對政治社會的關懷，更加全然地落實在個體人生的關注上。〔註16〕究其原由，實乃莊子的生存環境較之老子更為惡劣與尷尬，世局的動亂更加劇烈，政治的迫害與險惡更加匪夷所思。例如，在國際上；國與國之間的惡戰，戰國時期就較之春秋時代更為恐怖與慘烈，〔註17〕

〔註13〕陳榮灼，《「現代」與「後現代」之間》，台北：時報文化，1992，頁15～16。

〔註14〕牟宗三認為：「西周三百年的典章制度，這套禮樂，到春秋的時候就出問題了，所以我叫它做『周文疲弊』。諸子思想的出現就是為了對付這個問題。」參見牟宗三，《中國哲學十九講》，頁56～60。

〔註15〕牟宗三，《中國哲學十九講》，頁89。

〔註16〕王邦雄說：「莊子最大的學術性格，就是把老子的道，完全吸納到我們的生命中；整個把道家的道、道家的理想、道的無限性，完全化入我們的生命流行中，在我們的生命人格中，去開展出來、實現出來，所以他是把道吸納入生命中……莊子講天人、聖人、神人、至人、真人，都講人，天落在人的身上，所以道家的道內在化就是莊子。」參見王邦雄，〈走進莊子之學的門徑〉，《鵝湖月刊》第136期，1986年10月，頁21。另外，韋政通也認為：「老子發展的重點在政治、社會，莊子發展的重點在個體人生，所以前者思想所表現的客觀傾向較大，後者思想則表現了強烈的超越性。……修養工夫的理論化，以及心靈世界的開發，卻是莊學最重要最精彩的天地。」參見韋政通，《中國思想史》，台北：水牛，1994，頁177。

〔註17〕黃仁宇認為：「在東周五百年內，戰爭的方式有很大的改變。春秋時代軍隊的人數少，戰鬥不出一日，交戰時保持騎士風度。交戰者按照儀節行事使戰鬥藝術化，符合封建時代的標準。一到戰國末年，每方投入戰鬥的兵員近五十萬，實為常事。野戰之後又包圍城市，可以連亙數月。有好幾個國家已做到全民動員的地步。」參見黃仁宇，《中國大歷史》，台北：聯經，1993，頁23。

〈則陽〉云：「有國於蝸之左角者，曰觸氏；有國於蝸之右角者，曰蠻氏。時相與爭地而戰，伏屍數萬。」這篇荒謬突梯的寓言，很貼切地敘述了國與國之間血淋淋的戰爭事實。在政治上，暴政的迫害也是無以復加和難以想像的，〈在宥〉云：「今世殊死者相枕也，桁楊者相推也，刑戮者相望也」。〈徐無鬼〉云：「殺人之士民，兼人之土地，以養吾私與吾神者」在恐怖的政治屠辱之下，人命如草芥，知識份子在如此危殆與尷尬的處境下，正是如〈德充符〉中所述「游於羿之彀中」，這也就如同存在主義者在反省人類遭受世界大戰災難後，所宣稱的一個「極端情境」（extreme situation），那本是一個極度不安與惶恐的時代，尤其，莊子原籍的宋國，更是四戰之地，因此感受與哀痛就更加深刻。《史記・老子韓非列傳》中說：

> 莊子者，蒙人也，名周。周嘗爲漆園吏，與梁惠王、齊宣王同時。其學無所不闚，然其要本歸於老子之言。故其著書十餘萬言，大抵率寓言也。作〈漁父〉、〈盜跖〉、〈胠篋〉，以詆訾孔子之徒，以明老子之術。〈畏累虛〉、〈亢桑子〉之屬，皆空語無事實。然善屬書離辭，指事類情，用剽剝儒墨，雖當世宿學，不能自解免也。其言洸洋自恣以適己，故王公大人不能器之。楚威王聞莊周賢，使使厚幣迎之，許以爲相。莊周笑謂楚使者曰：「千金，重利；卿相，尊位也。」子不見郊祭之犧牛乎？養食之數歲，衣以文繡，以入大廟。當是之時，雖欲爲孤豚，豈可得乎？子亟去，無污我。我寧遊戲污瀆之中自快，無爲有國者所羈，終身不仕，以快吾志焉。〔註18〕

《史記》的這一段記載，可約略看出莊子的時代背景及其性格，在一個「上下交相利」的亂離之世，〔註19〕莊子的情懷無疑是磊落瀟灑的。他對殘酷政治的痛惡，以及對現實的失望，終至於「我寧遊戲污瀆之中自快，無爲有國者所羈。」這無非都是來自對人世深沉的感傷與醒悟，莊子在〈人間世〉云：

> 鳳兮鳳兮，何如德之衰也！來世不可待，往世不可追也。天下有道，聖人成焉；天下無道，聖人生焉。方今之時，僅免刑焉。福輕乎羽，莫之知載；禍重乎地，莫知之避。已乎已乎，臨人以德！殆乎殆乎，畫地而趨！迷陽迷陽，無傷吾行！吾行卻曲，無傷吾足。

〔註18〕司馬遷，《史記》，台北：鼎文，1974，頁2143～2145。
〔註19〕《孟子・梁惠王上》：「王何必曰利？亦有仁義而已矣……上下交相利，而國危矣。」這一段話也正是說明了戰國時代，在社會上普遍存在的功利傾向之價值觀。

這都顯示了莊子對世情的無奈，這種對時代的省察與浩嘆，促使他對生命存在本身的意義作反省與領會，進而了悟生命的真諦與其無限的可能，而終能展現生命的圓滿，〔註20〕臻至與道合一的逍遙理境。本文研究的旨趣即是藉由莊子哲學的啓發，及其對人現實存在困境之反省作爲探究起點，試圖詮釋莊子安命體道之意涵與工夫進路，以證成其體道逍遙之可能；並開顯真人出世入世自在、生死無礙的真義。最後，期能理解「安命」不只是一個生命反省的起點，也是一個工夫過程、與一個體道的理境展現；由此，吾人終可領悟安於「命」即是安於「道」。

第二節　文獻之設定及其取捨依據

本文研究之內容，在於恰當呈現《莊子》一書中所蘊含「安命」之哲學義理。是故，乃以現今通行之文本爲詮釋對象。在此，僅依據當代學界前輩學者較爲通行之意見，略述文獻梗概並說明寫作取捨與揀擇。

在版本上，《莊子》一書在《漢書・藝文志》中記載有五十二篇，爲內篇七，外篇二十八，雜篇十四，與解說三。據《經典釋文・莊子序錄》認爲：是由淮南王的門下客所編定，晉朝的司馬彪及孟氏都曾爲它作注。然而今日我們所能見到的版本，就只剩下郭象所刪定的版本（十卷三十三篇，內篇七，外篇十五，雜篇十一）。其間雖有魏晉時人崔譔所注十卷二十七篇（內篇七，外篇二十），向秀的二十六篇（無雜篇）；以及李頤的《集解》三十卷三十篇；但都已亡佚，〔註21〕無法作爲我們研究的參考。是故，筆者在此僅以郭象所刪定之傳本，而由郭慶藩所輯之《莊子集釋》作爲研究的原始文本加以探究。

關於真僞問題，亦即各篇作者的問題。一般都認爲《莊子》書非一人一時之作。〔註22〕至於各篇之歸屬如何區別，楊儒賓認爲：「由於目前版本的篇

〔註20〕參見袁保新，〈齊物論研究——莊子形上思維的進路與型態〉，《鵝湖雜誌》第3卷第7期，1978年1月，頁22。

〔註21〕唐陸德明，〈經典釋文序錄〉，《莊子集釋》，郭慶藩，台北：華正，1994，頁28～29。

〔註22〕陳鼓應認爲：「古書多單篇別行，正如余嘉錫在《古書通例》中所說：『別本單行者，古人著書本無專集，往往隨作數篇，即以行世。』因此這裏面涉及鑒定古書真僞的一個很重要的問題：諸子的書，特別是字數較多的著作，大多是一篇篇寫，由後人匯集成冊，而且非一時一人之作（《老子》這本書是例外，因爲字數太少，僅五千言，用不著集體創作，而且其文風、格式都是一律的）」參見陳鼓應，〈論《老子》晚出說在考證方法上常見的謬誤——兼論

章我們很難視爲莊子的原本，我們也很難蠡測〈內篇〉是否才是莊子的著作，〈外·雜篇〉則係其後學所著。」〔註23〕雖然如此，目前學界一般還是同意〈內篇〉爲莊子本人所撰述，而〈外篇〉和〈雜篇〉則爲莊子門徒及莊子學派的人所爲。〔註24〕在此，王夫之認爲：「外篇非莊子之書，蓋爲莊子之學者，欲引伸之，而見之弗逮，求肖而不能也。」〔註25〕這段話指出了部分事實。而從〈內篇〉所具有之思想完整性、各篇主旨的明確、及義理的連貫來加以考查，〔註26〕可以確認其大體代表莊子本人的思想。〔註27〕至於內篇和莊子

《列子》非僞書〉，《道家文化研究》第4輯，陳鼓應主編，中國：上海古籍，1994，頁417。

〔註23〕楊儒賓認爲：「我們很難用『眞僞』這種範疇強加在《莊子》此書的章節上……將《莊子》一書視爲莊子學派的產物，不管他的『作者』有多少人，基本上他們是互容的，大體上不會互相矛盾。」參見楊儒賓，《莊周風貌》，台北：黎明，1991，頁23。

〔註24〕黃錦鋐說：「莊子外雜篇的文字，後人一致的意見，都認爲不是出於一個人的手筆。但卻是重要的莊學論文集，也是從莊子到淮南子之間的道家思想的橋樑。」參見黃錦鋐，《莊子讀本》，台北：三民，1985，頁3〜5。

〔註25〕王夫之，《莊子通·莊子解》，台北：里仁，1995，頁76。

〔註26〕褚伯秀說：「內篇之奧，窮神極化，道貫天人，隱然法度森嚴，與易老相上下，始於逍遙遊，終於應帝王者，學道之要，在反求諸己無適非樂，然後外觀萬物，理無不齊。物齊而己可忘，己忘而養生之主得矣！養生所以善己，應物所以善物，皆在德以充之，充則萬物符契宗之爲師，大宗師之本立矣！措諸治道也何難？內則爲聖爲神，外則應帝應王。斯道之所以斂之一身，不爲有餘，散之天下，不爲不足也」；參見焦竑，《莊子翼》，台北：廣文，1979，頁84。再者，林銘堯也說：「逍遙言人心多怵於小成，而貴於大；齊物論言人心多泥於己見，而貴於虛；養生主言人心多役於外應，而貴於順；人間世則入世之法，德充符則出世之法，大宗師則內而可聖，應帝王則外而可王，此七篇分著之義也，然人心惟大故能虛，惟虛故能順，入世而後可出世，內聖而後外王，此又內七篇相因之理也。」參見林銘堯，《增註莊子因》莊子總論部分，台北：廣文，1968，頁1。

〔註27〕唐君毅說：「唯莊子之內篇，宜與其外雜篇分別而觀，內篇之每篇，其文大皆自分體裁段落，合之則可見一整個之思想面目，當是一人所著。外雜篇則內容甚複雜，可謂其後之道家言之一結集。」又說：「觀莊子之外雜篇，則言明較駁雜不純，不如內七篇所言者之一貫。內七篇各有篇名，與今之外雜篇之只以首二字爲篇名，乃由編者所爲者不同。今觀外雜篇與內篇大不同者，則就文章體裁而論，外篇多直接論說義理，雜篇多雜記故事，以說義理，而不相連屬……至于就所論之道以觀，則外雜篇之言，吾意蓋恆是就莊子內篇所言之道，更合之于老聃慎到等所言之道，而更加此道加以客觀化而恢張廣說，遂不如內七篇所言者之切近于吾人之生命與心知。」參見唐君毅，《中國哲學原論·原道篇》卷一，台北：學生，1992，頁344、402〜404。另見劉笑敢，《莊子哲學及其演變》，北京：中國社科學，1993，頁20〜28。吳汝鈞，《老

外雜篇的牽連，劉笑敢則從《莊子》書中一些重要的概念與詞彙的發展，歸結出〈內篇〉乃是先於〈外篇〉與〈雜篇〉成立的結論。〔註 28〕他進一步指出：雖然《莊子》內七篇同中有異，但大體上是同一思想體系的作品，內七篇可能有某些錯雜，但並不嚴重。〔註 29〕本文不擬涉入《莊子》一書之詳細考證，祇略述其一二，以清眉目。

復次，在闡述莊子安命思想的文獻揀擇上，本文將對內篇與外雜篇作一區隔。〔註 30〕當然，這樣的區隔只是義理詮釋上的輕重與多寡，卻絕不是斷然的將外雜篇排斥於外，這是爲了獲得一整全的架構與理解，所必須採取的一種考量。王夫之認爲外篇「可與內篇相發明者，十之二三。」〔註 31〕並在綜論雜篇時表示：「雜篇言雖不純，而微至之語，較能發內篇未發之旨。」〔註 32〕可見外雜篇乃不可輕忽，拙文雖立足於內篇義理作爲探索的主幹，卻不排斥將外雜篇視爲可溝通莊子整體思想之文本。〔註 33〕換言之，本文擬

莊哲學的現代析論》，台北：文津，1998，頁 56～57。

〔註 28〕劉笑敢在其《莊子哲學及其演變》一書中的〈內容提要〉中指出：「今本《莊子》分爲內篇、外篇、雜篇三部分。內篇中只有道、德、命、精、神等概念，沒有道德、性命、精神這樣的複合概念，而在外篇與雜篇中，這三個複合概念已出現三十多次，這說明《莊子》內篇早於外篇與雜篇。」他也在其後的篇章說：「在戰國中期，在孟子及孟子以前的時代還沒有人使用過道德、性命、精神這三個複合詞，只是到了戰國後期，大約在荀子生活的時代，這些概念才開始出現並流傳開來……《莊子》書中內篇與外雜篇之間在使用概念方面的區別，正是歷史爲我們留下的客觀年代的分界，這條分界線告訴我們，外雜篇不可能是戰國中期的作品，只有內篇才可能是戰國中期的文章，而莊子剛好是戰國中期的人，所以只要我們不懷疑《莊子》書中包括莊子本人的作品，那麼，我們也就無法懷疑內篇基本上是莊子所作，而外雜篇只能是各派後學所作。」見劉笑敢，《莊子哲學及其演變》，北京：中國社科學，1993，頁 1～12。

〔註 29〕劉笑敢，《莊子哲學及其演變》，頁 1。

〔註 30〕陳德和認爲：「這種刻意區隔內篇與外雜篇的研究態度，無疑是謹慎而且恰當的……就以老子莊子而言，他之間有很多相同的關懷與理想，但從風貌與形式來說，還是有相異之處，老莊如此，莊子與莊子後學也一樣，所以，如果僅只是探究莊子個人思想時，內七篇足矣，若內外雜篇須完全兼顧者，則當以「莊子學派」名外雜篇，以表示其同中有異，異中有同，方稱得宜。」參見陳德和，《從老莊思想詮詁莊書外雜篇的生命哲學》，台北：文史哲，1993，頁 3。在此，拙文在論述莊子安命思想，在文獻義理輕重上的取捨態度，即是以內篇爲主幹，以外雜篇爲內篇義理的延伸，來加以融通與理解。

〔註 31〕王夫之，《莊子通·莊子解》，台北：里仁，1995，頁 76。

〔註 32〕王夫之，《莊子通·莊子解》，頁 196。

〔註 33〕筆者以爲外雜篇中除了少數篇章外，都可有與內篇連繫與溝通之處；在此，

以思想完整、義理連貫之內篇爲一研究的基本參照面，加以外雜篇爲發展內篇義理的有機組合（例如《莊子》書中關於「命」到「性命」觀念的發展等等）；〔註34〕並視其爲一完整的哲學文本，求其融通與互補。最後，筆者必須說明的是：事實上，我們現今對莊子的理解與認識，不外是透過郭象所刪定的版本來加以詮釋的，這是否就是莊子思想的原貌，其實有待商榷；復次，由於歷時久遠也令人疑慮是否能夠詮盡《莊子》義理的原貌，故或以爲由於文獻的年代間隔久遠，而有所謂的「時間間距」（Zeitenabstand），使得我們在解讀古典文本時難免產生障礙，然依高達美（Hans-Georg Gadamer，1900～2002）哲學詮釋學的見解，〔註35〕認爲「時間間距」非但不是吾人理解文本的障礙，而且是使得理解得以可能與建構意義的歷史因素。〔註36〕最後，吾

〔註34〕 爲使本文之研究能呈現一完整的面貌，本文概不參引〈說劍〉這一幾無與內篇相連繫之篇章。理由詳見崔大華，《莊學研究》，北京：人民，1997，頁97。關於此點，本文將在後文之論述中與予詳述，在此不另作說明；另關於「命」一詞在內篇單獨使用，與「性命」一詞在外雜篇連用的文獻考據上的論証事實。詳見劉笑敢，《莊子哲學及其演變》，北京：中國社科學，1993，頁1～12。

〔註35〕 高達美的詮釋學是在胡塞爾的現象學和海德格的存有學基礎所發展出來的。他曾說：「我的著作在方法上是立足於現象學的基礎之上，這是毫無疑問的」並說：「我的哲學詮釋學僅僅在於遵循後期海德格的思路，並用新的方法達到後期海德格的思想。」因此，他的哲學詮釋學運用的是胡塞爾現象學的方法，也是對海德格後期思想加以發展。
高達美哲學詮釋學所要解決的根本問題是眞理問題。在《眞理與方法》一書的導言中表示：詮釋學現象從來就不是一個方法問題，理解的現象滲透到人類世界的一切方面，不能把它歸結爲某種科學方法。該書的出發點就是要在現代科學範圍內抵制對科學方法的萬能要求，尋求立於科學方法之外的經驗方式。在他看來，在現代世界中，人們一向過度抬高科學眞理，把科學方法視爲萬能。他認爲：科學眞理並非普遍適用，不能解決人生在世的根本問題。在哲學、藝術、歷史、語言等非科學方法的領域裡也存在著眞理。因此，他的詮釋學就是要探討這些不能用科學方法加以證實的眞理的經驗方式。因爲他認爲詮釋學具有普遍性，一切存在無不都是詮釋學的對象。

〔註36〕 時間間距意味著：時間總是表現爲過去、現在和將來，它不可避免地具有一種時間性的距離，這種距離由於歷史久遠而成爲我們解讀古典遺物及古典文本的障礙，它妨礙我們對它的理解。見嚴平，《高達美》，台北：東大，1997，頁135～137。至於吾人在詮釋古典文本時，應如何來看待時間間距的意義呢？高達美則認爲：「重要的問題在於把時間距離看成是理解的一種積極的創造性的可能性。」又說：「它可以使存在於事情裡的眞正意義充份地顯露出來……新的理解源泉不斷產生，使得意想不到的意義關係呈現出來。促成這種過濾過程的時間距離，本身並沒有一種封閉的界限，而是在一種不斷運動和擴展的過程中被把握。」參見 Hans-Georg Gadamer（漢斯——格奧爾格‧迦達默爾），《詮釋學 I 眞理與方法》（Hermeneutik I Wahrheit und Methode），台北：時報文化，

人皆知文本之作者原意實難獲致一客觀的理解。〔註37〕因此，如何使得吾人對莊子的理解成為所謂的「視域融合（Horizon-tverschmelzung）」，相信是每個詮釋者努力的目標。是故拙文在此願意將《莊子》視作一哲學文本來看待，而不是將之視為一個對象物來看待和考察，否則便容易淪入如《莊子》書中輪扁所稱的「古人之糟魄」的感嘆。〔註38〕在這個認知下，《莊子》之作為一部經典，它並不是與我們隔絕的世界。否則，即使我們最終理解它了，它也不可能對我們的自我理解有任何啟發。〔註39〕總之，同經典、傳統的每一次遭遇都是一次對話，在對話中，意義得到展現，真理獲得揭示。這種對話是永不停止的，是永遠處於路途中的理解，因此真理的參與也是無休無止的。〔註40〕這樣的參與也是高達美所宣稱的「共同意義的分有（Teilhabe）」。〔註41〕因此，藉由以上之詮釋態度的自覺，我們認為這樣的參與並不是獨斷的臆測與主觀的想像；作為一個詮釋學經驗，它的更積極意涵應該就是：一種對真理開顯的可能。

第三節　研究進路與內容梗概

　　拙文研究的目的是重在對義理的闡發與感同身受，對於原典文本的詞句摘引、選取與解釋，僅尊重前人之考據成果，而不另行分析。文中除了對莊

　　　1996，頁390〜391〔302〜304〕。再者，哲學詮釋學也認為當文本被寫出，作者便退位，而文本即以自主的生命不斷地詮釋它自己，故時間間距反倒是文本不斷開發其本身意義的積極作用。在此，筆者無意介入客觀詮釋學與哲學詮釋學之間的爭論，兩派詮釋態度都有其幫助吾人反省本身詮釋態度之積極意義在，實不可妄論其優劣，因此，本文只是以之作為詮釋之得失反省。

〔註37〕高達美認為：作者的意圖（mens auctoris）就不可能是衡量一部作品意義（Bedeutung）的尺度。如果，排除了作品在進入我們經驗中時，那種不斷更新的實在性，而要就作品自身去談論作品，這實際是一個非常抽象的觀點。引文參見 Richard E. Palmer，《詮釋學》（Hermeneutics），嚴平譯，台北：桂冠，1992，頁191。

〔註38〕高達美以為在作品與詮釋者的「我——你」關係模式中，「你」應該是一會訴說的傳統。轉引參見 Richard E. Palmer，《詮釋學》（Hermeneutics），頁224。

〔註39〕Richard E. Palmer，《詮釋學》（Hermeneutics），頁195。

〔註40〕嚴平，《高達美》，台北：東大，1997，頁101。

〔註41〕高達美認為：「當我們試圖理解某個文本時，我們並不是把自己置入作者的內心狀態中……理解不是心靈之間的神秘交流，而是一種對共同意義的分有（Teihabe）。」參見漢斯——格奧爾格·迦達默爾，《詮釋學 I 真理與方法》（Hermeneutik I Wahrheit und Methode），頁383〔297〕。

子「命」的觀念作一靜態分析，更關注其實踐的能動性；是故以「安命哲學」來表明拙文之研究旨趣，即表示：「命」作爲一生命關懷向度的存有學意涵，不只是一個靜態消極的概念；它更是一個能與道相續相通的積極起點，如此「安命」也才具有了實踐的能動指向。在此，拙文試以「安命」思想作爲理解莊子哲學的參照起點與入徑；〔註42〕進而橫向擴及莊子的處世智慧與生死觀，縱向的探討其體道歸眞之實踐可能，期最終能朗現安於命與安於道之無二無別，以此來呈顯出莊子哲學所具有之圓成的內在意涵。

本文除結論外共計五章，首先是以生命問題的反省與關懷爲起始，指陳研究之問題緣起與動機；並表明生命問題的反省乃是扣緊著歷史與時代的意識而發的，而歷史與時代主客觀的時空環境，即是生命個體存在於世的現實負載。莊子於此便是體認此生命存在之實情，從痛苦的現實中清醒徹悟，認清生命的外放迷失，而終能走上回歸存有之道。

第二章闡述「命」概念在歷史上的陵替與發展，首先，對孔子的命概念作探究，說明其對人文的承擔，與「命」義理內涵的開發，這其間也從殷商之具有人格神主宰義的「帝」概念探討作開始，了解周人「天命」概念的形成與其實質意涵，來透顯孔子命概念的兩路認知形式的發展，最後揭露莊子論命之要義大宗。

第三章則首先探討莊子「道」的性格及其意涵，理解其與老子「道」論之間的承接與發展，接著說明莊子一方面是藉由弔詭式的語言論證現實生命存在本身的矛盾；一方面則是在語言指向眞理時，進而消解語言的限制及其困境，因此論證莊子體道逍遙之可能，進而朗現「安命」思想與存有之道相續相通的縱向實踐可能。

第四章對莊子「安命」思想考諸《莊子》文本，作細部分析與釐清；並對於內篇與外雜篇間之命概念發展，以「安命」的兩重精神昇進來加以解釋，將其視爲一積極的義理發展與延伸，進而指出其治療學的實質意涵。文中也

〔註42〕劉笑敢在其《莊子哲學及其演變》一書中多次提到，安命論爲莊子哲學的出發點和基礎，並判定莊子的安命思想爲一種命定論的性格。參見劉笑敢，《莊子哲學及其演變》，北京：中國社科學，1993，頁197～199。在此，從莊子以安命作爲對生命反省的起始言，拙文同意安命思想具有一起點的意涵在，但拙文以爲莊子的安命思想，誠然可作爲莊子哲學的理解入徑，但絕不是唯一的可能；再者，從安命思想之認識與實踐整體上的意義而言，安命不應祇是一反省的起始，也是一實踐的工夫過程，與一體道理境的展現。就此而言，從「安命」的角度詮釋莊子哲學，也才有了理解莊子哲學的積極意義在。

將對「心齋」、「坐忘」等工夫理論多予闡述，以明「安命」哲學之體道的工夫實踐性格所在。

　　第五章期能將安命哲學的橫面向擴而廣之，進而能闡發莊子出世入世圓滿的人生智慧，以及生死一如無分無別的生命徹悟；從這圓成的理境面向上來看，安命哲學縱向之實踐進路，又從終點回到起點；從此，終點不是終點，起點也不再是起點；而這正是莊子哲學的真切義所在。

第二章　命概念之發展與傳繼〔註1〕

　　在進入《莊子》安命哲學的探究之前，拙文將試就《莊子》的命概念作一爬梳與分析；雖然「安命」作為一整全的哲學意涵，有其不可分割的能動指向，但單就命的概念作一靜態分析，釐清其眉目，亦有其必要。因此，筆者首先將試圖從「命」概念之歷史溯源，來看其演進與轉變，期最終能夠闡發莊子「命」概念的特點及其真義。然而，「命」觀念在中國哲學思想發展上，本來就是一個重要的哲學範疇，僅就個別思想家作探討即可單篇成文。緣此，筆者必要作一些抉擇，即拙文論述的範圍僅限於《莊子》之前「命」概念的發展作一概略剖析；再者，限於筆者之學力與拙文之旨趣，在論述的思想家與時代的取捨上，僅抉擇殷商、周、孔子、孟子等來作概要的探討（這些都是在時代歷史意識的影響下，對生命存在意義較特出的反應與理解，具有指標的作用）。然而，最重要的是拙文並不擬涉入其間之優劣判斷，而祇關心其同異差別，並藉以點出《莊子》命概念的特出之處，與其整體哲學相互間的連繫。

　　今人對「命」的理解，通常是從「命定」或「命限」的方向來作思考，強調其註定發生（destined）或已然命定（appointed）的性質。〔註2〕然而，「命」的觀念在中國文化的背景下是有其多重的意義面貌，它是扣緊著時代意識而

〔註1〕　本章第一節部分內容摘錄筆者拙著：〈孟子與《易傳》「命」論之研究〉，《宗教哲學》第 46 期，2008 年 12 月，頁 53～83。

〔註2〕　陳寧，〈命運可知而不可改之觀念的產生〉，《文哲論壇》第 6 卷第 2 期，1996，頁 147。再者，「命運（fate）是指人生中不受人自由意志控制的一切事件之總和。」參見布魯格，《西洋哲學辭典》，項退結編譯，台北：華香園，1992，頁 434。

發展變異，也是人對生命存有自身所作的反省。是故，中國哲人對「命」的思考是源遠流長的；一般而言，其方向是關聯著天人之際來著眼的。〔註3〕於此，本章第一節即論述莊子之前命概念的發展，主要探討的對象是以孔子為代表，孔子的命概念在中國哲學的發展上是一大轉折，這是從王權得失意義上的「天命」到價值理想意義上的「命」之轉折；因此，他對命的反省也就開啟了更多義理詮釋的可能，為後世哲人所承繼與發展。第二節則單獨論述《莊子》的命概念，陳述莊子植基于老子「無」的理念，所發展出對命概念的領會與認知，以點出全章之旨要。

第一節　先秦儒家「命」概念之意涵〔註4〕

在說明孔子命概念之前，筆者有必要先探討孔子之前的命概念，釐清其由來與發展；首先是「天命」概念的發展，它是周人以殷為鑑，反省殷人對具人格神意志「帝」的盲從，而不知王權的永固長保，端賴人主的不斷進德修業，是以終至喪失王權，不獲天眷；周人這樣的反省，其雖然是立足於政治意義上的考量，但也因此種下了人文精神的根苗。孔子即是承此進德修業的天命不已，開顯出人生命價值的道德實踐旨趣。

壹、「天命」概念的發展

「命」在《說文解字》中的解釋是含有命令之意的。《說文解字》：「命，使也。從口令。」段玉裁說：「令者發號也，君事也，非君而口使之，是亦令也。故曰：『命者，天之令也。』」〔註5〕由此，吾人可知「命」在造字之端，即含涉一命令之意，然這命令從何而來，也就關連著人對其生命的認識、與

〔註3〕 唐君毅認為：「中國哲學以天人合一或天人不二之旨為宗……中國哲學之言命，則所以言天人之際與天人相與之事，以見天人之關係者。故欲明中國哲學中天人合一或天人不二之旨，自往哲之言命上用心，更有其直接簡易之處。然以命之為物，既由天人之際、天人相與之事而見，故外不在天，內不在人，而在兩者感應施受之交。」參見唐君毅，《中國哲學原論・導論篇》，台北：學生，1993，頁520。

〔註4〕 本節部分內容摘錄筆者拙著：〈論莊子對「命」的思考及其「安命」之可能〉，《鵝湖》第311期，2001年5月，頁54～64。

〔註5〕 漢許慎撰，清段玉裁註，《說文解字注》，台北：天工，1987，頁57。再者，徐灝說：「段說漫衍無當，戴氏侗曰：『命者令之物也，令出於口，成而不可易之謂命』」這是就造字之源來對「命」字作一考察，得見「命」字有天予，天令之意；引文見胡哲敷，《老莊哲學》，台北：台灣中華，1993，頁182。

自身存在現實處境的思考。殷商時代,「帝」被奉爲至尊神,在殷人的觀念中,「帝」具有強烈的人格神色彩,主宰著人間的一切禍福興衰。張光直說:

> 上帝在商人心目中是至高的存有,對人間世握有終極的權柄——像是農業的收成與戰爭的成敗,城市的建築與人王的福祉。上帝也是饑饉、洪水、疾病、與種種災禍之終極原因。上帝自有一個朝廷容納許多自然界的神靈,如日、月、風、雨。〔註6〕

帝在此即是最高的主宰,具有無上的權威,同時也是王權的反映;《詩經·商頌·長發》:「帝立子生商……帝命不違,至於湯齊。湯降不遲,聖敬日躋。昭假遲遲,上帝是祇。帝命式于九圍。」因此,帝這個範疇不僅是世界萬物的創造與最高主宰,同時也被認爲統治者的祖先,及商王權利的合法依據。

是故,顯而易見的是:作爲人存有本身就變得無能爲力,於是必須借著鬼神信仰、占卜來了解帝的旨意與命令。中國古代的占卜,新石器時代已經出現,但由於當時沒有文字,我們不能了解那時的占卜情況。現存最早的占卜文字材料是商代留下的,商代以龜卜爲主要形式。〔註7〕細究占卜出現之原由,乃是殷人在遭遇禍患時,先貞問這些禍患是否由鬼神所引起。如果占得結果爲肯定的答案,殷人將進一步貞問災禍由哪位神祇作祟引起。在得知作祟的神祇後,殷人對其舉行專門的祭祀,滿足其厭,從而停止災禍。〔註8〕由此看來占卜使得人們對事情的發展結果,提供一種預測,雖然這種預測並不盡然完全正確,其說明也往往是模糊與曖昧的,然而至少給予人作爲行事的準則與依據;是故,由於人們對鬼神與未來的恐懼,而在心理上尋求某些的支持與解釋,其實都是一種對人理性能力不信任的表徵。因此,如此對生命的種種存在情境,尋求一外在的支持與肯定的態度,究其實都是與人格神的「帝」概念互爲表裡。

周代殷而立,紂王因殘暴終至自取滅亡,周人以殷爲鑑,也把帝的觀念發展爲「天命」的觀念。這樣的觀念演進,雖有政治上的動因使然,但也是

〔註 6〕　張光直,《早期中國文化》,坎貝理志:哈佛大學,1976,頁 156。

〔註 7〕　陳寧,〈命運可知而不可改變之觀念的產生〉,《文哲論壇》第 6 卷第 2 期,1996年,頁 151。

〔註 8〕　陳寧說:「表面上看來,殷人占卜未來思想有不合邏輯處。一方面,占卜未來必須以未來已定爲前提,未來未定則無法占卜預測。另一方面,如果未來已定,在占得有禍以後人們不能改變未來,這樣,占卜就失去了得福避禍的作用。但是,殷人只追求如何得福避禍,而不關心占卜的邏輯理論如何。」陳寧,〈命運可知而不可改變之觀念的產生〉,頁 152～153。

歷史文化與時代意識本身之內在觀念的承續與轉變。在談論「天命」觀之前，首先來看看關於周人「天」的觀念；「天」的觀念向爲中國人所服膺。例如：《詩經‧商頌》云：「天命玄鳥，降而生商。……古帝命武湯，正域彼四方。」《詩經‧周頌》云：「昊天有成命，二后受之。」《詩經、大雅》云：「有命自天，命此文王。」

可見商周王權的成立都是稟于天之所命。然而周人對天的概念與殷人畢竟有所不同。雖然這其中有著王權承繼的考量，但更重要的是：周人「天命」的概念蘊涵著對人理性能力的覺醒，這也就區隔了周人「天」與殷人「帝」概念的實質內涵，這是周人在人文精神上的一大躍進。〔註9〕也就是周人賦予「天」以一道德上的意義內涵，進而有「天命」概念的出現。然天命觀的實質內容爲何，從史書、與經典文獻的解讀下，吾人得見有如下之幾項特點：〔註10〕

1. 天命靡常的觀念

徵諸《書經》、《詩經》、《楚辭》等先秦典籍，多見「天命靡常」的概念於其中，此乃中國文化思想的人文特色與性格，也是中國「天命」哲學之主要內涵與精義。

《書經‧召誥》：「皇天上帝，改厥元子茲大國殷之命。」

〔註9〕 唐君毅認爲：「中國思想中之天命觀之具體形成在周初。」他說：「人在相信有神之時，乃人未嘗自決其精神或心靈爲其所私有之時。故其視人以外之物，咸有吾人今所謂心靈精神運行於其中。此即人之『自然的不私其心靈精神爲人所獨有』之仁心不自覺之流露。人在相信一天或一上帝之神，能統率群神，而主宰天地萬物時，則此客觀宇宙即開始宛成爲一大心靈精神之所彌綸充塞之一整體。亦即人對客觀宇宙，加以整一把握之形上學的兼藝術文學的心情之原始。」又說：「因在人類之原始宗教心情中，人未嘗私其心靈精神爲人所獨有，而視天地萬物有神靈主之，並以人間之『一』與天上之『一』互相照映；故在此宗教心情下，人於後世所謂由人或由上帝所造之典章儀則，同視爲天之所敕命。而凡人自身努力之結果、人自身所遭遇、及依人之道德心情而生之對自己之所命，皆視爲天之所命於人者。而人所不自覺之嚮慕之善德，皆視爲天或帝之德，而由天之命以見者……如吾人以上所言屬不誤，而周之封建制度又爲殷之所缺，或殷之所有而規模不及者，則周之敬事鬼神，雖不若殷之甚，吾乃當說周人更有一普遍之天或上帝之宗教信仰」言下之意即天之觀念，乃至天命觀之具體形成，可說是周人對文化與時代之承接與發展。參見唐君毅，《中國哲學原論‧導論篇》，台北：學生，1993，頁522～524。

〔註10〕 唐君毅認爲天命概念之特點，可歸納爲下列三種意義：「天命之周遍義」、「天命與人德之互相回應義」與「天命之不已義」。參見唐君毅，《中國哲學原論‧導論篇》，頁524～528。

《書經・召誥》:「有夏……有殷……惟不敬厥德,乃早墜天命。」

《書經・君奭》:「弗弔天降喪于殷,殷既墜厥命。」

《書經・康誥》「惟命不于常。」

《詩經・大雅・文王》:「天命靡常。」

《詩經・大雅・文王》:「天難忱斯,不易維王。」

《詩經・大雅・蕩之什》:「天生烝民,其命匪諶。」

《楚辭・天問》:「天命反側。」

上徵文獻都說明了上天的意志不是恆定的,它既能給予周人與天命,也可將之剝奪;可見天未嘗預定一王位與某人,而時可降予新命予之更奪。所以《詩經・大雅・文王》云:「周雖舊邦,其命維新。」和《詩經・大雅・大明》云:「有命自天,命此文王。」所說的意義即在此。唐君毅也認為:「此一觀念或由周人之見殷之敬事鬼神,終墜厥命而知,因復以警戒周之子孫。」〔註11〕又說:「此為後代儒道思想,皆重天地之無私覆私載,帝無常處之思想所本。」〔註12〕在此,也唯有「天命靡常」的警惕,才使得人主能夠戒慎恐懼,為求政權之永固,而臨人以德不至於倒行逆施。

2. 天命隨德定

周人認為天命的給予與否,乃在於人主之德,是故《書經・蔡仲之命》云:「皇天無親,惟德是輔;民心無常,惟惠是懷。」《詩經・大雅・文王》亦云:「聿修厥德,永言配命,自求多福。」要保住政權即要實行德政,才能如《書經・康誥》所云:「克明德慎罰,不敢侮鰥寡,庸庸、祇祇、威威、顯民。」以及如《詩經・文王》所言:「厥德不回,以受方國。」天命依人主德性而給予,在此,正如唐君毅所說:「天聞人德而降命。人受命,仍有其自身之事在,斯人乃必當與天及上帝配享也。」又說:「此為中國一切人與天地參,與天地同流、天人感應、天人相與之思想之本源。」〔註13〕由此,吾人可知「天命靡常」、與「命隨德定」的觀念,即是對人理性道德能力的正面肯認,而「天命」觀於此可說是擺脫如殷商「帝」之「人格神」意涵。

3. 天命不已

《書經・君奭》云:「永念則有固命……我受命無疆惟休。」、《詩經・周

〔註11〕唐君毅,《中國哲學原論・導論篇》,頁524。

〔註12〕唐君毅,《中國哲學原論・導論篇》,頁527。

〔註13〕唐君毅,《中國哲學原論・導論篇》,頁526～527。

頌・惟命不已》：「惟天之命，於穆不已。」顯示天命之所以靡常以及天命所以維繫，都是在於人之進德修德之不斷。誠如唐君毅所言：

> 蓋天之降命既後於人之修德，而人受命又必須更顧命而敬德，則人愈敬德而天將愈降命於其人，其人即愈得自永其命，而天命亦愈因以不已。是爲天之降命與人之受命，同其繼續不已。〔註14〕

又說：

> 人修德而求永命，及天命不已之思想，則爲中國一切求歷史文化之繼續之思想。〔註15〕

以上這三項天命觀念的特點，皆有別於殷，雖然它從政權的轉移爲出發考量所提出的，但也是一次思想上的躍進，對後世命觀念的思考與反省具有先導作用。〔註16〕因此，對照儒家之積極的入世關懷，天命不已的奮鬥精神，正足見其歷史文化的承接與擔當。這也是孔子知命與孟子立命之所由。

貳、孔子「命」概念之傳繼

一、孔子「知命」之體悟

　　從春秋時代開始，封建制度面臨崩潰解盤，此即周文疲弊之時，此時，由於社會的動盪不安，災難不斷，民生的朝不保夕，致使尋常百姓對天命有所懷疑，進而產生如《詩經・小雅・雨無正》：「浩浩昊天，不駿其德」，《詩經・大雅・蕩》：「疾威上帝，其命多辟」，《詩經・邶風・北門》云：「出自北門，憂心殷殷，終窶且貧，莫知我艱，已焉哉，天實爲之，謂之何哉！」，《詩經・王風・黍離》曰：「彼黍離離，彼稷之苗。行邁靡靡，中心搖搖。知我者，謂我心憂；不知我者，謂我何求？悠悠蒼天，此何人哉！」等對上天產生沉痛的抗議與哀嘆可見一斑。吾人皆知在歷史文化的轉折處，是容易激發出生命的火花與反省。此時現實的大環境，正是一個讓人反省生命存有意義的契機，而能重新定位人在天地間的角色。因此，經由時代的遞遷，由「天命」觀到「命」作爲個體性意義的概念，也漸次陵替而發展成形。

〔註14〕唐君毅，《中國哲學原論・導論篇》，頁 526。

〔註15〕唐君毅，《中國哲學原論・導論篇》，頁 527。

〔註16〕唐君毅：「中國宗教思想中之天命觀之具體形成在周初。吾人今論中國後世言命之思想本源，亦溯自周初而已足。」參見唐君毅，《中國哲學原論・導論篇》，頁 524。

　　牟宗三認爲諸子學的興起，實乃周文疲弊所致；然而面對周文疲弊的社會問題；孔子所採取的態度，是對周文加以正面肯定。〔註17〕《論語・八佾》云：「周監于二代，郁郁乎文哉，吾從周。」正說明了孔子對周文的承續與擔當。雖然，在春秋時代「天命」觀日漸示微，然孔子本其對人文的關懷，與文化慧命之承繼，予以肯定與開發。《論語・爲政》云：「吾五十而知天命。」朱熹《四書集註章句》云：「天命，即天道之流行而賦於物者，乃事物所以當然之故也。知此則知極其精，而不惑又不足言矣。」〔註18〕與《論語・季氏》云：「孔子曰：『君子有三畏。畏天命，畏大人，畏聖人之言。』」此即是孔子對天命觀的開發與轉折，天命於此轉化爲天道的意涵，是一個道德理想上的意義，是從對原本仰賴君王敬德的天命，轉向自身的進德修業，這是從王權得失的意義向個人生命存有意義上的轉折。〔註19〕

　　然而，由於禮崩樂壞，時局之愈不可爲，孔子不禁也有：「生死有命，富貴在天。」《論語・顏淵》的感嘆。在此，「命」它意指著個體生命的禍福窮通之種種人生際遇，由此可見孔子對命限概念的體認。在《論語・雍也篇》云：

> 伯牛有疾。子問之，自牖執其手，曰：「亡矣，命矣夫。斯人也，而
> 有斯疾也。斯人也，而有斯疾也。」

此處的命已不是天命意義下的命，它意指著個體生命的種種特殊際遇，伯牛染疾將死，是無可奈何與無能爲力的，是個體命限所致；孔子面對這不得不承受的存在命限，也了解命限這樣一個外在的客觀存在事實，《論語・憲問》即云：「道之將行也與，命也；道之將廢也與，命也。」凡此都顯示出孔子對命限的體認與感慨，這也是孔子對「命」概念的反省與體悟。在此，唐君毅說：

> 由於孔子之周行天下，屢感道之不行，方悟道之行與不行，皆爲其
> 所當承擔順受，而由堪敬畏之天命以來者。此則大異於前之天命思
> 想，亦不止於直下行心之所安之教者也。〔註20〕

由上述文獻的徵定，吾人可知，孔子雖約略透露出「理命」（由周人「天命」的概念承繼而來）與「氣命」（形而下的命限意義）兩種對「命」反省的認知

〔註17〕牟宗三，《中國哲學十九講》，台北：學生，1993，頁60～61。
〔註18〕朱熹，《四書章句集註》，台北：鵝湖，1996，頁54。
〔註19〕就此而言，孔子對天命概念的轉化與開發，即在於將「天命」安立爲人自身道德實踐的實質歸趨：在這個意義下，「命」的意涵應該就是天道流行下的意義，亦爲《中庸》之「天命之謂性」所承繼者，是人本然的內在道德本性。
〔註20〕唐君毅，《中國哲學原論・導論篇》，頁535。

形式。〔註21〕儘管在孔子的言論中並無嚴格分別「理命」與「氣命」的論述，然吾人可知，在其言說中提示了這兩種對命的可能認知形式；「理命」與「氣命」是一組形式概念，拙文在此爲行文的方便，予以權作分別；約略的說「理命」可說是理上之必然，屬于義理上的命；而「氣命」卻無理上之必然，是外在客觀的命限。這兩層對「命」的認知理路，可說是中國哲人特有之對命概念的思考模式，蔡仁厚說：

> 「命」有二義，從天所受之命、性之所命而言，謂之「天命」「性命」。這一方面的命，是「命令義」的命。如詩經「維天之命，於穆不已」，中庸「天命之謂性」，皆是命令義之命。後儒所謂「天命流行之體」，流行二字便是根據命令作用而說。另一方面，是「命運、命遇、命限」之命，這是「命定義」的命。所謂「命定」，是一種客觀的限定或限制。對於「命令義」的命，必須敬畏、服從、踐行。因爲無論天之所命或性之所命，都是善的命令——道德的命令。儒家講道德實，都是和這一面相關聯的。對於「命定義」的命，則應知之、受之、安之。因爲知道了這個客觀的限制，才能夠安然受之，而不存非分之想，不作非分之求；亦才能夠「不怨天、不尤人」而回過頭來「反求諸己」以克盡自己的性分。〔註22〕

是以，筆者在探究莊子安命思想時亦以此來作爲理解，只是筆者在論述所謂莊子之「理命」的意涵，其實質乃是立基於老子的無執存有論上的「道」爲歸趨，是一種回歸與治療的體道進程，與孔孟之道德實踐以人文化成天下之「理命」的意義有所不同；也就是莊子在形式上有「理命」與「氣命」的兩重認知與反省，然其實質內涵與工夫進路卻是大不相同的；更進一步說莊子即是立足於對「氣命」（生命的外在客觀限制與負累）作反省起始，認識到人生命的種種扭曲與病痛，進而展開其回歸生命本眞的工夫療程，來臻至體道逍遙之境。

　　至於，孔子在面對「氣命」的外在命限時，又是如何來加以超越？進而「知命」與「樂命」呢？唐君毅認爲此即「即義見命」，「即義見命」或「命

〔註21〕「理命」與「氣命」這兩組對命的理解進路乃是由蔡仁厚《孔孟荀哲學》書中得到啓示。這是由中國思想的內在理路抽繹而出，其在漢朝亦有「德命」與「祿命」之別；而「理命」與「氣命」之別則是沿著宋明理學的「理」「氣」概念而出，可見命之兩路反省乃是中國人特有對命的反省與思考模式。

〔註22〕蔡仁厚，《孔孟荀哲學》，台灣：學生，1999，頁 123～124。

與義合」重點在「不因命境之順逆而改變其道德實踐之行願」，換言之，凡命中註定者皆被視爲行道之鍛鍊與修養之場域。此乃渾融「理命」與「氣命」二分，而一貫地以剛健不已的道德實踐來極成其人文理想。因此，在對命概念的體認上，孔子認爲義之所在即命之所在。所以對於外在環境的順逆與否，皆不足增減其內心持守之志；〔註 23〕由此可知孔子面對命之考驗，是未嘗有所怨天喪志之心的，它是與其不間斷的道德實踐相關連，而賦予命與義合的實踐指向；所以《論語・堯曰》亦云：「不知命，無以爲君子。」〔註 24〕知命即是知人有客觀的命限在，然亦知人有成聖成賢之無限發展的可能，故必然要無悔承擔個體生命的負載。朱熹《四書章句集註》：「知命者，知有命而信之也。人不知命，則見害必避，見利必趨，何以爲君子？」〔註 25〕這就是對生命所有的一切情境之肯定與接受，也唯有如此，才能「飯疏食飲水，曲肱而枕之，樂亦在其中矣」《論語・述而》，朱熹《四書章句集註》云：「聖人之心，渾然天理，雖處困極，而樂亦無不在焉。」〔註 26〕就能夠「樂命」，此之所以樂，也就是樂其道不改其持守之志。因此，知命即是知此「氣命」之不可或免，進而能以不間斷之道德實踐以極成「理命」。這兩層對命反省的形式概念爲孔子所開顯，也爲後世哲人所探究與踵繼。

二、孟子「立命」之極成

1. 性命對揚

繼承孔子思想義理，孟子對命的看法，也是承繼著孔子對命的體認而加以闡發，進而賦予其道德實踐的理論根據。他從性與命的對待關係來作考量。孟子認爲人的良知本性是內在而可求；至於外在的人生境遇之幸與否乃

〔註 23〕　唐君毅説：「吾人如知人求行道時所遭遇之一切艱難困厄之境，死生呼吸之事，皆是求行道者，義所當受……與其所遇者，乃全幅是義，全幅是命……人當此際，外境於我，實無順逆之分，順是順，逆亦是順，斯人無可怨，天無可尤；而一切順逆之境，無論富貴、貧賤、死生、得失、成敗，同所以成人之志、成人之仁；斯見全幅天命，無不堪敬畏。」參見唐君毅，《中國哲學原論・導論篇》，頁 536～538。
〔註 24〕　參見唐君毅，《中國哲學原論・導論篇》頁 535。此誠如《孟子・萬章上》曰：「或謂孔子於衛主癰疽，於齊主侍人瘠環有諸乎？孟子曰：『否，不然也……彌子謂子路曰：孔子主我，卿可得也。子路以告。孔子曰：有命。孔子進以禮，退以義，得之不得曰有命。而主癰疽與侍人瘠環，是無義無命也……』」
〔註 25〕　朱熹，《四書章句集註》，台北：鵝湖，1996，頁 195。
〔註 26〕　朱熹，《四書章句集註》，頁 97。

是不可求的，所以〈盡心上〉云：

> 求則得之，舍則失之，是求有益于得也，求在我者也。求之有道，
> 得之有命，是求無益於得也，求在外者也。

朱熹《四書章句集註》云：「有道，言不可妄求。有命，則不可必得。在外者，謂富貴利達，凡外物皆是。」〔註27〕此性命對揚的意涵，即重在對人良知本性的體悟，對於外在的境遇順逆與否則不予掛懷，則知此處的「命」則比較上是命限意義上的「氣命」。

再者，對於性的概念，孟子亦有兩層理解，如〈盡心下〉所云：

> 口之于味也，目之于色也，耳之于聲也，鼻之于臭也，四肢之于安
> 逸也，性也，有命焉，君子不謂性。仁之于父子也，義之于君臣也，
> 禮之于賓主也，智之于賢者也，聖人之于天道也，命也，有性焉，
> 君子不謂命也。

朱熹《四書章句集註》云：「此二條者，皆性之所有而命於天者也。然世之人，以前五者為性，雖有不得，而必欲求之；以後五者為命，一有不至，則不復致力，故孟子各就其重處言之，以伸此而抑彼也。張子所謂『養則付命於天，道則責成於己』。其言約而盡矣。」〔註28〕即知「不謂命也」，正是說明孟子對「命」的體認不從「氣命」的限制上去憂慮，在此，蔡仁厚說：

> 孟子此章，藉著「性」與「命」之對揚，以指出人的真性正性，不
> 在自然之性一面，而在仁義禮智天道一面。自然之性為形軀生命所
> 局限，實已落於「命」的限制網中而能自主自足，唯有超越感性欲
> 求而不受形軀生命所局限的內在道德性，才是人人性分中本具的真
> 性、正性。〔註29〕

復次〈盡心上〉說：「莫非命也，順受其正」所受者正是生命情境中之無可奈何，進而知此命限乃天所與，故不冀求外在之富貴利達，轉而責求自身之天賦善性的醒覺。緣此，故知孟子之生命價值理想的實踐乃是著重「存心養性」來尋求「立命」。

2. 即心言性

性在孟子哲學中是一個重要的概念，性有兩層意義，一是感性方面的性，

〔註27〕朱熹，《四書章句集註》，頁350。
〔註28〕朱熹，《四書章句集註》，頁370。
〔註29〕蔡仁厚，《孔孟荀哲學》，台灣：學生，1999，頁221。

此屬于「生之謂性」，孟子不于此言「性善」之性，但亦不否認人們于此言
「食色性也」之動物性之性。另外是仁義禮智之眞性，孟子于此確立「性善」。
〔註30〕相對於告子對「性」的理解，吾人知告子所言之「性」，乃「生之謂
性」、「食色性也」的意涵，〈告子上〉云：「告子曰：性，猶湍水也。決諸東
方則東流，決諸西方與則西流。人性之無分於善不善也，猶水之無分於東西
也。孟子曰：水信無分於東西，無分於上下乎？人性之善也猶水之就下也。
人無有不善，水無有不下。今夫水，搏而躍之可使過顙；激而行之可使在山，
是豈水之性哉？其勢則然也。人之可使爲不善，其性猶是也。」在此，唐君
毅即說：

> 告子所謂人之性乃無先天之善與不善，而可後天之決定以使之善或
> 不善，而涵具善不善之各種可能者。故人生在其過去今日與未來，
> 其具有之不同之善或不善之存在狀態，亦皆同可說爲人性之一表
> 現。由此而凡之所生，即性之所在，無無性之生，舍生亦無以見性。
> 此告子主生之謂性之旨也。〔註31〕

由此乃生出告子「義外」的義涵。因此，孟子「即心言性」的立場，最大的
特色即在於擺脫經驗、實然的觀點，不再順自然生活的種種機能、欲求來識
取「人性」。他從人具體、眞實的生命活動著眼，指出貫穿這一切生命活動背
後的，實際上存在著一種不爲生理本能限制的道德意識——「心」，並就「心」
之自覺自主的踐行仁義，來肯定人之所以爲人的「眞性」所在。換言之，孟
子面對錯綜複雜的生命活動的事實，並沒有因此停滯在經驗的層面，藉著生
理構造的本能、欲望，這些生物學意義的「天生本有」，來規定人性；相反的，
他採取先驗，應然的進路，直接就「由仁義行，非行仁義」的道德意識、心
靈，來理解人性，並樹立起人之所以爲人的尊嚴。〔註32〕所以，孟子是即心
言性的，也就是不「即生言性」，這是孟子與告子最大的差別。

　　復次，牟宗三在《圓善論》中也進一步分析了孟子論性之殊勝處，及其
別開生面之所在，他說：

〔註30〕孟子並不對「氣命」予以考究，而是從性作爲「理命」的生命價值理想上來
　　　　著眼。但他從「性」的概念出發，也指出了性相對於「理命」與「氣命」的
　　　　兩層意涵，即天命之性與器質之性的分別，強調道德仁義的內在善性，所以
　　　　孟子立命之眞義，其實質也是在「存心養性」上而談的。
〔註31〕唐君毅，《中國哲學原論‧原性篇》，台北：學生，1989，頁35。
〔註32〕袁保新，《孟子三辯之學的歷史省察與現代詮釋》，台北：文津，1992，頁48
　　　　～49。

> 然則孟子何以能超越「性者生也」之古訓而不從俗以說性？其所以
> 如此亦有所憑藉以啓發之者否？曰：有。其所憑藉以發此洞見者唯
> 在孔子之「仁」。此是由孔子之教而開者。因此，我們可知，人性問
> 題至孟子而起突變，可說是一種創闢性的突變，此真可說是「別開
> 生面也。此別開生面不是平面地另開一端，而是由感性層、實然層，
> 進至超越的當然層也。」〔註33〕

所以孟子云：「仁義禮智，非由外鑠我也，我固有之也，弗思耳矣」〈告子上〉
進而能「萬物皆備於我，反身而誠，樂莫大焉」這就是對「義內」的體認，
於此言性善，其不間斷之道德實踐才成爲可能。所以人除了局限於形軀生命
的「自然之性」，還有超越感性欲求的「道德理性」（內在道德性），此即仁
義理智與天道。〔註34〕此「道德理性」之擁有也才使得人的充極實現成爲可
能。

再者，孟子堅認「性善」乃人心本具，雖人亦有感官耳目之性，但感性
的需求與欲求，可以透過人道德主體的理性加以節制，〈告子〉云：

> 從其大體爲大人，從其小體爲小人。

又說：

> 耳目之官不思，而蔽於物。物交物，則引之而已矣。心之官則思，
> 思則得之，不思則不得也。此天地之所與我者。先立乎其大者，則
> 其小者不能奪也。此爲大人而已矣

朱熹《四書章句集釋》云：

> 官之爲言司也。耳司聽，目司視，各有所職而不能思，是以蔽於外
> 物。既不能思而蔽於外物，則亦一物而已，又以外物交於此物，其
> 引之而去不難矣。心則能思，而以思爲職。凡事物之來，心得其職，
> 則得其理，而物不能蔽；失其職，則不得其理，而物來蔽之。此三
> 者，皆天之所以與我者，而心爲大若能有以立之，則事無不思，而
> 耳目之欲不能奪之矣，此所以爲大人也。〔註35〕

由此知大體是「天之所與我者」，是仁義禮智的本然善性，它是無時不活躍于
吾人生命之中的，一念體覺醒察，就能朗現其光輝，一念放失怠佚，即陷溺

〔註33〕 牟宗三，《圓善論》，台北：學生，1996，頁22。
〔註34〕 蔡仁厚，《孔孟荀哲學》，台北：學生，1999，頁220。
〔註35〕 朱熹，《四書章句集註》，台北：鵝湖，1996，頁335。

昏昧。故曰:「操則存,舍則亡,出入無時,莫知其鄉,唯心之謂與!」〈告
子上〉故作爲大體之心,即是能思能得其理的心。而「從其大體」就是能「以
大體帥小體」、與「以理帥氣」,化掉由器質之性所帶來的陷溺,以擴充四端
朗現其道德生命的光輝。

3. 盡心與立命

　　然而如何「從其大體」、「以理帥氣」,則是由道德之工夫實踐來達致。進
一步言,此實踐的歸趨即是〈盡心上〉所云:「存其心,養其性,所以事天也。
殀壽不貳,修身以俟之,所以立命也。」〔註36〕唐君毅認爲:孟子之立命,
則承孔子之知命之義而發展,孔子之知命,在於就人當其所遇之際說;而孟
子之言「立命」,則就吾人自身之修養上說。〔註37〕可見孟子之「有性焉,君
子不謂命也」〈盡心上〉,其「命」是指「氣命」上的「命」,人故不應受此「氣
命」所左右,更應以道德實踐來化掉「氣命」(感官耳目的外在陷溺)之「命」,
進而達致儒家「理命」(義理、天理)之旨趣,這也是〈盡心上〉所云「盡其
心者,知其性,知其性則知天矣。」在此,孟子心目中的「天」,往往是關聯
著人在歷史進程中要求人性價值理想之實現,一方面顯示其內在性,如「盡
心」即可以「知性」「知天」;另一方面又顯示其超越性,如須「存心」「養性」
以「事天」;尤有進者,孟子「殀壽不貳,脩身以俟之,所以立命也」的提示,
透露出天命造化的無邊義蘊,必須通過人之「盡心」與「立命」,方能步步開
顯出它在人間世界中的眞實意義。〔註38〕牟宗三說:

　　　「盡心」之盡是充分體現之意,所盡之心即是仁義禮智之本心。孟
　　　子主性善是由仁義禮智之心以說性,此性即是人之價值上異于犬馬

〔註36〕牟宗三認爲:「命是道德實踐中的一個限制概念,必須被正視。道德實踐須
　　　　關聯著兩面說:正面積極地說是盡心以體現仁義禮智之性,消極負面地說是
　　　　克制動物性之氾濫以使從其理。在此兩面的工夫中都有命之觀念之出現,因
　　　　此命亦須關聯著這兩面說。」又說:「命是道德實踐中一個嚴肅的觀念。只
　　　　彼有道德實踐、于道德生活有存在的體驗的人始能凸顯出這個觀念,其凸顯
　　　　之也即如凸顯罪惡之意識與無明之意識一樣。西方道德哲學家不曾有這個觀
　　　　念,因爲他們只是哲學地分析道德之基本概念,而不曾注意個人存在的實踐
　　　　之工夫。」又說:「道德實踐中命之觀念是儒家所獨有者。此一嚴肅之觀念
　　　　不使儒家成爲命定主義,亦不使儒家成爲樂觀主義,而只使之成爲誠敬于『進
　　　　德修業之不可以已』者。」參見牟宗三,《圓善論》,台北:學生,1996,頁
　　　　150～155。
〔註37〕唐君毅,《中國哲學原論・導論篇》,台北:學生,1993,頁 542。
〔註38〕袁保新,《孟子三辯之學的歷史省察與現代詮釋》,台北:文津,1992,頁 85。

> 之眞性，亦即道德創造性之性也。〔註39〕

所以，「盡心」亦即在於主觀實踐上充盡「人皆有之」的四端之心，唯如此方能「殀壽不貳，脩身以俟之，所以立命也。」所謂「殀壽不貳，脩身以俟之」，主要是說無論殀壽，我們均應無疑貳之心，敬謹的脩養成德以俟命的降臨。在此，俟命不是一種消極的等待，相反的，它是對一切存在的限制的坦然面對，並且就在對命限的接受之中，堅持自己一切行事均要依據我們本心善性的要求，當下活出人之所以爲人的價值與尊嚴來。因此，「立命」並不是對命限的否定與取消，而是透過道德心的自覺，賦予命限正面的道德意義，樹立起人性存在的莊嚴。〔註40〕尤有進者，孟子在「心──性──天」的脈絡中，特別論及「命」，反映出孟子在形上世界的探索中，基本上是追隨著孔子的進路，即以實踐上的親證親知來默知契天命。所以「立命」的過程中，亦即是「天」在人間世界，通過人的道德自覺，步步開顯其眞實意義的過程。〔註41〕換言之，孟子要求「盡心」必至於「命」，「立命」必本於「心」，這種「心」「命」的相即相入，一則樹立起人類存在無比的莊嚴性，一則也眞正的彰著了道德心的自由與自主。〔註42〕最終方能「立命」，達到「上下與天地同流」的生命理境。

對照而言，儒家經典《中庸》所云：「天命之謂性」、以及「《詩經》曰：『維天之命，於穆不已』。蓋曰天之所以爲天也，於乎不顯，文王之德之純，蓋曰文王之爲文王也，純亦不已。」此處的「命」則是「理命」之意義，這是《中庸》從天命流行的意義下來理解「理命」的意涵。如唐君毅所言：

> 然中庸之歸於言人能盡其性，則能盡人性盡物性，正見中庸亦有
> 以天命遍降於物，以成人物之性之思慮。凡此諸言，皆大體相類
> 似，而同爲自宇宙中上言天命之分降流行，以成人物之性命者。
> 〔註43〕

又說：

> 至於人之爲物，能窮理盡性，以極其所感通之量，而仁至義盡，亦
> 即與天地之陰陽乾坤之道合德，而達於其性命之原之天命者也。此

〔註39〕牟宗三，《圓善論》，台北：學生，1996，頁132。

〔註40〕袁保新，《孟子三辯之學的歷史省察與現代詮釋》，頁89～90。

〔註41〕袁保新，《孟子三辯之學的歷史省察與現代詮釋》，頁90～91。

〔註42〕袁保新，《孟子三辯之學的歷史省察與現代詮釋》，頁91。

〔註43〕唐君毅，《中國哲學原論·導論篇》，台北：學生，1993，頁557～558。

即易傳中庸之以「大人與天地合其德」，以人盡其性即人盡人性物性
贊天地之化育，以文王之德之純，比同於天之「於穆不已」之論所
由出也。〔註44〕

此即說明了中庸對命的看法，是由天命的概念來賦予人達致「與天地合其德」
而參贊天地之化育。因此，吾人回顧前文，可知孟子乃是對孔子的「氣命」
有所體認，進而以「存心養性」來極成「立命」的生命價值理境，此「立命」
即「理命」意義上的命，是一個道德意義上的命。是故，中庸乃是由天命的
理解來契及孔子「理命」的意義，是所謂合天德以立人德，此與孟子存心以
合天德雖然有別，然對生命的眞諦皆有所體悟。

最後，吾人知孔孟二聖對命的體認，其終極歸趨是一致的，孟子雖由對
「性」之體悟，來提示人之成聖成賢之可能，而能立其命以充極道德實踐的
理想，其與孔子「知命」的眞精神是不二的。孔孟二聖對周文與天命之承擔，
當然也意識到作爲個體之存在實情與遭遇的諸多問題，然而由於其重在道德
志業的極成，由內而外求盡其在我之全幅生命朗現，是故能無視于外在的命
限橫逆。〔註45〕

第二節　莊子「命」概念之意涵〔註46〕

上節本文已說明周人天命觀之所由，實乃周人代殷而立，在王權取得上
的一種合理解釋。「天命」觀念的出現，自有其正面的意義在。然而這樣的一
個命概念，或可以稱爲道德的決定論。即人的禍福由其行爲所決定者，是所
謂的「積善之家必有餘慶」的說法，往往和實際的人生際遇不相符應。在吾
人實際的生活經驗中，每每施報多舛，福禍無端，孔孟二聖對周文與天命之

〔註44〕 唐君毅，《中國哲學原論・導論篇》，頁 559。
〔註45〕 筆者認爲孔孟乃是站在承繼周文的立場，著眼在道德心性的實踐工夫上，故
秉當仁不讓舍我其誰的應世熱情，故可無視乎外在橫逆；此處誠如唐君毅所
說：「蓋人爲近心知性，存心養性之事者，其一生只見其心性之表現爲其心自
興起生長，以擴充升進，而不息不已，未見其限極；則其盡道而死，亦只是
此道未嘗見有死」又說：「只見道義不見生死，一生只見其心性之表現爲其心
志之興起而生長，更不見其他。」唐君毅，《中國哲學原論・原道篇》卷一，
台灣：學生，1992，頁 248～249。
〔註46〕 本節部分内容摘錄筆者拙著：〈論莊子對「命」的思考及其「安命」之可能〉，
《鵝湖》第 311 期，2001 年 5 月，頁 54～64；〈莊子「命」論之生死觀解析〉，
《揭諦》第 12 期，2007 年 3 月，頁 1～50。

承擔，當然也意識到作爲個體之存在實情與遭遇的諸多問題，然而由於其重在道德志業的極成，由內而外求盡其在我之全幅生命朗現，是故能無視于外在的命限橫逆。〔註47〕

壹、老子思想對莊子「命」概念之啓示

相對於儒家義無反顧的人文承擔，道家則是採取截然不同的工夫進路。它是回歸與治療之道。老子很少談到命，在五千言中，命字僅有兩見，一是：「夫莫之命而常自然。」〈五十一章〉，二是：「夫物芸芸，各復歸其根，歸根曰靜，是謂復命，復命曰常，知常曰明。」〈十六章〉若就「命」單一概念作分析，是無法令吾人對其形成一完整的論述，其中「復命」之意即在於歸復生命的本原；〔註48〕這雖然與莊子安命之最終旨趣是相通互容的。然吾人必要從老子哲學之義理內涵尋求其溝通的線索，以理解莊子安命思想的來龍去脈；儘管，老子罕言命，亦未對命的概念有詳盡的論述，但從莊子之燈續老子道論的慧命傳承上言，可知，莊子之所以能和老子並列，是由於他能嫡繼老子的觀念。老子「無」的智慧莊子頗能得其義，〈逍遙遊〉說：「若夫乘天地之正，而御六氣之辯，以遊無窮者，彼且惡乎待哉？故曰：至人無己，神人無功，聖人無名。」〈人間世〉說：「若能入遊其樊，而無感其名，入則鳴，不入則止，無門無毒，一宅而寓於不得已，則幾矣。」〈應帝王〉說：「汝遊心於淡，合氣於漠，順物自然而無容私焉，而天下治矣。」又說：「至人之用心若鏡，不將不迎，應而不藏，故能勝物而不傷。」這些論調所含蘊的義理和老子都是相容相通的。〔註49〕因此，在生命哲學方面，莊子和老子應

〔註47〕筆者認爲孔孟乃是站在承繼周文的立場，著眼在道德心性的實踐工夫上，故秉當仁不讓舍我其誰的應世熱情，故可無視乎外在橫逆；此處誠如唐君毅所說：「蓋人爲近心知性，存心養性之事者，其一生只見其心性之表現爲其心自興起生長，以擴充升進，而不息不已，未見其限極：則其盡道而死，亦只是此道未嘗見有死」又說：「只見道義不見生死，一生只見其心性之表現爲其心志之興起而生長，更不見其他。」唐君毅，《中國哲學原論‧原道篇》卷一，台北：學生，1992，頁248～249。是故實未足以論高下。相對於孔孟對命的反省，老莊則以清冷的智慧關照世情，故在正視命限之所以是，繼而提供一不同的精神超越之道。

〔註48〕釋德清說：「命，人之自性。」嚴靈峰說：「復歸其性命之本眞，故曰：復命。」蘇徹說：「命者，性之妙也。性猶可言，至於命，則不可言矣。」在在說明老子言命與莊子言命的出發點是不同的。但其理論歸趣則是一致的。參見陳鼓應註譯，《老子今註今譯》，台北：台灣商務，1997，頁113。

〔註49〕陳德和，〈人間道家的生命倫理學向度──以生命複製和基因工程的反省爲

該都是同路人，因為他們都同樣強調著「無執無私」的智慧。〔註 50〕牟宗三曾說：

> 老子之道，本是由遮而顯，故況之曰「無」。他首先見到人間之大弊在有為，在造作，在干涉，在騷擾，在亂出主意，在亂動手腳，故有適、有莫、有主、有宰，故虛妄盤結，觸途成滯。其弊總在「有為」、「有執」也，故〈二十九章〉：「為者敗之，執者失之」。注云（按牟宗三指王弼注）：「萬物以自然為性，故可因而不可為也，可通而不可執也。物有常性，而造為之，故必敗也。物有往來，而執之，故必失矣」。而〈四十六章〉則云：「為者敗之，執者失之。是以聖人無為，故無敗，無執，故無失」。是故遮者即遮此為與執也。「無」先做動詞看，則無者即無此為與執也。無為無執，無適無莫，無主無宰，則暢通矣。〔註 51〕

這就是說：道家並未首先以緣生觀萬物。病都在主觀方面的造作，造作即不自然。造作的根源在心，故一切工夫都在心上作。這工夫即是「致虛守靜」底工夫。〔註 52〕這個「致虛守靜」的工夫，簡言之，就是一種「無」的工夫，是老子所提示的治病之方，陳德和認為：

> 作為工夫義的「無」就是要「無掉」生命中不乾淨的東西，使生命回復原來的「清明」，而當人真能將生命中的渣滓去除殆盡，以還其本來面目時，即是充分實現了自己而顯一生命境界。〔註 53〕

又說：

> 無的工夫是生命實踐中，盪相遣執、融通淘汰的工夫，工夫的極致，老子形容它是「損之又損以至於無為」〈四十八章〉，無為乃是一清虛自然的境界，這種境界由於沒有種種人為塵垢之遮蔽，能完全通體透明，如光天霽月般清輝流佈，所以必定和天地萬物無障無隔而共飲太和，換言之，這種無的境界不但使人保住了自己，也為天地

例〉，《鵝湖》第 285 期，1999 年 3 月，頁 11。
〔註 50〕陳德和，《從老莊思想詮詁莊書外雜篇的生命哲學》，台北：文史哲，1993，頁 9。
〔註 51〕牟宗三，《才性與玄理》，台北：學生，1993，頁 162～163。
〔註 52〕牟宗三，《現象與物自身》，台北：學生，1976，頁 430～435。
〔註 53〕陳德和，〈試論道的雙重性——道德經中的「無」與「有」初探〉，《從老莊思想詮詁莊書外雜篇的生命哲學》，台北：文史哲，1993，頁 35。

萬物的如如存在提供了絕對的保證，因此它其實是「無為而無不為」
〈四八章〉的。〔註54〕

對於作為工夫義的「無」，陳德和進一步從老子哲學中，所蘊涵之文化治療學
的面向，來指出其去執去病之治療學性格，他說：

「無」的作用是老子哲學的出發點，老子通過「無」來成全「有」，
是即吾人所說的「反反以顯真」，此一架構頗類於佛家所謂之「去病
不去法」，無的工夫就是要去人病，人的病痊癒了，從此意義看，則
老子思想是一種生命或文化的治療學，它面對的是人之偏執、造作
等病，「夫唯病病，是以不病」〈七十一章〉。〔註55〕

這個「無」的意義為莊子的哲學所繼承，莊子從生命主觀情識的執取為反省
對象，說明人面對種種順逆之境，其所生種種虛妄的苦樂之情的虛妄。並以
化掉自我之種種執妄為體道逍遙的終極保證，這一層化掉生命流程中所恆生
苦樂之情的工夫，即是莊子由老子「無」的概念，所提煉出「忘」的工夫。「忘」
表示想得開，對世俗的毀譽功過利害得失能夠置之度外，事實上這是一種人
生修養上，超拔自我之封圍、洗心向道的鍛鍊工夫。原來人生最大的芒昧，
就是放不下我、不能忘掉我，於是就執著於形欲識見，與人逞能爭勝。〈德充
符〉所言：「不以好惡內傷其身，常因自然而不益生也。」又說：「德有所長，
形有所忘。」乃至於〈大宗師〉說：「魚相忘於江湖，人相忘於道術。」這都
是忘的工夫，都是與道通為一，同體肯定。因此，莊子忘的哲學，乃意在勘
破我執，隨化應物，以塑造人間的和諧，〈天下〉說莊子是「其應於化而解於
物也」，描繪莊子的理想境界是：「獨與天地精神往來，而不敖倪於萬物；不
譴是非，以與世俗處」，都是中肯而恰當的〔註56〕。再者，能「忘」也才能「安」，
「安」了自然就「忘」了，這個「忘」的工夫可以說是脫胎於老子「無」與
「損」的工夫；而〈大宗師〉所云：「墮肢體，黜聰明，離形去智，同於大通」
即是「忘」的實質意涵，此亦正是莊子「理命」之要義大宗，然「理命」在
此只是一形式概念，在內涵上與儒家的「理命」大有不同；可說莊子的「理
命」是就體道歸真上而言，所以說「同於大通」成玄英疏曰：「大通，猶大道
也。」郭象注曰：「既忘其跡，又忘其所以跡者，內不覺其一身，外不識有天

〔註54〕陳德和，《從老莊思想詮詁莊書外雜篇的生命哲學》，頁35。
〔註55〕陳德和，《從老莊思想詮詁莊書外雜篇的生命哲學》，頁186。
〔註56〕陳德和，〈人間道家的生命倫理學向度——以生命複製和基因工程的反省為
例〉，《鵝湖》第285期，1999年3月，頁11～12。

地，然後曠然與變化爲體而無不通也。」〔註 57〕故在體道歸眞的意義上言，莊子安命即是安於道，安於道之大化流行，此時與道同體、以道觀道無二無別。這與儒家道德實踐以極成的「理命」是大不相同的。

　　再者，莊子安命思想除了體道之肯認外，也認知到「氣命」之外在客觀限制的事實，其乃是莊子安命的反省對象與起點；然作爲人體道之可能，其復歸逍遙的依據又何在呢？陳德和說：

> 道之內在於人以作爲人的修行依據謂之德，道是眞實無妄的，故德必然也是眞實無妄的，從這個地方我們可以說人的眞實自我是天眞本德，而所謂德之充其極朗現，事實上就是在朗現道的眞實無妄。
> 〔註 58〕

又說：

> 老子「返歸抱一」的實踐理想完全被莊子所繼承。所謂「返樸抱一」，從莊子的立場講，就是修養自己，使自己能擺脫習氣官能的驅使、人爲世法的籠絡與俗知鄙見的障蔽，讓生命在逍遙無待中，以絕對的寬容去接納天地萬物，而證成眞人、至人、神人或全德之人的無上境界。〔註 59〕

此「德之充極朗現」與「返樸抱一」也就是莊子復歸生命本眞的實踐可能，此亦證明莊子之安命體道乃是一復歸與治療的質屬。其終極就是道之大化流行「理命」之意義，亦即淘洗盡淨與道合一的情境，是人存有之生命的健全朗現。〈天地〉有云：「通於天者，道也；順於地者，德也；行於萬物者，義也。」可見以順爲性的德乃是內在於人的，其就是人生命無爲無執的本然本性。

貳、莊子「命」概念之釐清

　　上文論述莊子安命思想對老子哲學之義理承繼，下文將深入探討莊子命概念之實質意涵。首先筆者將對莊子書中「天」與「命」、「性」與「命」之概念上的關係作一概要式的說明。「天」與「性」在莊子書中都是一個重要的義理概念，就個別意義作探究即可單篇成文；本文於此僅檢視其有助于吾人理解莊子命概念之義理成份，來予以闡述和說明，以呈現本文探究重點所在。

〔註 57〕郭慶藩輯，《莊子集釋》，台北：華正，1994，頁 285。

〔註 58〕陳德和，《從老莊思想詮詁莊書外雜篇的生命哲學》台灣：文史哲，1993，頁 9～10。

〔註 59〕陳德和，《從老莊思想詮詁莊書外雜篇的生命哲學》，頁 16。

一、莊子思想中之「天」與「命」

在莊子書中所謂的「天」和儒家所言「天命」的天是有所不同的。周初以降的天命觀本身含有道德意志，相信依人之德性，可決定其是否得以承受天命，這樣天命的概念就往往只能是王權意義上的，一但落在個體的生命實際經驗上，則是多所違背。如常見善人罹禍、惡人受福的現象出現，此福德不相應的存在事實，顯然凸顯了一般人對天命觀的疑慮，而莊子對命的反省，則不從具有道德意涵的天命作對象，因此可以回避這樣的困難。所以吾人在探究「天」在莊子哲學中的意涵時，就可明瞭在其生命哲學中，「天」主要是吾人心靈的故鄉和理想的歸宿，而不必是王權得失的決定者，所以莊子「天」的意涵與儒家的「天命」是大異其趣的，至於「天」在莊子哲學中的意涵為何，今試論如下：

首先，吾人知「天」一詞在莊子書中有許多涵意及用法，例如以之為談話的對方，〈在宥〉云：「天降朕以德，示朕以默，躬身求之，乃今得也。」表生化的本原，〈至樂〉：「天無為以之清，地無為以之寧」，並且有「天地」、「天倫」、「天刑」等合稱；然而除卻較特殊的用法，就「天」單獨一詞來作探討，其最具有哲學詮釋上的意義強度，則應是自然而然之意，這也是莊子藉以說明「道」之性狀的用詞之一。這個自然的涵意，吾人在〈德充符〉：「既受食於天，又惡用人！」〈大宗師〉：「知天之所為，知人之所為者，至矣，知天之所為，天而生之」又說：「天之小人，人之君子；人之君子天之小人也。」又說：「安排而去化，乃入於天一。」〈應帝王〉：「盡其所受乎天，而無見得，亦虛而已」〈天地〉：「德兼於道，道兼於天」又說：「忘己之人，是謂入於天」〈天道〉：「子，天之合也；我，人之合也」〈達生〉：「形精不虧，是謂能移；精而又精，反以相天」〈列禦寇〉：「知而不言，所以之天也」等章句皆可獲得理解。在此，本文為說明其作為吾人理解莊子安命思想之義理線索，故僅抉擇其主要的意涵作為論述，然莊子書中作為自然之意的「天」常與「人」一字對用，分表自然的無為與人事的有為，這在〈秋水〉表現的最為顯著，〈秋水〉云：

> 牛馬四足，是謂天；落馬首，穿牛鼻，是謂人。故曰：無以人滅天，
>
> 無以故滅命，無以得殉名。謹守而勿失，是謂反其真。

莊子認為由於人為造作，往往違背了自然的本性，因而「以人滅天」、「以故滅命」，此處的「人」與「故」即是指人為與造作，是屬於有為的層面；而「天」

與「命」則是天理之自然與本然之稟性，是屬於無爲的理境；今人以盲動造作而形成了天人的對立，故只有在去人爲、任自然，才能「不以心損道，不以人助天」〈大宗師〉，進一步消除天人之對立；達到「形全精復，與天爲一」〈達生〉之境界。顯而可見的，此處「天」其意即是正如其如的自然本性。它亦不帶有任何之規定，是自然而然的。因此，在這樣的意義上理解莊子之安命，則所安之命也是自然而然與道同體，更是人的天然稟性；這是莊子「理命」意義上的命，可見天在此具有同樣的義理高度，同樣是一個超越的理境。〔註60〕

復次，除了命是指陳個體的自然而然而不可迴避、無法或免的人生際遇之外，在莊子書中另有一個相似的講法，即「時」的觀念。〈秋水〉云：

> 孔子游于匡，宋人圍之數匝，而弦歌不綴。子路入見，曰：「何夫子之娛也？」孔子曰：「來，吾語汝！我諱窮久矣，而不免，命也；求通久矣，而不得，時也。當堯、舜而天下無窮人，非知得也；當桀、紂而天下無通人，非知失也。時勢使然。夫水行不避蛟龍者，漁人之勇也。陸行不避兕虎者，獵夫之勇也。白刃交於前，視死若生者，烈士之勇也。知窮之有命，知通之有時，臨大難而不懼者，聖人之勇也。由，處矣！吾命有所制！」

〈山木〉也云：

> 莊子曰：「貧也，非憊也。士有道德不能行，憊也；衣弊履穿，貧也，非憊也；此所謂非遭時也。……今處昏上亂相之間，而欲無憊，奚可得邪？此比干之見剖心徵也夫！」

〈繕性〉又云：

> 由是觀之，世喪道矣，道喪世矣。世與道交相喪也，道之人何由興乎世，世亦何由興乎道哉！道無以興乎世，世無以興乎道，雖聖人

〔註60〕 在此，拙文認爲天的實質意涵可說是像：「道爲之名，所假而行。」〈則陽〉篇所提到的一種詮釋策略。而與莊子書中的道、性有義理上的相關。再者，陳德和也認爲：「姑不論是否具有人格意志，祂指的都是一超越、絕對、永恆、普遍的終極存在。且爲人類生命實踐的最終依歸和萬物存在的最高保證或最後裁判者，道家哲學中天人分合的『天』就是在這種意義下被肯定，以莊子爲例，他屢言『天籟』、『天鈞』、『天府』、『天倪』，並曾說：『是以聖人不由而照之以天』、『安排而去化，乃入於寥天一』，都可以看出『天』在他思想中的超越義與理想義。」參見陳德和，《從老莊思想詮詁莊書外雜篇的生命哲學》，台北：文史哲，1993，頁32。

不在山林之中，其德隱矣。隱，故不自顯。古所謂隱士者，非伏其
身而弗見也，非閉其言而不出也，非藏其知而不發也。當時命而大
行乎天下，則反一無；不當時命而大窮乎天下，則深根寧極而待；
此存身之道也。

上引文獻都是出現在《莊子》書中的外雜篇中，這個「時」的概念是與「命」
的概念相近。吾人得知：在外雜篇中其意義更為清楚與完整，當然我們可視
其為莊子學派對內篇思想的發揮：如〈大宗師〉：「且夫得者，時也；失者，
順也。安時而處順，哀樂不能入也，此古之所謂縣解也。」但在外雜篇才將
其發揮的更完整。在此，安時與安命具有同樣的理論旨趣；然而卻有其些微
的相異之處，此在於「命」的限制是個體生命與外在環境交涉之後，而產生
的種種情境狀態；而「時」則是一個時代包括文化、政治、經濟與道德各方
面的時空背景下，整體社會與時代客觀環境的限制。〔註61〕也因此，「時」或
「時命」與「命」之間，其義理內涵上的差異，僅是一個個體性與社會性意
義上的差異，其實質意義仍是可相互融通的。如果說命比較上是內在且私己
性的，那麼「時」可說是整個時代社會的外在共命。於此而言，無論是「時」
或「時命」的概念皆較偏於莊子「氣命」的意義範疇，都是莊子所留意與反
省的對象。〔註62〕

二、莊子思想中之「性」與「命」

　　唐君毅認為，莊子言命乃是以命和性連說。〔註63〕然而這只是在外雜篇
是如此，內篇未嘗見有性命連說。〔註64〕是故，拙文以為外雜所談關於性命

〔註61〕崔大華：「時與命一樣，是制約、圍限人的本性得以充分發揮、『足以逞其能』
　　　　的一種客觀力量，一種外在的必然性，……『命』這種必然性是諸種社會的、
　　　　自然的力量的凝聚、蘊積，是一種內在的決定性；『時』的必然性則是這些力
　　　　量整體的展開、顯現，是一個時代包括政治、經濟、道德各方面的全部的社
　　　　會環境。」參見崔大華，《莊學研究》，北京：人民，1992，頁146。
〔註62〕此處的命專指個體生命存在之種種外在境遇，這也是莊子對命的反省基石。
〔註63〕唐君毅，《中國哲學原論·導論篇》，台北：學生，1993，頁547。陳師德和也
　　　　認為：「《道德經》和《南華七篇》中都沒有『性』字。」參見參見陳德和，《從
　　　　老莊思想詮註莊書外雜篇的生命哲學》，頁208。又如劉笑敢考證：「內七篇中
　　　　命字共十六處，無一性字，無性命一詞。而外雜篇中性命二字連用已有十二
　　　　處。」參見劉笑敢，《莊子哲學及其演變》，北京：中國社科學，1993，頁6。
　　　　「性」與「性命」等字詞在外雜篇的出現，是吾人探究莊子安命思想時不得
　　　　不留意的地方。
〔註64〕唐君毅說：「莊子內篇中之論到，實皆人生之道。其論此人生之道，皆恆直就

或性命之情的**概念**，乃是著重在性上作立論；有別於內篇單就人之富貴、窮達、壽夭、死生的命概念。如果外雜篇被視爲發揮內篇思想，或與內篇有義理上的有機統一；則知，在命與性的對代關係上，應該就是從「安命」的工夫進路上來取得連繫。安命之依歸乃是體道歸眞，在這個體道逍遙的理境上，命最終就成爲與道無二無別而被超越與兩忘。然性與命關係之理解的關鍵線索何在？吾人又應如何來看待莊子書中性之意涵呢？

首先，對於莊子文獻中「性」一詞的運用，吾人知在外雜二十四篇中，除了〈至樂〉、〈田子方〉、〈外物〉、〈寓言〉、〈天下〉外，處處可見性字，並且有天性、情性、性情、性命、性命之情等複合詞之使用情形。〔註65〕可見「性」一詞的意涵是豐富多樣的。

因此，本文先就「性」單獨一詞作探究，性之作爲單獨的概念語詞，在莊子外雜篇中有其重要的義理地位，其意涵不外都是扣緊著萬物的天然本性立論，諸如〈駢拇〉云：「且夫待鉤繩規矩而正者，是削其性者也」又說：「自三代以下，天下莫不以物易其性矣。」〈馬蹄〉云：「彼民有常性，織而衣，耕而食，是謂同德」〈胠篋〉云：「故上悖日月之明，下爍山川之精，中墮四時之施，惴耎之蟲，肖翹之物，莫不失其性。」〈天地〉云：「形體保神，各有儀則，謂之性。性脩反德，德至同於初。同乃虛，虛乃大。」又說：「若性之自爲，而民不知其所由然」又說：「行義有間矣，然失其性一也」〈天運〉云：「性不可易，命不可變」〈繕性〉云：「離道以善，險德以行，然後去其性而從於心」又說：「古之行身者，不以辯飾知，不以知窮天下，不以知窮德，危然處其所而反其性」〈則陽〉云：「遁其天，離其性，滅其情，亡其神，以眾爲」〈則陽〉云：「聖人達綢繆，周盡一體矣，而不知其然，性也」又說：「生而美者，人與之鑑，不告，則不知其美於人也；若知之，若不知之，若聞之，若不聞之，其可喜也終無己，人之好之亦無已，性也。」〈庚桑楚〉云：「道者，德之欽也；生者，德之光也；性者，生之質也」〈馬蹄〉云：「馬，蹄可以踐霜雪，毛可以禦風寒，齕草飲水，翹足而陸，此馬之眞性也。」

　　人當如何達逍遙無待之境，喪我物化之境，以其養生達生之事，全其安命致命之德，以及成爲眞人、至人、大宗師，足以應帝王之道術爲說。唯又恆連之於天君、靈府、靈台之常心以爲論；而罕直就其與『人性』之關係以爲論。然莊子外雜篇，則時言及於性。」參見唐君毅，《中國哲學原論・原性篇》，台北：學生，1989，頁51～52。
〔註65〕陳德和，《從老莊思想詮詁莊書外雜篇的生命哲學》，頁93。

上引諸文中之性字皆含有本性或稟性之意。而此天然本性非人爲所能強致，無論是士之憂仁義或小人之憂名利，其「馳其形性，潛之萬物，終身不反」〈徐無鬼〉同樣是生命的外馳與失性。此失性亦即人本眞生命的放失。

再者，外雜篇中性命或性命之情一詞也是本文留意之處，性與命於此已連綴使用，顯然其在義理上可互通融合。〈駢拇〉云：「吾所謂臧者，非所謂仁義之謂也，任其性命之情而已矣。」此性即是人的天眞本德，陳德和即說：

> 〈駢拇〉與〈馬蹄〉所提到的性皆是人生命以「無」爲首出的無體之體。其皆視「德」爲「性」之充極展現，或「德」爲「性」之應有展露。〔註66〕

可見德之充極展現，也是人生命天眞本性的回復與完成，所以〈德充符〉有云：「知其不可奈何而安之若命，德之至也。」其義即此。所以外雜篇所言之性實爲安命體道之思想本懷，也是與莊子「安命」（理命）義理相溝通，而一體同歸。

再者，此「德」在莊子思想中爲人的天眞本性的朗現，故德之朗現，即是人本然之性的回復，此朗現乃是一迴向自身生命的工夫，是無是損是忘的工夫，由「性」所朗現「德」的理境，即是莊子安命逍遙的理境。

上述義理皆可在外雜篇中之「性命」、「性命之情」的敘述裡抽繹而出，如〈在宥〉云：

> 大德不同而性命爛漫矣。

〈繕性〉也云：

> 今之得志者，軒冕之謂也。軒冕在身，非性命也。

〈知北游〉也云：

> 生非汝有，是天地之委和也。性命非汝有，是天地之委順也。

上引文獻都提到性命一詞，雖然其涵意不盡相同，但對照來看，性命在莊子書中應是就自然本性言，爲人所秉賦的自然之質。這也是內篇之鮮言性，或就是從萬物一齊的觀點下來看，萬物的本性與自然本是無二無別的，是故才「既已爲一，且得有言乎？」〈齊物論〉。至於所謂的性命之情。〈駢拇〉云：

> 彼正正者，不失其性命之情。……不仁之人，決性命之情，而饕富貴。……吾所謂臧者，非所謂仁義之謂也，任其性命之情而已矣。

〈在宥〉云：

〔註66〕陳德和，《從老莊思想詮詁莊書外雜篇的生命哲學》，頁104。

自三代以下者，匈匈焉，終以賞罰爲事，彼何暇安其性命之情
哉？……天下將安其性命之情，之八者可存也，亡可也。……故君
子不得以而臨蒞天下，莫若無爲，無爲而後安其性命之情。

〈天運〉云：

三皇之知，上悖日月之明，……莫得安其性命之情，而猶自以爲聖
人者，可不恥乎？

〈徐無鬼〉云：

君將盈嗜欲，長好惡，則性命之情病矣。

上引文獻中性命之情的性命兩字語義與前述性命兩字相類；至於情字之意有
眞情或實情或感情之解，端視其上下文之文意而定，〔註67〕拙文於此不擬深
入探究。明白性命一詞實指人所稟之自然本性，則如何使性與命在義理上有
所連繫，此即是從安命工夫進路上著眼；即知性與命又是不二的。〔註68〕這
性命之情既是人最眞實本然的生命面目，是以安命體道之復性歸眞，其治療
學的意涵於此也顯露出來。〔註69〕〈達生〉云：「吾生於陵而安於陵，故也；
長於水而安於水，性也；不知吾所以然而然，命也。」此處言「長於水而安
於水」成玄英疏曰：「隨順於水，委質從流，不使私情輒懷違拒。從水尚爾，
何況唯道是從乎！」〔註70〕從道雖難，但此處也寓含人乃是「長於道」故「安
於道」豈未可之意？能「長於道」自能「安於道」，這是人的天然本性，這本
性又是「不知吾所以然而然」，故亦是命，此命即是莊子「理命」之妙義，故
知莊子言性言命，其乃重在「理命」之意涵上談，而此命不唯與性相通相容，

〔註67〕鄭峰明，〈莊子性命論〉，《台中師院學報》第6期。1992年6月，頁258～259。
〔註68〕唐君毅認爲：「人之所受之『命』，與人之所以受命之『生』（性），剋就其相
　　　　遇上說，原可說爲二而一，乃不可分之故。在吾人不以故滅命時，吾人之生
　　　　與化同游，而芚然直往，則吾自己之『生』與『命』，亦不可分。」唐君毅，
　　　　《中國哲學原論・導論篇》，台北：學生，1993，頁551。然而在此拙文以爲
　　　　凡人出生自死，往往都是日斲其性、迷途日遠，是故有種種之命感產生；於
　　　　此，惟有體認安命之道，才能復性歸眞。
〔註69〕唐君毅說：「莊子所謂復其性命之情之實義，即不外化除一切向外馳求之心
　　　　知，或收回此心知，以內在於人生當下所遇所感之中之謂是之謂知與恬交相
　　　　養。人有所感而生情，人一時只感此所感而非他，是爲命。人之所以能感所
　　　　感而生情者，即吾人之生命之性。合性與命，爲一性命之情。性命之情之所
　　　　在，即吾人之生命之當下自得自適之所在，亦即生命之恬愉之所在。人心知
　　　　不外馳而止於是，是謂以心復心，以復性命之情。」參見唐君毅，《中國哲學
　　　　原論・原性篇》，台灣：學生，1989，頁62～63。
〔註70〕郭慶藩輯，《莊子集釋》，台北：華正，1994，頁657。

亦與天之意義相連繫。綜而言之，無論是「天」或「性」之概念，都是與莊子書中道之意涵互通相融，雖然「天」與「性」各有其多重的意義樣貌，然無論是作爲自然之義解的「天」，或是作爲萬物本性義解的「性」；從安命即是安於道之「理命」境界義言，其「道」、「命」、「天」、與「性」都有其互涉交通之處，這也是莊子特有之非分別式言說的展現。

三、莊子「命」之眞切義

在上文分疏與探討後，已明瞭命與天、命與性之間的關係；至於命作爲莊子哲學中一重要的範疇概念，其實質意涵與莊子究竟立足於何種向度，來看待命這一概念。吾人可先從命作爲一個客觀必然性的意義來加以檢討（這是俗情所謂的「命」，也是「氣命」意義下的命）。

首先，〈天運〉有云：「性不可易，命不可變」這樣的說法似乎是承認命有其客觀的必然性；是一個定數，而這個定數是由人的內在本性，即天性（自然本性所定）。若此，〈至樂〉也說：「褚小者不可以懷大，綆短者不可以汲深。夫若是者，以爲命有所成、而形有所適也，夫不可損益。」由上引諸言看，命似乎是不可損益的客觀定數，至於這個定數所由何來，〈天地〉云：「泰初有無，無有無名，一之所起，有一而未形。物得以生謂之德。未形者有分，且然無閒，謂之命。」在這裡，徐復觀註解說：

> 每一物分得如此，就是如此（且然），毫無出入（無閒）：這即是命。
> 然則莊子之所謂命，乃指人秉生之初，從「一」那裏所分得的限度。
> 〔註71〕

這樣的說明是簡潔易明的，如同〈德充符〉中所云：「死生存亡，窮達貧富，賢不肖，毀譽，飢渴寒暑，是事之變、命之行也。」而從這個角度上而言，命似乎具有宇宙論上生發義的意涵；而郭象於此，也在〈養生主〉注云：「天行所受，各有本分，不可逃，亦不可加。」〈天運〉注云：「命之所有者，非爲也，皆自然耳。」與在〈德充符〉注云：「物無妄然，皆天地之會。」「故凡所不遇，弗能遇也；其所遇，弗能不遇也。」依此，郭象〈至樂〉注所云：「唯無擇而任其所遇乃全耳。」似乎認爲人必須順其所遇、委命而任，才能臻至逍遙的理境。這樣的結論不免容易引人誤解，而導出一個消極、苟且偷安人生態度之論調，在此，「無擇而任其所遇」與苟且偷安、消極諉過的義理差距，看似毫理之失，其實謬以千里。可知消極諉過的宿命論決不是莊子安

〔註71〕徐復觀，《中國人性論史・先秦篇》，台北：台灣商務，1987，頁375。

命哲學的本懷。因此，與其說莊子外雜篇對命的論述是一個「定數」的說明，不如說是對「氣命」之命限意義的體認。然而，莊子於生命反省的初始，究竟是如何來看待「命」這一存在實情呢？如果外雜篇是莊子後學就內篇思想所作的發揮，也許我們在義理詮釋的輕重取捨上，可以回歸內篇的理路來做作考察。在〈德充符〉有云：

> 知其不可奈何而安之若命，德之至也。

這一段話，拙文認爲：可將其視爲理解莊子命概念的關鍵鑰匙；依此，「若」字是一個形容式的字義，表示一種彷彿、似乎的態度，用「若」所說明的對象，並不具有存有論上的實然，也就是，它只是一個虛擬對象。〔註72〕張岱年也說：「『安之若命』的『若』最有意義，不過假定爲命而已。」〔註73〕

然而〈天運〉中所云：「性不可易，命不可變」與〈至樂〉中所云：「褚小者不可以懷大，綆短者不可以汲深。夫若是者，以爲命有所成、而形有所適也，夫不可損益。」以及〈天地〉所云：「泰初有無，無有無名，一之所起，有一而未形。物得以生謂之德。未形者有分，且然無閒，謂之命。」等句，似乎和內篇所言命的概念有所齟齬。然吾人從內篇中未嘗見其有性一字，即知在莊子萬物一齊的理境下，萬物的本性與自然是無二無別的，是故才有「天地與我並生，萬物與我爲一」之領悟；因此，上引所謂的「性不可易，命不可變」及「命有所成，而形有所適」與「未形者有分，且然無閒，謂之命」等句，不可否認的令人有「定數」之疑慮，然從詮釋活動乃是分享一個文本的意義，與發掘和發展更新意義的詮釋態度言，吾人可將其視爲莊子後學在不同的上下文敘述脈絡下，所展現的不同的意義層面；儘管外雜篇中的「命」可能有其作者的主觀見解成份在，以致與內篇的義理有部分距離，但從外雜篇中「性命」與「性命之情」等詞之性命連用的情形看，其「命」的意涵更多了天性與生命之意，但亦無礙吾人之理解。陸德明對〈天地〉：「未形者有分，且然無閒，謂之命」所作的疏解即認爲：「物得其生，所謂繼之者善也，未有德之名。至凝而爲命，而有性含焉，所謂成之者性也。命立而各肖乎形，踐形而乃反乎性，各有儀則，盡性之功也。」〔註74〕其意也就是在此。若所謂的性或命是自然所給予不可更易，那吾人所稟之天性亦是與自然本性無別，何憂所分得之大小，所以在逍遙遊中鯤若無自覺其能化而爲鵬之本性，

〔註72〕張永儁，〈命理與義理〉，《哲學雜誌》第 3 期。1993 年 1 月，頁 12。
〔註73〕張岱年，《中國哲學大綱》，中國：社會科學，頁 402。
〔註74〕郭慶藩輯，《莊子集釋》，台北：華正，1994，頁 425。

亦不能摶扶搖而上九千里，此「化而爲鳥」即是所謂的精神的轉化，生命的提昇；至於蜩與學鳩的謬誤實不在於其才性的小大，而在於不知其所適，如果之二蟲知所反省，一樣可以有精神的轉化。所以，吾人若就天然本性的無擇順受態度上看，此處的矛盾便可得到化解，而與內篇「知其不可奈何而安之若命」的精神契合。意即以道觀之，豈有富貴窮通之別，乃人主觀之情所執然。此處的意義也與《老子·十六章》所云：「夫物芸芸，各復歸其根。歸根曰靜，是謂復命。復命曰常，知常曰明。」〔註75〕可以相互印證與發明，這裡的「命」即可說是人之本性或是存在的本原，也是莊子「理命」的眞義。因此，外雜篇中言及「性」或「性命」的段落若順此來作考量，即可獲得理解。這些都是從安命的工夫實踐言，其所具有之復性歸眞的眞義，因此，從體道逍遙的境界上言，「性」與「命」是二而一，不一不異地歸於道之大化流行。

　　再者，從個體之現實存在之種種際遇上來看，所謂的「命」則應是無以名之，不知其所以然的；正如〈寓言〉所謂的：「天有歷數，地有人據，吾惡乎求之？莫知其所終，若之何其無命也？莫知其所始，若之何其有命也？」又如〈德充符〉所云：「游於羿之彀中，中央者，中地也；然而不中者，命也。」所以，從懷疑的立場來看，命在此就不必是外在的某種客觀規律，或爲一主宰者所決定的產物；也不是外在的客觀必然性。這都是人主觀的感性之情與之相遇，所產生的種種苦樂之情。究其實，我們終究不能知其實情爲何，與其本身是否有存在上的客觀性或理上之必然，及其存在模態是否就是吾人所認知與所能認知的「命」，其實大有疑問，而「知其不可奈何而安之若命」也就是說明了這樣一個在認識上的反省；再者，道之自然大化流行縱有其自有的客觀必然，也是無私無覆不具其主觀意志，非吾人由知識上的求索所能知悉；是故，吾人對之所產生的種種苦樂之情終屬虛妄，唯有安之受之，方是安命正道，〈人間世〉即云：「子之愛親，命也，不可解於心；臣之事君，義也，無適而非君也，無所逃於天地之間」此處的命是人的天性本然，而義是存在的客觀現實，這是無以名之與無可迴避的存在處境。就此而言，人的主觀情識與客觀的情境交涉，所產生的種種苦樂之情處，特別是在遭受挫折與

〔註75〕釋德清説：「命，人之自性。」嚴靈峯説：「復歸其性命之本眞，故曰：復命。」蘇徹説：「命者，性之妙也。性猶可言，至於命，則不可言矣。」盧育三也説：「……在這裡，『命』指作爲生生之源的道。『復命』，又回到萬物的生生本原。」參見陳鼓應註譯，《老子今註今譯》，台北：台灣商務，1997，頁113。

苦痛之後，人才格外感到某種若「命」的客觀必然性存在。如〈大宗師〉有
云：

> 吾思夫使我至此極者而弗得也。父母豈私貧我哉？天無私覆，地無
> 私載，天地豈私貧我哉？求其爲之者而不得也。然而至此極者，命
> 也夫！

王夫之認爲：

> 貧富之於人，甚矣。故人有輕生死而不能忘貧富者，思其所以使我
> 貧者而不得，則曠然矣。天地不私貧人富人，抑豈私生人死人乎？
> 弗獲已而謂之命，而非有命也。〔註76〕

其中「弗獲已」正是命感所生之由，這種命感又往往與苦痛相隨，也因此，
這樣一個「若」命的概念，正是人恆常無以超越的盲點。然而，此盲點之所
由生，使得人容易感受到這個「若」命的存在，其因又安在？在此，莊子在
〈齊物論〉中指出這樣的一個存在事實說：

> 一受其成形，不亡以待盡。與物相刃相靡，其行盡如馳，而莫之能
> 止，不亦悲乎！終身役役而不見其成功，苶然疲役而不知其所歸，
> 可不謂哀邪！人謂之不死，奚益！其形化，其心與之然，可不謂大
> 哀乎？人之生也，固若是芒乎？其我獨芒，而人亦有不芒者乎？

在這樣紛馳疲役的生命裡，人原本自然的天性是不免斷喪與放失的，是故莊
子也才有：「人之生也，與憂俱生。」之嘆。反過來說：「知不可奈何而安之
若命，唯有德者能之。」在此，就不僅是一個認識與反省的起點，它也是一
個修養上的理境之說明。「唯有德者能之」正是莊子安命哲學之體道境界；這
也是一個「如如」的境界。〔註77〕總之，莊子對命的反省初始，即是以「若

〔註76〕王夫之，《莊子通・莊子解》，台北：里仁，1995，頁69。

〔註77〕唐君毅說：「莊子安命之學之最高表現，則不在於盡忠盡孝之任何場合之死生
呼吸無可奈何之際，而仍能以孝子對父母之心，承當其在天地間之所遇。」
參見唐君毅，《中國哲學原論・導論篇》，台北：學生，1993，頁549。牟宗三
則說：「莊子『無憚化』即是想把這一切不能掌握的遭遇盡歸之于自然之化而
只『循斯虛』以乘之而轉，轉而無轉，即是『獨化』，此時『命』之義即被化
掉。但這是一個『如如』的境界，儒家亦可有此境界。但到此境界，一切都
無可說，不但『命』被越過，即正面一切東西亦被忘掉。」參見牟宗三，《圓
善論》，台北：學生，1996，頁144。拙文以爲若能如唐所說：「承當其在天地
間之所遇」進而就能如牟所云：「『循斯虛』以乘之而轉」達到一個如如的境
界；這也是莊子安命哲學的究竟理境之一，於此安命就不是一消極的生活態
度，而具有一積極的復性歸眞的實踐進路。

命」之認識態度，來以理化情破除種種順逆苦樂之情的執妄，再以對生命所有情境的全然接受，做為精神轉換之超昇；並以此為體道歸真的工夫進路，更申言之，此精神的轉換即莊子對「氣命」的體認與無擇任遇，進而能冥契于道之「理命」的境界奧妙所在。

在論述完莊子對「命」的理解與認知；拙文將接續開發其安命哲學的工夫進路，這將在拙文的第四章加以闡明；至於在進入此之前，拙文必先說明安命作為理解莊子思想的入徑之一，其與莊子哲學如何形成一溝通之整體，與如何在理解整個莊子哲學的面向上，提供一個新的切入點，而以之作為闡發莊子思想的新方向。

第三章　莊子安命體道形上理據探析 [註1]

　　在分析莊子「命」概念之眞義後，本章將試著剖析安命作爲莊學之工夫進路，如何與莊子哲學形成一整全的理解，而成爲可能；首先，吾人必要對莊子的道概念有所認知。在本文對莊子「道」之義理內涵作一釐析之前，老子「道」的概念將是拙文考察的重點；用意在說明其形上意涵如何爲莊子所繼承，以一起呈現道家哲學立足於生命的關懷點上，所具有的生命治療學的意義；復次，探究莊子論「道」的言說策略與方式，瞭解其目的不外都是作爲一試圖開顯道之可能。最後，說明莊子安命體道之如何可能，亦即明白莊子體道之形上性格，即知安命的理境與莊子体道逍遙的境界是圓融無二的。

第一節　莊子「道」概念辨析

　　在闡述莊子「道」的義理內涵之前，拙文將對老子「道」的形上旨趣作一說明；這種說明並非是從知識上去界定「道」的意義爲何，而是表明拙文對其詮釋角度的取捨與考量，這也是關聯著拙文在安命思想的探究上，能與莊子體道逍遙之眞義在詮釋上獲得圓融的說明。

壹、老子「道」概念之形上性格

　　目前學界研究老子哲學，對其道之形上立場的分判可約略分爲兩派。一派認爲老子的「道」是屬於客觀的實有，一派則認爲「道」是主體修證所開

〔註 1〕 本節部分內容摘錄筆者拙著：〈莊子道論之義理性格探究〉，《宗教哲學》第 48 期，2009 年 6 月，頁 11～32。

顯的境界。吾人可分別名之為「主觀境界形態的形上學」與「客觀實有形態的形上學」。

一、「客觀實有形態形上學」之意涵與反省

在「客觀實有形態形上學」方面，唐君毅認為老子之道可析出六義，即：第一義（有通貫異理之用之道）以道為一切萬物所普遍共同遵行的理則，或自然、宇宙的一般律則和根本原理。第二義（形上道體）以道為一實有的存在，為具有一形而上性格的存在道體與實理。第三義（道相之道）就第二義道的相狀而言，特別是與萬物的相狀比對而言。第四義（同德之道）就道同於萬物而言即是德。萬物分享自道的性格，這即是萬物的德。第五義（修德之道與其他生活之道）這層意義的道是屬於應用意義的道。第六義（為事物及心境人格狀態之道）在此道這一概念乃是作為事物狀態或心境人格狀態的一個狀辭。〔註2〕在這裡吳汝鈞認為：

> 唐表面上以老子的道為一客觀的實有；不過，他的看法比較複雜。
> 就他的六義貫釋與四層升進來說，他持兩面的看法。即是，道本身
> 是一客觀實有；是一形而上的實體；但就它關連到人的方面而言，
> 它也有很濃厚的實踐意味，對人的生活有深遠的影響，這便牽涉到
> 修養工夫上的問題。〔註3〕

不過，這兩層的意涵是否能夠取得詮釋上的一致，而能整全的闡述老子「道」之真義。袁保新認為：

> 當唐要保持老子思想實踐的特色，不願將老子視為西方思辨的形上
> 學家時，以『直覺』之說來區別於西方思辨系統，固然可行；但是，
> 唐卻忽略了一點，如果「形上道體」——超離一切經驗的宇宙生成
> 的第一因——根本就是一個思辨概念，則訴諸『直覺』之名並不能
> 將它化為實踐心境觀照的真實對象。換言之，唐的苦心經營，並沒
> 有獲得令人滿意的結果。〔註4〕

這是袁保新對「客觀實有」形態所指出的困難。至於「客觀實有」的詮釋形態能不能為老子的整體哲學提供一圓滿與一致性的詮釋呢？袁保新提出下列三個理由來批判「客觀實有」的詮釋進路，今節錄如下，他認為：

〔註2〕唐君毅，《中國哲學原論·導論篇》，台北：學生，1993，頁368～418。
〔註3〕吳汝鈞，《老莊哲學的現代析論》，台北：文津，1998，頁301。
〔註4〕袁保新，《老子哲學之詮釋與重建》，台北：文津，1997，頁72。

1. 就方法進路而言，客觀實有形態的詮釋由於側重「理論程序」的考慮，不但忽略了老子思想歷史文化的背景，而且遺忘了中國哲學以實踐修養而非認識論的批判來保證形上思考合法性的特徵，以至於在未經批判的情況下，草率地預設西方以「宇宙發生論爲主導」（cosmogonically-oriented）的形上理論架構，逕自將「道」的根本義理理解爲「第一因」或「形上實體」。我們徵諸先秦哲學的發展可以知道，先秦諸子的興起，主要是針對禮崩樂壞周文失墜的局面，企圖通過對「道」的思索，爲當時整個人文世界重建一套世界觀、人生觀，重新安立人與天、地、鬼、神的關係，使得人物、人我種種的存在關係能夠復歸於整體的和諧。所以，「道」繼之古代深具宗教色彩的「天」成爲中國哲學的核心概念，自始就是以安立價值世界爲其根本義涵，與西方哲學「拯救現象」，企圖通過理性思辨爲存在界提供合理說明的取向，截然有別。

2. 再次，如果我們接受客觀實有形態的詮釋，對於《道德經》以政治人生爲基本關懷的其他三分之二的篇章勢必棄於可有可無之地。……換言之，當我們參考西方形上學的理論架構，將老子的「道」理解爲「實體」、「第一因」或「自然律則」時，雖然爲老子形上思想提供了非常明確的說明，但是在這一套形上架構的賦予中，卻無法爲老子《道德經》中政治人生的方面的主張，提供內在關聯性的說明，而導致老子的形上學與其人生實踐的思想，可以各自分立，分裂爲不相繫的兩部分。然而，根據我們創造性詮釋的理念，一種成功的詮釋，必須提供經典整體性的說明。因此，既然客觀實有形態的詮釋不能爲老子其他三分之二篇章的思想，予以適當的說明，我們就有充分的理由懷疑這種詮釋的恰當性。

3. 然而，「客觀實有」形態的困難，不僅在未能正視《道德經》思想的整體性，同時更嚴重的是，其詮釋立場將導致老子思想內部的矛盾與衝突。根據陳康教授對老子「道」一概念的表層解析，「道」的意義可以納入兩種截然不同的範疇中，一是「存有原理」，另一是「應然原理」。前者包括「道」作爲萬物「原理」、「原因」諸義，具有普遍性、必然性，無一物不在其籠罩之下，故名之曰「常道」；後者則是規範性的法則，可以遵守，也可以違背，人對之具有主體之自由，因此在《道德經》中也有「道」之「失」、「廢」，甚至「不道」、「非道」的說法。在這種情況下，如果我們不經斟酌，草率地就將「道」的基本性格納入「客觀實有」的形態中來瞭解，勢

必要詭譎地表示一切「不道」、「非道」均是合於「常道」的表現。問題在於：如果「不道」、「非道」果真就是合於「道」，則老子又為何要苦口婆心、訓誨諄諄對當時的政治人生加以規勸，並鼓勵世人「法道」、「守道」呢？這種訴諸形上思辨的先天性之解釋，不僅置《道德經》幾乎三分之二的篇章於可有可無之地，猶且使這三分二的篇章在以形上之「道」為首出的理論中成為不可能。換言之，一但我們接受「客觀實有」的詮釋形態，勢必導致老子思想內部的破裂與不一致。〔註5〕

此即「客觀實有」對老子「道」之詮釋缺失的最恰當說明。可見老子「道」之形上性格，若順著知識論的路數去把握，不免就要淪入「宇宙論」或「第一因」的窘境，而使得吾人個體生命的精神實踐成為虛假。若是，吾人應如何來理解老子所倡言的「道」呢？基于以上的反省與領會，拙文不試圖在知識上來界定「道」的意義與內涵；因此，下述的「境界形態」的詮釋進路，則是吾人可以作為考察的另一種可能詮釋路徑。

二、「境界形態形上學」之意涵與反省

如果從中國哲學一開始的發展而言，我們可以明白的指出其即是偏向人的這個層面來作工夫的；〔註6〕在此，牟宗三認為：如果老子的「道」不是像西方哲學與宗教一樣，是透過分解而客觀地肯定之創生實體，而是通過主觀致虛守靜之修證所開顯的沖虛境界，則老子章句中對「道」所賦予的客觀性、實體性，當只不過是一種「姿態」而已。〔註7〕他說：

〔註5〕 袁保新，〈再論老子之道的義理定位——兼答劉笑敢教授〈關於老子之道的新解釋與新詮釋〉〉，《文哲論壇》第7卷第2期，1997年6月，頁149。

〔註6〕 陳榮灼說：「中國哲學對待物的方式，不同於西方近代哲學所採取的『主客對立』格局，而是以超主客對待的方式來了解。換言之，中國哲學並不把人看成主體，也不把物視為客體，而且與亞里斯多德觀解式地把「物」視為實體也不相同。基本上：中國哲學是藉著與存有的關係，來瞭解物，並與之建立一體之關係。由於不把物看作客體，因此只能在「開物成務」、「利用厚生的觀點來與物建立較具體的關係。」又說：「傳統中國哲學這種不通過客體或者實體來了解『物』而發展的形上學，可藉牟宗三之名詞而稱之為『境界形態的形上學』。西方的傳統哲學可以分為兩種形態：一種是從亞里斯多德一直到中世紀之『實有形態底形上學』。另外一種是從笛卡爾到黑格爾之『主體主義底形上學』。中國哲學之『境界形態形上學』不同於這兩種形態的形上學，而且兩種之優劣互見。」參見陳榮灼，《「現代」與「後現代」之間》，台北：時報文化，1992，頁20～22。

〔註7〕 牟宗三，《才性與玄理》，台北：學生，1993，頁149。

實有形態的形上學就是依實有之路講形上學（metaphysics in the line of being）。但是境界形態就很麻煩，英文裡邊沒有相當於『境界』這個字眼的字。或者我們可以勉強界定為實踐所達至的主觀心境（心靈狀態）。這心境是依我們的某方式（例如儒道或佛）下的實踐所達至的如何樣的心靈狀態。依這心靈狀態可以引發一種「觀看」「知見」（vision）。境界形態的形上學就是依觀看或知見之路講形上學（metaphysics in the line of vision）。我們依實踐而有觀看或知見；依這觀看或知見，我們對於世界有一個看法或說明。這個看法所看的世界，或這個說明所明世界，不是平常所說的既成的事實世界（如科學所說的世界），而是依我們的實踐所觀看的世界。這樣所看的世界有昇進，而依實踐路數的不同而亦有異趣，……而所謂有昇進有異趣的世界則都屬於價值層的，屬於實踐方面之精神價值；而若在此實踐方面的精神價值之最後歸趣總是定在自由自在，則有昇進有異趣的世界總是歸一，雖有昇進而亦有終極之定，雖有異趣而亦有同歸之同，而世界中的萬物即是「物之在其自己」之物，此則終極地決定者，亦即是絕對的真實者或存在者，而不是那可使之有亦可使之無的現象。依此，普通所謂定者實是不定，而依上說的觀看或知見而來的普通視之為主觀而不定者，終極地言之，實是最定者，最客觀者，絕對客觀者——亦是絕對的主觀者——主客觀是一者。〔註8〕

這一段話點出了「境界形態」形上學的區分和說明，認為道是透過人的實踐修養來體會，而終能使精神之自由自在，與天地萬物渾然交融，一體同化。但這是否會使老子哲學淪入主體主義或人類中心主義之嫌呢？袁保新認為：

如果因為強調老子的實踐性格，將老子的形上概念完全限定在觀念發生過程中來了解，收在主觀親證之下，以「主觀心境」觀「道」，而不能以「道」觀「道」，則未必是老子的本義。雖然牟曾明言「境界形態」的主觀性亦是最真實客觀性，但不容否認的，「主觀境界」一辭對「道」的客觀性，或超主客義的提示並不夠明顯。嚴格論之，老子「為道日損」的實踐工夫，正是透過「不自見、不自是、不自我、不自矜」《道德經·22章》的修養過程，取消造成一切對立的主觀性，以期依止於主客玄冥之絕對的「道」中。所以，無論「主

〔註 8〕 牟宗三，《中國哲學十九講》，台北：學生，1993，頁 130～131。

觀性」或「客觀性」，均不是徵定「道」的恰當名詞。……換言之，「道」固因主觀境界之不同而不同，但「道」並不是「主觀境界」，「主觀境界」只是「道」之諸多可能異趣與層次之開顯。因此，以「主觀境界」說明老子形上義理的形態，就其凸顯老子思想的實踐特徵而言，我們可以欣然接受，但更周延地說明「道」的形上涵義，則必須從超主客義來了解。〔註9〕

至於這超主客義所指為何？袁保新認為：

藉海德格「在世存有」（being-in-the-world）觀念，實踐主體的自我是與實踐活動展開的世界密切相連的，自我的理解決定了世界的意義結構，世界的意義結構也反應了實踐主體的自我理解，因此，「存在詮釋」所揭露的自我心境，其實也是一個價值世界的展現，其間原無主、客性質的截然區分。〔註10〕

這是對「境界形態」形上學的反省與發展；在此，拙文無意分判老子道之形上性格為何，筆者以為與其追問道之形上性格為何，不如從老子哲學的實踐進路來理解和凸顯道之意義；在此，筆者認為從治療學的面向來看待老莊哲學，可以幫助吾人理解安命思想之所以能夠溝通莊子哲學整體，其重要的關鍵，就在其治療性質的工夫實踐，它是一種向本真生命回復的療程，此治療學的義涵，拙文曾於前文點出，此亦由前輩探究老子哲學時所提示與闡明。〔註11〕至於莊子安命思想之治療學性格的實質，筆者將在第四章詳加剖析。

〔註 9〕 袁保新，《老子哲學之詮釋與重建》，台北：文津，1997，頁 74～75。

〔註 10〕 袁保新，《老子哲學之詮釋與重建》，頁 76。

〔註 11〕 袁保新認為：「老子哲學可以視為一套奠基於存有學洞見上的『文化治療學』，以別於儒家制禮作樂的「建構」性的思考思考模式。」參見袁保新，〈再論老子之道的義理定位——兼答劉笑敢教授（關於老子之道的新解釋與新詮釋）〉，《文哲論壇》第 7 卷第 2 期，1997 年 6 月，頁 157。又說：「老子哲學作為一套文化哲學，與儒家不同的是，它的精采在於批判治療，而非積極建構。『道』主要是以『無』的性格出現，充其極可理解為價值的實現原理，而非創造原理。」參見袁保新，《老子哲學之詮釋與重建》，台北：文津，1997，頁 201～202。再者，林安梧也說：「道家的興起，老子書的成立，是針對著周文疲弊而提出的治療方針，這樣一套治療方針，當可以稱之為『文化的治療』，它是對周文疲弊的治療。」參見林安梧，《中國宗教與意義治療》，台北：明文，1996，頁 141。拙文以為道家之由於周文疲弊的歷史契機，所具有之「治療學」的性格。其實是與其對生命的深度反省一致的；由此人之體道歸真也才成為可能。在此，拙文認為莊子所具有的治療學意涵，可說是全面性的；因其乃是從人生命的所有層面來反省；其所對治與反省的：就外在而言，是

貳、莊子對老子道形上意涵之繼承與突破

一、「實有形態」之「姿態」的解消與超越

　　雖然牟宗三認為《老子》中所表顯出來的實有形態，只是一個「姿態」，其實際上是由致虛守靜的主觀修證所開顯的「境界形態」。但他也承認老子「道」的形上性格具有實有形態之「姿態」。〔註12〕在此，這個「姿態」也正是莊子所要化解與突破的；透過莊子哲學的詮釋與超克，老子哲學的深層底蘊也才昭顯而出。於此，傅偉勳認為：不可道不可名的「道體」對老子首先彰顯之為「道原」。如《老子》一章：「無名天地之始，有名萬物之母。」、《老子》二十五章：「有物混成，先天地生。……吾不知其名，字之曰道。」、《老子》四十章：「天地萬物生於有，有生於無。」、《老子》四十二章：「道生一，一生二，二生三，三生萬物。」等語，皆指涉「道原」之義。問題是在：老子「生」字究指何義？是指宇宙論意義的始源或造物者（the cosmological origin or the creator），抑指本體論意義的本根或根據（the ontologiccal root or ground）？就表面結構言，似指前者；就深層結構言，則似又指後者，蓋「道法自然」〈二十五章〉而又「道常無為（而無不為）」〈三十七章〉應無所謂「生不生」之故。〔註13〕再者，就老子「道」的基本內涵而言：它應是一種無法界說的終極存在，它是萬物及人的一種存有根源；但不宜視為無限實體，第一因，也不宜視作自然律則，而應該理解作規範著存在界中一切人物的地位與關係的形上基礎，或價值根源。〔註14〕這在上述袁保新對「實有形態」詮釋進路的反省中，也指出其真義所在。在此，老子也意識到這一點。所以《老子》開頭便說：「道可道，非常道；名可名，非常名。」認為作為「天地之始」的「常道」其乃不可名不可道的。名之為「道」實乃不得已而名之的。但在

　　由于社會與文化等因襲的制約所帶來的種種使生命異化的病原；從內在而言，則是由於人的主觀情識之執取致生命失性的沉淪；兩者又互為因果交互影響，是以對莊子哲學之治療性格的界定，即可徵定莊子哲學就是一種生命的治療學。

〔註12〕牟宗三說：「客觀性、實體性、是本體論的。實現性是宇宙論的。如是，道德經之形上系統，因此有此三性故，似可為一積極而建構之形上學。但此積極形上學似乎並保不住，似乎只是一個姿態。客觀性、實體性、實現性，似乎只是一個姿態。似乎皆可化掉者。而莊子正是向化掉此姿態而前進，將『實有形態』之形上學轉化為『境界形象』之形上學。」參見牟宗三，《才性與玄理》，台北：學生，1993，頁178～180。 從莊子體道之理境上言，此為確論。

〔註13〕傅偉勳，《從西方哲學到禪佛教》，台北：東大，1991，頁405～406。

〔註14〕袁保新，《老子哲學之詮釋與重建》，台北：文津，1997，頁109～110。

另一方面而言，其在《老子》中仍然對道作了一些模糊的描述，例如〈二十一章〉就說：「道之爲物，惟恍惟惚。惚兮恍兮，其中有象；恍兮惚兮，其中有物。窈兮冥兮，其中有精；冥兮窈兮，其中有信。自古自今，其名不去，以閱眾甫。」這不禁要令人疑慮，作爲萬物之本的道，究竟是不可道不可名的「常道」，還是可道可名的「非常道」；它是否包含著宇宙生成論的意義呢；還是，只應是一存有論上的意義？這些所謂「實有形態」之「姿態」上的疑慮，〔註15〕都不得不待由莊子來將之圓滿解決。

首先，莊子對這上述之「姿態」之消解與超克，表現在如沈清松所言的：莊子一方面從語言的框架指出探討宇宙萬物第一因的困難，另一方面更用語言的生發來說明宇宙萬物的生發。換言之，他將「道原問題」──道爲宇宙萬物之原的問題，用「道言」─道轉換成言說的問題，來加以說明。〔註16〕例如〈齊物論〉所云：

> 天地與我並生，而萬物與我爲一。既已爲一，且得有言乎？既已謂
> 之一矣，且得無言乎？一與言爲二，二與一爲三。自此以往，巧歷
> 不能得，而況其凡乎！故自無適有以至於三，而況自有適有乎！無
> 適焉，因是已。

這是對老子「道生一，一生二，二生三，三生萬物」這個有關「道原」的弔詭語言所作的詮釋，進而開顯言說「道原」之侷限。再者，他更以「無無」與「物之極」來化解和超克老子所云：「天地萬物生於有，有生於無」之執無之嫌，〔註17〕〈天地〉說：「泰初有無無，有無名」〔註18〕以及〈則陽〉：「道，

〔註15〕 筆者以爲這些疑慮充其量只是老子在整個言說敘述中難以或免的情形，是以令後世學人有所不解，至於老子哲學的本懷當不至於此。

〔註16〕 沈清松，〈莊子的道論──對當代形上困惑的一個解答〉，《國立政治大學哲學學報》，第 1 期，1994 年 5 月，頁 28。另傅偉勳也說：「莊子在這裡不但充當（東西哲學史上）第一位語言分析專家，消解『道原』爲『道言』（Tao as Language）問題，同時已暗示著一種超形上學的突破，我們在這『突破』中可以發現莊子哲學的深層結構。莊子超形上學的突破，首先揭開了超形上學（不可思議，思維的超絕）與形上學（存在思維），道體（終極存在）與道原（存在彰顯），以及無名無言與有名有言之間的弔詭奧密。」參見傅偉勳，《從西方哲學到禪佛教》，台北：東大，1991，頁 409。

〔註17〕 傅偉勳說：「從莊子的超形上學『觀點』看來，雖說本無所謂有無。體相等等二元之分，但依超形上學的優位去一一評衡各家各派的學說，則老子『無先於有』的道家形上學至少較能冥契超形上學與形上學的一體兩面或分合弔詭，較能免於執『有』（有名有實）的形上學邊見，許有超形上學的心靈解放之可能，旁助人們從種種關涉語言、思想與實在的人爲固執徹底解放出來（the

---

物之極，言默不足以載。」這就避開對道作一直接的規定，以及瓦解常人為探問一終極實體的執妄。因此，在〈齊物論〉中說：

> 有始也者，有未始有始也者，有未始有夫未始有始也者。有有也者，有無也者，有未始有無也者，有夫始有夫未始有無也者。俄而有無矣，而未知有無之果孰有孰無也。〔註19〕

又說：

> 古之人，其知有所至矣。惡乎至？有以為未始有物者，至矣，盡矣，不可加矣。

這種探問具體事物的最終根源的問題，實際上是可無窮後退，沒完沒了的；莊子在此並不給予一個明確的界說，只是暫且安之「未始有物」來說明。莊子對於此的反省也表現在〈則陽〉章中「少知」與「大公調」的對話：

> 少知曰：「四方之內，六合之裏，萬物之所生惡起？」
>
> 大公調曰：「陰陽相照、相蓋相治，四時相代、相生相殺。欲惡去就，於是橋起；雌雄片合，於是庸有。安危相易，禍福相生，緩急相摩，聚散以成。此名實之可志也。隨序之相理，橋運之相使，窮則反，終則始，此物之所有。言之所盡，知之所至，極物而已。睹道之人，不隨其所廢，不原其所起，此議之所止。」

---

transmetaphysical liberation from all fixations of language， thought， and reality）。莊子確是人類思想史上第一個提示超形上學與形上學所以一體兩面而又可合可分的終極道理的超等哲學家。如說一般形上學家執『有』而老子亦有執『無』之嫌，則莊子算是以『無無』徹底突破有無二執的超形上學家了早於印度龍樹五百年。」參見傅偉勳，《從西方哲學到禪佛教》，台北：東大，1991，頁411。拙文以為所謂的超形上學的「超」並非是一個比較上的概念，而在形上學之上的另外一種形上學；其意涵應該就是較接近於存有論的（但老莊哲學的本懷已不是宇宙生成論上的意義）。

〔註18〕傅偉勳認為一般學者考據：「泰出有無，無有無名」不能顯現莊子超形上學的理趣。傅偉勳，《從西方哲學到禪佛教》，頁410～411。

〔註19〕楊儒賓說：「莊子乃故意藉著一種謬悠之說、荒唐之語、無端崖之辭，一層一層，不斷自我反駁，用以瓦解客觀建構的理論……可見莊子上文提到的『有始』、『未始有始』、『未始有夫未始有始』或『有無』、『未始有無』、『未始有夫始有未始有無』等等，不是一種實體文字，亦即不能當成一種具有實際指涉意義的命題，而是一種『以語言殺語言』的表達方式。藉著這種互相抵消的方式，使學者能安居在一種逍遙無待的心境，至于這種逍遙無待的心境為何，是不需再加以論述證成的。」參見楊儒賓，《莊周風貌》，台北：黎明，1991，頁43。

少知曰：「季眞之莫爲，接子之或使。二家之議，孰正於其情？孰偏於其理？」

大公調曰：「雞鳴狗吠，是人之所知，雖有大知，不能以言讀其所自化，又不能以意其所將爲。斯而析之，精至於無倫，大至不可圍，或之使，莫之爲，未免於物而終以爲過。或使則實，莫爲則虛。有名有實，是物之居；無名無實，在物之虛。可言可意，言而愈疏。……或之使，莫之爲，疑之所假。吾觀之本，其往無窮；吾求之末，其來無止。無窮無止，言之無也，與物同理。或使莫爲，言之本也，與物終使。道不可有，有（又）不可無。道之爲名，所假而行。或使莫爲，在物一曲，夫胡爲於大方？言而足，則終日言而盡道；言而不足，則終日言而盡物。道，物知極，言默不足以載。非言非默，議有所極。」

上引文可見大公調從一般性的說明，指出其矛盾；一步步進逼其問題核心。在「或使」和「莫爲」的兩組宇宙論概念下，呈現其思想的眞正關懷點。林鎭國認爲：接子主「或使」說，認爲宇宙之生成變化系列有其最終極的原因，這最終極的原因就是一無條件的絕對必然的存有。此一最高的「存有」是客觀的實有，就宇宙發展系列來說，亦即是「原動不動者」，是「第一因」。季眞主「莫爲」說，對反於接子之「或使」說，認爲宇宙之生成變化系列並無一絕對必然的實有來作爲第一因。實則，季眞「莫爲」說之「無」的概念並不是以主觀的「無爲」概念來規定，而是將「無」視爲一客觀的宇宙論概念，是與「有」相對反之「非有」（non being），故季眞之「莫爲」說仍屬於宇宙論之範圍。〔註20〕因此，「或使」與「莫爲」都不能說明莊子之形上本懷，是以莊子批評兩家之言說：「或之使，莫之爲，未免於物而終以爲過。」可見這樣的探問終究僅能及於現象世界中（未免於物），而不能及於超越的道體。如成玄英疏曰：「有無二執，非達者之心，疑惑之人情偏，乃爲議論之也。」〔註21〕「或使」與「莫爲」，「無」與「有」這些二元對立的概念都是人爲思辨下的產物，不是道體眞義的所在，更無涉於人存有之生命本身；然而，這也正是思辨性哲學的思惟圈套，其顯然無涉生命學問之本懷。因此，

〔註20〕 林鎭國，〈莊子形上世界的描述與圓教系統的完成〉，《鵝湖》第 3 卷第 7 期，1978 年 1 月，頁 15。

〔註21〕 郭慶藩，《莊子集釋》，台北：華正，1994，頁 918。

莊子透過這樣的反省，也就解消老子之「實有形態」的疑慮，成功的詮釋與開發出老子思想的更深意涵。

二、莊子超形上學進路之闡發

在釐清莊子哲學之義理性格後，我們要進一步說明莊子的實踐性格為何？是以，這所謂的超形上學進路，其實就是指明在形上學之外的一種實踐進路。在此之前，我們必須在回顧莊子文獻來作反省，雖然莊子成功地將老子的實有形態或實有形態之姿態解消泯化；〔註22〕但我們依舊發現某些篇章仍存有此「姿態」，如〈大宗師〉云：

> 夫道，有情有信，無為無形；可傳不可受，可得不可見；自本自根，
> 未有天地，自古以固存；神鬼神帝，生天生地；在太極之先而不為
> 高，在太極之下而不為深，先天地生而不為久，長於上古而不為老。

這一段陳述可說是與《老子》書中（十四、二十一、二十五……章）等章有相同的敘述語法及義理結構；由於內篇乃是一完整的思想表述，面對這樣的疑惑，一般學者不是試圖圓其詮釋上的一致性，不然就是將其視為後人摻入或偽作。〔註23〕前者，由於強加上西方的哲學範疇來套用，不免流於過度詮釋與主觀臆測，不能正視其義理原貌；後者，又由於過分強調詮釋活動的客觀性與所謂作者原義的探問，〔註24〕必將使詮釋活動成為不可能，經典作品也就不能成為一個會訴說的傳統，〔註25〕從而進入吾人的生命中。誠如袁保

〔註22〕林鎮國，〈莊子形上世界的描述與圓教系統的完成〉，頁13。

〔註23〕張恆壽在《莊子新探》一書中指出：本章晚出非莊子所作，理由則為：莊子早期作品無本章之神仙家思想，再者，本章所舉神人有同于《楚辭、遠游》、《韓非子、解老》。參考張恆壽，《莊子新探》，武漢：湖北人民，1983年。這樣的考據結論，尚待更充足的證據來加以支持，吾人實不宜冒然採之。

〔註24〕傅偉勳說：「從創造的詮釋學觀點來看，客觀公允的詮釋不是問題的所在。事實上，也不可能有『放諸四海而皆準』的所謂『客觀公允』的詮釋存在……強調『客觀公允的詮釋是個神話』。創造的詮釋家所關心的是，如何先予清除原有思想家的語言表現所產生的表面矛盾或不一致性，同時設法點出原有思想所暗蓄的種種豐富蘊含，從中發現具有詮釋學的強制性與貫通性的基本理路與主導觀念，依此重新建構整個原有思想的本末層次，透過原有思想的表面結構掘發其深層結構，由是再進一步批判地超越原有思想的哲理局限性，而為原有思想謀求創造性的理路突破與發展，這是創造的詮釋學不可或缺的基本功夫。」參見傅偉勳，《從西方哲學到禪佛教》，台北：東大，1991，頁408～409。

〔註25〕漢斯—格奧爾格・迦達默爾，《詮釋學I真理與方法》（Hermeneutik I Wahrheit und Methode），台北：時報文化，1996，頁434～440〔340～344〕。

新所言：

> 在詮釋活動上，假定經典本身具有思想內部的一致性、統整性，實
> 是一不得不有的預設。當然，我們也不否認，古代哲學家思想簡奧
> 素樸，概念用語也沒有現代人的種種精密的區別，所以通過現代哲
> 學思維的分析，文獻常常呈現扞格對立的情形。可是，誠如傅偉勳
> 教授在創造性詮釋學這一方面的反省，詮釋活動必須開發經典潛蘊
> 的各種可能的意涵，「從中發現最有詮釋理據或強度的深層義蘊或根
> 本義理出來」。〔註26〕

依此，傅偉勳認為此語（即〈大宗師〉章）並無詮釋上的優位，祇能當作一
時的浮泛之辭。較具有詮釋學的優位與哲理的強制性的，倒是莊子所說的「道
無所不在」（二十二章）以及「道無始終」（十七章）。〔註27〕「道無所不在」
是指涉空間上的遍在義，「道無終始」則是時間上的無窮無限性；如此，莊子
對「道」所闡發的新義與〈齊物論〉中的論述鋪陳，才解決了老子「道原」
的難題。這樣的詮釋上的完整與一致性也可從下列文獻獲得佐證。

〈知北遊〉云：

> 東郭子問於莊子說：「所謂道烏乎在？」莊子曰：「無所不在。」東
> 郭子曰：「期而後可。」莊子曰：「在螻蟻。」曰：「何其下邪？」曰：
> 「在稊稗。」曰：「何其愈下邪？」曰：「在瓦甓。」曰：「何其愈下
> 邪？」曰：「在屎溺。」

〈寓言〉云：

> 萬物皆種也，以不同形相禪，始卒若環，莫得其倫，是謂天均。天
> 均者，天倪也。

〈秋水〉云：

> 道無終始，物有生死，不持其成。一虛一滿，不位乎其形。年不可
> 舉，時不可止。消息盈虛，終則有始。是所以語大義之方，論萬物
> 之理也。

〈天運〉云：

〔註26〕 袁保新，〈再論老子之道的義理定位──兼答劉笑敢教授〈關於老子之道的新
解釋與新詮釋〉〉，《文哲論壇》第 7 卷第 2 期，1997 年 6 月，頁 153。句末引
文則原出傅偉勳，《從創造的詮釋學到大乘佛學》，台北：東大，1990，頁 11。
〔註27〕 傅偉勳，《從西方哲學到禪佛教》，台北：東大，1991，頁 412。

四時迭起，萬物循生。……一清一濁，陰陽調和。……其卒無尾，
其始無首。一死一生，一債一起。所常無窮，而一不可待。

〈知北遊〉云：

不以生生死，不以死死生。死生有待邪？皆有所一體。有先天地生
者物邪？物物者非物，物出不得先物也，猶其有物也。猶其有物也
無已！

上徵諸文已然揭示莊子道論之真義，至於莊體道歸真的實踐進路，其質屬為
何？拙文在對此作說明之前；先引牟宗三在其說明「道家的『無執的存有論』」
的一段文字，作為開頭。他說：

道家必並未首先以緣生觀萬物。病都在主觀方面的造作，造作即不
自然。造作底根源在心，故一切工夫即是「致虛守靜」底工夫。故
老子曰：「致虛極，守靜篤。守靜篤。萬物並作，吾已觀復。夫物芸
芸各復歸其根。歸根曰靜，是謂復命。復命曰常。知常曰明；不知
常，妄作，凶。知常容，容乃公，公乃王，王乃天，天乃道，道乃
久，沒身不殆。」此一章是道家智慧方向的全部綱維。〔註28〕

這一章包括了老莊哲學的旨趣，也提示了其工夫進路；至於莊子的工夫論之
實質內涵，拙文將在第四章予以闡述。在此，由上引文我們可以知道，莊子
之實踐性格也是復歸的進路，從復歸的面向上來看莊子的整個哲學性格，其
本身無寧說是具有治療意義的。然而在闡發這治療的向度之前，拙文要指出
的是：此實踐的進路不在於一種「由內而外」的極成與建構，亦非有一外在
的標的可去追尋與達成。而主要就是一種內在的「冥契的進路」（Mystical
Approach），〔註29〕而這「冥契」的境界卻又是不可言說，〔註30〕或訴諸概念

〔註28〕牟宗三，《現象與物自身》，台北：學生，1996，頁430。

〔註29〕楊儒賓說：「我們可以看出莊子所著重的『境界形態』之道，並不是泛泛的指
向一般人的意識所呈現的，而是要經歷過一段『主體轉換』的工夫以後，才
可以呈現的『冥契』境界。」參見楊儒賓，《莊周風貌》，台北：黎明，1991，
頁44。

〔註30〕楊儒賓說：「『冥』成為重要的學術語言，似乎起於魏晉玄學，郭象每言及『冥』
字，皆令人神王意暢，『夫理有至極，外內相冥，未有極遊外之致而不冥於內者
也，未有不冥於內而不遊於外者也。故聖人常遊外以冥內，無心以順有。』『無
待之人遺彼忘我，冥此群異，異方向而我無功名……游於無大無小者，無窮
者也。冥乎不死不生者，無極者也。』郭象之言，真是善言變常之名理。前人
釋『冥』，都亦多解為『玄而合一』之意，如釋其言為『幽深』、『了無』皆是。
『契』字亦然，『契』字成為重要的哲學用詞，大概起於東漢時期的《周易參同

的；「天地與我並生，萬物與我爲一」這樣的一個境界體會，自是落在言詮之外的，也是不依待思辨性的玄談而成，它是經由一套實踐工夫而成；這套工夫從性質上而言，可說是具有治療的性質。因此，由內在的冥契所及的境界自不待言說而成；也無須加以言說。這是無人我之分、物我之別與道無二無別的理境；所以〈齊物論〉言：「既已爲一矣，且得有言乎？既已謂之一矣，且得無言乎」成玄英疏在此說：「夫玄道冥寂，理絕形聲，誘引迷途，稱謂斯起。故一雖玄統，而猶是名教。既謂之一，豈曰無言乎！」〔註31〕此處的「一」也即是方便假說，若執假爲眞，以此爲體道之理境，便錯失了體道的契機；落入另一種語言的陷阱中。亦即這樣的一個境界不是言說可以窮盡，以及哲學的概念可以契入的。〔註32〕由此冥契的境界性質上言，吾人則又可謂莊子哲學實具有一不具宗教相的宗教性。

第二節　莊子論「道」之言說進路

在《維摩詰經·不二法門品第九》中談到：〔註33〕一次，維摩詰居士邀

契》，此處的『契』字，具有『合』義……我們此處『冥契』兩字合用，其義自然與章太炎異。顧名思義，我們取的是『合』義。這種界定與冥契主義第一義『內外契合，世界爲一』，是相符合的。」參見 W.T.Stance，《冥契主義與哲學》（*Mysticism and Philosophy*），楊儒賓譯，台北：正中，1998，頁 10～11。

〔註31〕郭慶藩，《莊子集釋》，台北：華正，1994，頁 82。

〔註32〕鄔昆如說：「在莊子的作品中，知識論、人性論、存有學、和其他人類知識的分枝如倫理學或精神性，並未截然分離。如果我們用笛卡爾的設準：清晰與明瞭當作知識的格準，莊子的哲學當然就難以歸類了。但如果我們讓哲學的智慧自由展現，如果我們同意人類的臻於完善也可以是哲學的主要目標之一，則莊子的正面貢獻，特別是他的存在感受……」參見鄔昆如，〈道家哲學與歐洲哲學之比較〉，《哲學雜誌》，第 7 期，1994 年 1 月，頁 11。

〔註33〕凡三卷，計十四品。姚秦鳩摩羅什譯。收於大正藏第十四冊。又稱維摩詰所說經、維摩詰經。本經旨在闡說維摩所證之不可思議解脫法門，故又稱不可思議解脫經。

本經之中心人物維摩居士爲佛陀住世時印度毘舍離城長者；昔時佛陀在毘舍離城，五百長者之子往詣佛所，請佛爲之說法。維摩稱病，欲令佛遣諸比丘菩薩問其病，藉此機會與佛派來問病之文殊師利等，反覆論說佛法，因成此經。本經係基於般若空之思想，以闡揚大乘菩薩之實踐道，說明在家信徒應行之宗教德目。全經以在家居士維摩爲中心人物，透過其與文殊師利等共論佛法之方式，以宣揚大乘佛教眞理。本經約成立於西元一世紀頃，爲繼般若經後，初期大乘經典之一。在印度即已盛行，且大智度論等諸論典皆常引用之。於我國更是廣被傳譯、誦持。參見《佛光大辭典》，頁 5892。

諸眾菩薩「各隨所樂」談什麼是菩薩入不二法門；諸菩薩依次各呈己意後，壓軸的文殊菩薩說：「如我意者，於逼切法，無言無說，無示無識，離諸答問，是爲入不二法門。」說完，文殊師利菩薩向維摩詰居士說：「我等各自說已，仁者當說，何等是菩薩入不二法門？」這時維摩詰的反應是默然無言，文殊菩薩這才恍然大悟，讚嘆說：「善哉！善哉！乃至無有文字語言，是眞入不二法門。」就論理而言，文殊菩薩已達巔峰無以復加。但仍有所言說，犯了「不可說不可說」之忌。唯有維摩詰居士垂默自照無言以對，才是眞解人。在此，我們回首莊子文獻，看〈知北遊〉章中的敘述：

> 知北遊於元水之上，登隱弅之丘，而適遭無爲謂焉。知謂無爲謂曰：「予欲有問乎若：何思何慮則知道？何處何服則安道？何從何道則得道？」三問而無爲謂不答也。非不答，不知答也。知不得問，反於白水之南，登狐闋之上，而睹狂屈焉。知以之言也問乎狂屈，狂屈曰：「唉！予知之，將語若。中欲言而忘其所欲言。」知不得問，反於帝宮，見黃帝而問焉。黃帝曰：「無思無慮始知道，無處無服始安道，無從無道始得道。」知問黃帝曰「我與若知之，彼與彼不知也，其孰是邪？」黃帝曰：「彼無爲謂眞是也，狂屈似之，我與汝終不近也。夫知者不言，言者不知，故聖人行不言之教。……」知謂黃帝曰：「吾問無爲謂，無爲謂不應我，非不應我，不知應我也；吾問狂屈中欲告我而不我告，非不我告，中欲告而忘之也；今予問乎若，若知之，奚故不近？」黃帝曰：「彼其眞是也，以其不知也；此其似之也，以其忘之也；予與若終不近也，以其知之也。」狂屈聞之，以黃帝爲知言。

上引文獻與《維摩詰經・不二法門品第九》中所述實有相同的義理旨趣。維摩詰居士與無爲謂分別代表了最高的理境，維摩詰居士以「辯才無礙」聞名，卻能捷足先登，以「默」收場。維摩詰的「默」是以「無言」來顯示「不二法門」之佛家的終極「不可以智知」，是一種「一切語言道斷」的「無示無說。」佛道兩家以名實爲對立，除了認爲終極的眞際是一種先於語言而存在的默之外，也還都肯定終極的眞際是不可道不可說的。〔註34〕

　　於此，老子在《道德經》也曾說「道」是「繩繩不可名」（〈十四章〉），《道

〔註34〕錢新祖，〈佛道的語言觀與矛盾語〉，《當代》第 11 期，1987 年 3 月，頁 63～64。

德經》三十二章說：「道常無名、樸。雖小，天下莫能臣。侯王若能守之，萬物將自賓。天地相合，以降甘露，民莫之令而自君均。始制有名，名亦既有，夫亦將知止，知止可以不殆。譬道之在天下，猶川谷之於江海。」同樣地，莊子在〈齊物論〉中也說：「大道不稱。」〈則陽〉中則還說：「萬物殊理，道不私，故無名。」

　　既然語言有其不可窮盡的侷限，那麼我們不禁要質問《老子》五千言、《莊子》十萬語的現象，是否與其言不足以載道的主張相違背；誠如白居易所言：「言者不知知者默，此語吾聞於老君，若道老君是知者，緣何自著五千文？」〔註35〕王弼也認為：「聖人體無，無又不足訓，故言必及有，老莊未免於有，恒訓其所不足。」〔註36〕雖然上述二語非必然是中肯之論；但莊子於此對語言的態度是須加以說明。〔註37〕當然，莊子並沒有放棄言說的可能，他也還試圖用日常語言來描述「道」。但這樣的敘述是在對語言的深刻反省之後，以弔詭的方式，逼顯語言的困境，令人在理智思慮無路可走之際；〔註38〕能夠

〔註35〕語出白居易「讀老子」一詩。

〔註36〕語出《世說新語》。

〔註37〕錢新祖說：「佛道兩家並沒有因為認為終極真際是不可道不可說而閉口不言。事實上，說終極真際是不可道不可說就已經是說，而老子、莊子與維摩詰也還都不只是說終極真際是不可道不可說而已。他們的既道且說似乎是明知故犯，其實不然，因為他們的各人用言方式都以『不可道不可說』信念為建構條件（constitutive condition），然卻跟『不可道不可說』的構想不形成任何矛盾，並且還是這種構想的一個具體陳述（articulation），很足以說明他們對於語言的懷疑是一種以名為絕對不可能副實的神秘懷疑（mysticism/skepticism）」參見錢新祖，〈佛道的語言觀與矛盾語〉，《當代》第11期，1987年3月，頁64。

〔註38〕容格在為玲木大拙的《禪宗佛學導論》一書所寫的〈前言〉（頁9～29）指出：「禪宗的公案除了充滿了矛盾之外，也往往是無意義的，所答非所問，給人一種不相干的感覺，我們看不出、也想像不到，公案與公案所開啟的醒悟之間，有任何特殊意義上的關聯。因此容格認為，公案沒有先入為主的作用，也沒有預定性的限制，他並且認為公案由於在性質上是矛盾的、無意義與不相干，所以其直接引發的感受都是負面性的、消極性的懷疑、挫折、焦慮和不安。當然，公案也有它的習俗性體例；歷代都有人在此下工夫；然而引大慧禪師的話來說：『總不是這般道理。』他在《語錄》中提省我們說：『若作這一路索道理』，則『則縱然句下精通，未免觸塗狂見。』所以，我們儘管可以為公案作出各種各樣的解釋，然而這些解釋都不干禪事。一位真有造詣而又負責任的禪師，一定不會讓我們過關，可是過不了關又別無出路，於是我們原有的懷疑、挫折、焦慮和不安的感受，就會濃化升級，導致我們有意識的理性心智（rational intellect）的全盤崩解；（所謂的理性心智是一些存在於

放下一切名相糾纏，直接契入生命實體，體會「道」之奧義，所以莊子一方面使用語言，但也不斷提醒人語言所具有的陷阱；時而強調「不言之辯，不道知道」〈齊物論〉，「不言之教」〈大宗師〉等等主張。在此，我們可以知道語言的使用，可說是一刀之二刃；端視人如何為之。海德格有一句名言說：「語言是存有的住宅」（Language is the house of Being）。這句話是什麼意思呢？陳榮灼說：

> 海德格對語言有一特殊的看法，簡單的說，就是語言的功能在彰顯存有本身，也就是說，如果沒有語言，存有本身就不能被彰顯。為什麼在探討「人是什麼」時，要和語言扯上關係？因為海德格認為，在萬物之中只有人能夠和語言發生關係，能夠說話（Speaking）。

又說：

> 在海德格的哲學中，有一個比柏拉圖更基本的哲學主張，海德格認為人之所以為人的特點，就在於他是一個有限的存在，可是這有限性的存在並不是一負面的價值，相反的，卻是正面的。因為人的有限性正使他能夠好好的講話，好好的運用語言……〔註39〕

雖然，海德格對語言的看法不盡然能說明莊子言說的意向所在，但海德格視語言為能彰顯存有的思考；卻有助於吾人對莊子言說真義的了解。在此，莊子的言說無寧是較近似於禪宗的言說方式，可說是對其言說的語言本身作反省，逼顯語言背後所蘊含的種種文化的制約和習慣；進而能超越語言的範限，揭顯出莊子體道的真知之所在。因此，語言雖具有中介與橋樑的性質；但對莊子而言，這樣的一個橋樑卻不是真能到達「體道」彼岸之橋樑。然而，更貼切的說，這樣的一個「橋樑」，應該就是一個反省的憑依。

我們的意識之中，由社會文化所建構的規約和設準）。容格認為意識的本質是分辨，所構成的世界是一種充滿『限制』（restrictions）的世界，到處都是『圍牆』（Walls），因此，意識的理會，必定是一種『一偏』（one-sided）而又『支離破碎』（fragmentary），以致這些性向（predispositions）唯有在我們有意識的理性心智被突破摧毀之後，才可能從我們的無意識（the unconscious）之中顯現而自由運作。所以理性心智的全盤崩潰，並不會使我們變得槁木死灰一樣地無思無念或無情，只是我們的思念感情，轉化為一種另外的生命，容格認為這種另外的生命，是我們潛在本然性向自我實踐」。轉引錢新祖，〈公案、紫藤與非理性〉，《當代》第26期，1988年6月，頁26～28。

〔註39〕陳榮灼，《「現代」與「後現代」之間》，台北：時報文化，1992，頁82～83。

壹、莊子言說之策略及其方式

　　然而,莊子又是如何應用語言,來達其「說不可說」的意向呢?首先,對於一般由「成心」所使然的種種沒有客觀有效判準的爭辯,就如他在〈齊物論〉所作的反省:

> 既使我與若辯矣,若勝我,我不若勝,若果是也,我果非也邪?我勝若,若不吾勝,我果是也,而果非也邪?其或是也,其或非也邪?其俱是也,其俱非也邪?我與若不能相知也……吾誰使正之?使同乎若者正之?既與若同矣,惡能正之!使同乎我者正之?既同乎我矣,惡能正之!使異乎我與若者正之?既異乎我與若矣,惡能正之!然則我與若與人俱不能相知也,而待彼也邪?

莊子對此則是採取一「無辯」的策略,〈齊物論〉說:「是不是,然不然,若果是也,則是之異乎不是也亦無辯;然果然也,則然之異乎不然也亦無辯。」顯見莊子以無辯來終止這些無謂的生命紛馳,消解知識名言的表面迷霧;使人從無辯中超越自我主觀之執,進而躍入更廣的認識視域。再者,莊子對名言知解紛擾的消解,除了以「無辯」止辯外,尚有雙遣對破、互奪兩亡的方式。〔註40〕顏國明說:

> 《莊子》雙遣對破、互奪兩亡的表意方式乃是植基於老子《道德經》「正言若反」的基礎上進一步發展而成,它是一種曲線式的表達方式,而相對於「正言若反」以遮為詮的方式,它展現了互立互破、互相抵消的辯證歷程,而在雙遣二邊的當下,同時豁顯出一絕對無待的超然境界。〔註41〕

因此,對待世間諸般紛然的主觀意見,莊子認為吾人所持態度應如〈寓言〉所述:

> 惡乎然,然於然;惡乎不然,不然於不然。惡乎可,可於可;惡乎不可,不可於不可,物固有所然,物固有所可;無物不然,無物不可。

這樣的態度即是試著從相對(兩行)觀點的認知超克,從彼「然」與此「不然」的兩極辯證消融中,豁顯出一無二無別的認識視域。經此辯證消融,超克主客對立、物我之分,從而體會「以道觀之,物無貴賤」與「萬物與我為

〔註40〕 參見顏國明,〈從圓教範型論道家思想之開展〉,中國文化大學哲學研究所博士論文,1996 年 10 月,頁 64。

〔註41〕 顏國明,〈從圓教範型論道家思想之開展〉,頁 64。

「一」的理境；所以〈齊物論〉說：

> 方生方死，方死方生；方可方不可，方不可方可；因是因非，因非
> 因是。是以聖人不由，而照之於天，亦因是也，是亦彼也，彼亦是
> 也。彼亦一是非，此亦一是非。果且有彼是乎哉？果且無彼是乎哉？
> 彼是莫得其偶，謂之道樞。樞始得其環中，以應無窮。是亦一無窮，
> 非亦一無窮。故曰莫若以明。

《說文》說：「樞，戶樞也」，《段注》說：「戶所以轉動之機樞也」，它是處於
所謂「環中」的一個中心，然而「道樞」的「樞」卻並不面對任何一個特定
的方向，所以「道樞」所處的「環中」雖然稱之為「中」，其實是一個沒有固
定中心方向的無中之中（the center of a non-center）。莊子用這種沒有中心方向
而能夠「以應無窮」的「道樞」來象徵他所認可的用言理想。根據這種理想，
我們儘可能說話，也儘可以聽話。以「逍遙遊」之姿，而不把自己或他人的
話當作是一個固定的中心，我們要能夠不斷從一個語言符號系統裡跳出，而
又同時地跳入另外一個語言符號系統。〔註 42〕這種游牧方式言說進路，也即
是莊子隨說隨掃的言說方式。顏國明說：

> 旋說旋掃，乃是洞澈了語言的限制性，了解到只要一落言詮，即被
> 言說之網與思維之網所束限，而學說思想的闡發又不得不資藉言
> 說，因之在言說之後，再借助言說，掃除言說的定相，使之不滯陷
> 在言說的網路之中。〔註43〕

正如〈齊物論〉所云：

> 夫言非吹也，言者有言，其所言者特未定也。果有言邪？其未嘗有
> 言邪？其以為異於鷇音，亦有辯乎？其無辯乎？

莊子於此顯發出語言之隨機指點的功能，這也是所謂的「所言者特未定也」。
又如〈齊物論〉所云：

> 有始也者，有未始有始也者，有未始有夫未始有始也者。有有也者，
> 有未始有無也者。有夫始有夫未始有無也者。俄而有無矣，而未知
> 有無之果孰有孰無也。

這種掃除言說定相的隨說隨掃，也是所謂以語言殺語言的方式。〔註44〕在此，

〔註42〕錢新祖，〈佛道的語言觀與矛盾語〉，《當代》第 11 期，1987 年 3 月，頁 68。
〔註43〕顏國明，〈從圓教範型論道家思想之開展〉，頁 64。
〔註44〕楊儒賓，《莊周風貌》，台北：黎明，1991，頁 43。

陳榮灼在探討禪宗之「語言」與「實相」的關係中，也藉用後現代主義者德里達對語言的看法指出：

> 從負面來說，語言在表達真理有不足的地方，但這不足的地方不一定成為缺陷，如果語言暴露其自身的缺陷，或比較辯證的說，如果語言可自我否定（self-negation），那麼語言既可發揮其應有該具有的正面功能，也同時可以防止其所帶來的負面消極的限制或不足。……正如佛家或禪宗就是既是要強調了解經典，又要指出真理不單只在文字中，有領會性的修行才是更重要的，那麼，作為文字般若的文字本身就需要一些機制，這機制就是文字本身需要「自我引退」之運動；換言之，文字寫下來後，在面對所表達的真理時，就要自己冥化，……這既可解釋為何禪宗一方面既說「不立文字」，另一方面又強調「語錄」和「公案」的重要性。言「不立文字」並非要取消文字，而是要知道文字本身若要發揮「文字般若」的功能，使讀者走向「成佛」「解脫」之途，就要必須同時「自我冥化」。〔註45〕

上述所謂的「語言的自我否定」與「自我引退」的意義，其實與莊子的言說方式的旨趣同歸，同樣都是藉著語言來發揮「文字般若」之功。在此，錢祖新也指出：「言」與「默」也是相依相滅相攝相生的，那麼，既然莊子的「言」和「默」是可以自我磨滅而互相轉化的，那麼他的「言」當然就可說是「未嘗言」，而他的「默」也當然就可以說是「未嘗不言」。〔註46〕是故〈寓言〉云：「言無言，終身未嘗言，終身不言，未嘗不言。」這個言也正如莊子在〈齊物論〉中所說：「言未始有常。」的意義。因此，在「言未始有常」的領會下，莊子言說的進一步究竟義就是所謂的「忘言」，〈外物〉篇云：「筌者所以在魚，得魚而忘筌，蹄者所以在兔，得意而忘言，吾安得忘言之人而與之言哉。」錢祖新在此進一步指出：「筌」和「蹄」這兩個比喻顯示莊子肯定語言的工具效用價值（instru-mental value），可是這種肯定是一種自我否定的肯定，那麼莊子對於用言的肯定也就等於不肯定。〔註47〕最後，誠如顏國明所言：

〔註45〕陳榮灼，《「現代」與「後現代」之間》，台北：時報文化，1992，頁 239～242。至於「冥化」的意義。參見陳榮灼，〈德里達的「跡冥論」〉，《鵝湖雜誌》第 1 期，1988，頁 121～137。
〔註46〕錢新祖，〈佛道的語言觀與矛盾語〉，《當代》第 11 期，1987 年 3 月，頁 69。
〔註47〕錢新祖，〈佛道的語言觀與矛盾語〉，頁 69。

先秦道家，無論是老子，亦或是莊子，其學說都是一種「揭然有所存，惻然有所感」，其或是就文化問題深切反省，或就生命存在感受憂患，基本上都是一種具體而真切的實感，實感實證，發而為言，其言亦是對應當下存在之機而作的啓發性指點，故其言說都是一種應機性的權說，而其學說思想亦充滿著實踐的旨趣。〔註48〕

依此，吾人即知莊子對語言的運用，及其言說的策略與方式，不外皆是爲符應道之變動不居的特質，而絕不是在知識名言上的定相說明與安排；因爲一落言詮之網絡，語言即不能從中作「自我引退」，也就不能符應道之大化流行的無限可能。

貳、莊子言說之外在形式

在說明莊子的言說策略後，拙文將接著對莊子的言說形式略作說明。這些言說的形式就是〈天下〉和〈寓言〉裡所談到的重言、寓言、卮言。〈天下〉曾云：「以謬悠之說，荒唐之言，無端崖之辭，時恣縱而不儻，不以觭見之也。以天下爲沉濁，不可與莊語；以卮言爲曼衍，以重言爲眞，以寓言爲廣。」雖提及諸名稱，但缺乏詳盡說明；而〈寓言〉中所述則較爲豐富，然而也有其隱晦之處。今拙文參酌兩造，而略加闡述：

一、寓言

〈天下〉云：「以寓言爲廣」。〈寓言〉云：「寓言十九，藉外論之」。郭象注〈寓言〉云：「寄之他人，則十言而九見信」又說：「言出於己，俗多不受，故藉外耳。肩吾連叔之類皆所借者也」。成玄英〈疏〉：「寓，寄也。世人愚迷忘爲，猜忌聞道，己說則起嫌疑，寄之他人則十言而信九矣。」後來王先謙也說：「宣云寄寓之言十居其九，案意在此而言寄於彼。」再者，〈寓言〉也說「寓言十九，藉外論之。親父譽之，不若非其父子也；非吾罪也，人之罪也。與己同則應，不與己同則反；同於己爲是之，異於己爲非之。」

由上所述，吾人可以得知「藉外論之」是寓言的特色，也是理解寓言意義的關鍵之所在。雖然寓言好像總是在講故事，但它與一般寓言並不盡然相同；其言說的本身並不是著義在理論的建立，而僅僅只是要展示一種理解的可能。諸如雲將與鴻蒙的對話，藐姑射之神人描述，渾沌與倏、忽的會談，知、無爲謂與狂屈的表現；其言說方式都是走一迂迴曲折的進路，都是要使

〔註48〕顏國明，〈從圓教範型論道家思想之開展〉，頁 68～69。

讀者不要老是揣測莊子的意向為如何。〔註 49〕因此，莊子的寓言不是對象性的語言，它不談論任何對象，也無所謂寄寓在談論某個對象中的意旨，也就是無所謂「同異是非」。寓言僅僅是展示言說意向性的言說，但語言的「虛無」而毫無意義，也即「親父不為子媒」。那麼，解決方式就是虛構一個對象語言，即「藉外論之」──假借關於對象的言論，並正面通過這種言說揭示其自身的悖反性，以呈現出言說的意向性。〔註 50〕此「寓言」所呈現的言說意向，其實也是一種對生命的呈現。

二、重言

〈天下〉云：「以重言為眞」。成玄英疏〈天下〉云：「重，尊老也。……耆艾之談，體多眞實」。〈寓言〉云：「重言十七」郭象注云「世之所重，則十言而七見信」。成玄英〈疏〉云：「重言，長老鄉閭尊重者也，老人之言，猶十信其七也。」但是否所謂的尊老、耆艾其言必然可取。在〈寓言〉中，莊子說明了如下的態度：「重言十七，所以已言也，是為耆艾。年先矣，而無經緯本末，以期年耆者，是非先也。人而無以先人，無人道也。人而無人道，是之謂陳人。」所以莊子所言的耆艾明顯可知並非陳人。但也並非存在時空中一眞實之人，吾人觀其重言所闡發者，明白莊子藉古人之口所出，往往非其自身思想本懷；在此，可知莊子只是藉用古人的身份來為自己發言，這也是莊子眞對常人貴古賤今之習性，所運用的一種言說方式。〔註 51〕因此，在莊子書中，我們可以看到堯舜、老子、黃帝、孔子、顏淵、甚至是一些莫須有的想像人物，來為其發言；在本質上，重言也可說是與寓言具有一相同的言說意向性。

三、卮言

〈寓言〉云：「卮言日出，和以天倪，因以曼衍，所以窮年」卮是圓酒器，其形狀如漏斗。〔註 52〕漏斗無底端，無法駐留任何事物，隨注隨流，因此，莊子取象漏斗，用以表示他的話毫無成見，一無止境，而卻能新意日出，不可窮盡。《說文解字》云：「卮，圓器也。圓，天體也」故卮言乃渾圓之言，非故陋之陳腔，乃是順應天道之言。在此，這種言說的本性正是與自然的本性相應和。所以〈寓言〉又云：

〔註 49〕楊儒賓，《莊周風貌》，台北：黎明，1991，頁 180。
〔註 50〕崔宜明，《生存與智慧》，中國：上海人民，1997，頁 34。
〔註 51〕楊儒賓，《莊周風貌》，頁 180。
〔註 52〕張默生，《莊子新釋》，台北：漢京，1983，頁 15。

有自也而可，有自也而不可；有自也而然，有自也而不然。惡乎然？然於然。惡乎不然？不然於不然。惡乎可？可於可。惡乎不可？不可于不可。物固有所然，物固有所可；無物不然，無物不可。不可於不可。物固有所然，物固有所可，無物不然，無物不可。非卮言日出，和以天倪，孰得其久！萬物皆種也，以不同形相禪，始卒若環，莫得其倫，是謂天君。天均者，天倪也。

於此，它正是超克「是」與「不是」，「然」與「不然」的對待關係的言說方式。因此，我們在回到前面的寓言和重言來看，可以發現寓言和重言都具有解除束縛、朝向開放的性質；它們是卮言的兩個變形的面向。換言之，就「藉外論之」及「藉古論之」這兩個特色考慮，寓言及重言是兩種非常有特色的表現手法，有它們的獨立性。但自莊子對語言/心靈/道的關係考量，寓言及重言事實上只是卮言的分殊性展現罷了。〔註53〕由此可知，上述三種言說，其實共同構成一個完整的言說進路；都是莊子雙遣對破、隨說隨掃的妙義所在。在此，卮言之「和以天倪」，「天倪」成玄英疏云：「自然之分」，〔註54〕意即自然的本性。〈齊物論〉亦云：「彼是莫得其偶，謂之道樞。樞始得其環中，以應無窮。是亦一無窮，非亦一無窮也，故曰：莫若以明。」在此，卮言的特色又是與「環中」的理論是相通的，因此，卮言之為物，簡言之，即是「體道之士精神展現的境界語言」〔註55〕但這樣的語言又是無以用思辯來獲得的，它是如大化之流般「因以曼衍」，自然流轉，不落言詮之定相。郭象注：「夫自然有分而是非無主，無主則曼衍矣，誰能定之哉！」〔註56〕最終能言無言乃至忘言，是以「卮」字之取意；即如漏斗般隨進隨出，不定著一處，不使其言說落入侷限封閉的定說；這也才能闡述各種可能，以符應「道」之大化流行的變動不居的真義。

　　最後，在釐清莊子「道」之義理內涵與莊子的言說進路之後，吾人可以明白莊子之安命體道，是與其義理歸趨相符應的。在此，拙文以為從前述的莊子哲學作為一「生命治療學」的意義而言；莊子的安命思想即可作為一治療的起點，雖然莊子安命思想的本身並不盡然只是一起點意義罷了，它也是一個體道的過程，與一個體道的理境界之展現；但由之作為反省生命的起始

〔註53〕楊儒賓，《莊周風貌》，台北：黎明，1991，頁181～182。
〔註54〕郭慶藩輯，《莊子集釋》，台北：華正，1994，頁947。
〔註55〕楊儒賓，《莊周風貌》，頁184。
〔註56〕郭慶藩輯，《莊子集釋》，頁950。

點而言，是理解莊子思想之方便法門之一。

　　當然，作爲一生命治療學的莊子思想，其對生命的反省是多方面的；但即使只是落在對莊子語言表述的探究上，亦可發現其治療的意義之所在。在容格爲鈴木大拙的《禪宗佛學導論》一書所寫的〈前言〉中所談到的「理性心智」（rational intellect），這些所謂的理智心智，是社會文化所建構與制約的。這些制約它表現在生活世界形成各種「圍牆」（walls）；〔註57〕然而，這些圍牆中最明顯的圍牆就是語言，語言是人賴以與世界溝通的橋樑，但語言的作用卻似乎往往只是「一偏」（one-sided）與「支離破碎」（fragmentary）的，這在上文對莊子言說的論述中已獲得了解。因此，在經過對語言的辯證反省之後，吾人可以領會莊子的工夫進路，是對語言的反省與超越，再以直覺的體道工夫契入莊子全德葆眞的逍遙之境。因此，在進入莊子體「道」的治療與復歸療程之前，必先診斷人生命病痛之所在，此診斷的對象即前章反復申論的「若命」體會。

　　再者，《老子》五十五章有云：「含德之厚，比於赤子。」及《老子》二十八章亦云：「知其雄，守其雌，爲天下谿。爲天下谿，常德不離，復歸嬰孩兒。」皆表明了人的本性原來是天眞淳美的；人之所以生病，這個病並不是生理的病；而是生命整體的病。然此病即是如〈齊物論〉所云的「與物相刃相靡」所致，這是人本眞生命的逐物不返，而日漸削性、易性、失性、離性的種種生命異化，而此失性、離性、削性、易性更顯示了種種人爲後天機制的殘酷本質，所謂的「道術將爲天下裂」〈天下〉，即說明這樣的一個「異化」境況。「異化」在此爲一負面的表述，它是使得生命與道相離，爲社會人爲造作所產生的種種割裂分馳。因此，安命作爲莊子生命治療學的起點，在此也可獲得理解，即命感之所由生，實乃隨這種種「異化」的作用而來；反應在生命的病症上則是由命感所生的諸般苦樂之情。《老子》四十八章亦云：「爲學日益，爲道日損。損之又損，以至於無爲。」損的工夫，與其說是減的工夫，不如說是治療的工夫；因爲損的是欲望情識，而欲望情識實乃人苦樂之情的根源；是以損即是一治療的工夫。而這個損的工夫，也是莊子「忘」與「安」的工夫根苗。至於，關于人生命「異化」而失性的義理分析，本文將於下一章節做交代與說明，並指出安命思想之工夫進路的眞實面貌與性格。

〔註57〕錢新祖，〈公案、紫藤與非理性〉，《當代》第 26 期，1988 年 6 月，頁 26～28。

第四章　莊子安命哲學之工夫進路

　　本章探討莊子哲學的體道工夫內涵，與莊子安命哲學的工夫旨趣。在安命體道進程方面，說明莊子如何藉著其對「命」的獨特認識，進一步指引吾人能從生命的迷霧與糾結中超脫，進而能夠體道逍遙，回歸生命的本真。在工夫義涵方面，分析生命病痛之所由，進而說明其體道之工夫進路，其實是一種回歸與治療的質屬；復次，分析其工夫實踐的義理根據，闡釋其獨特的直觀與冥契方式的意義，並藉由其修養工夫的理論舉要，揭顯其復性歸真、體道逍遙之本懷。

第一節　莊子安命哲學之工夫進程釐析

　　莊子遭逢「僅免刑焉」的戰國大亂世，面對人世的種種難堪，加上其自身的困厄和貧窮，使其更能貼近一般平民所體驗的種種苦痛，而能在重重艱難的社會現實中作反省。也正由於他立足于社會的最底層來觀照生命本身，因此，他對生命的哀痛之情就更加深切，對人生的反省就更加細緻與真誠。

　　在此，安命哲學作為整個莊子思想的起始與參照面，其意義就顯得格外明顯。安命之意，即對人之在天地間之種種人生際遇，其不可解的諸多橫逆，作一反思與體悟進而以理化情，認知到生命素樸天放的本真面目；看清人存在於世之種種生命的扭曲與失性，實乃人生命的異化與沉淪所致，從而能夠踏上體道歸真的本然之途。在反歸體道的路途上，莊子安命哲學具有兩層的工夫昇進，首先他從「安之若命」的認識態度與反省起始，經過「託不得已以養中」的處世精神態度的轉換，終而能安命、超越命運、命與非命不一不二，今試論如下。

壹、「安之若命」的體悟及其精神轉換與昇進

莊子認為「命」變化的本末終始與來去更替是人生必須面對與承當的必然事實，此一具必然性的事實非名言概念所能形容，亦非知識理性所能預測掌握，所以〈德充符〉說：「知不能規乎其始者也。」「命」的變化這一概念實情為人所無法掌握與理解，所以對其所示現的情境以心識之執，而隨之而生的整種種順逆哀樂之情，就顯得虛妄可笑。〈天運〉篇說：「性不可易，命不可變。」此處的「命」並非是定數的命，其意義是與「性不可易」相關聯的，即指自然本性而言，這是視外雜篇為內篇義理的闡發來理解的；再者，從「命」之作為道的大化流行的面向上來看，莊子的「安之若命」就並非只是消極、前定與宿命的概念，而是對道的認同與歸依。又〈德充符〉所言「死生存亡，窮達貧富，賢與不肖，毀譽、飢渴、寒暑，是事之變，命之行也。」當「命」被視為天地間一切事物變化的自然運行時，其流程所生的種種情境，在俗情的標準下雖有種種參差差別。但在無執道心的觀照下，其實是一切如如不一不二的，由此可見莊子之安命決不是向命運低頭的順世論。

在第二章談過，從外雜篇對內篇「命」觀念的發揮與性命的連用，命的意義與內涵於此可有第二層的昇進：〔註1〕第一層是「安之若命」的對生命本身的反省與認識，第二層是「安命」體道的理境展現。

因此作為命限義的「命」可與人之天真本性的「命」一而不一、不一而一地一起被歸諸於道的大化流行，於此安於命即是安於道之大化流行；反過來說「安之若命」其本身的意義就不僅只是一個起始的認識反省，它也是一個「安命」的體道過程，更是其圓轉無礙的體道理境之一，所以〈人間世〉才說：「自事其心者，哀樂不易施乎前。知其不可奈何而安之若命，德之至也。」〈德充符〉也說：「知不可奈何，而安之若命，唯有德者能之。」莊子內篇的這兩篇文章重復這一個安命的理念，並認為「安之若命」乃是「德之至」與

〔註1〕 拙文在探究莊子安命哲學時所援引的文獻主要以內篇為主幹，同時參酌外雜篇之對內篇的義理闡發：由於內外雜篇作者時地不一，難免在義理上有所齟齬之處，即使在同一作者的文本上，吾人亦可發掘其前後思想的發展，有很大的差異；雖然哲學詮釋學學派屢言探求文本作者原意是不可能的；但即使是如此，也並不表示單獨的詮釋者可以各憑己意，而任意發揮；更正確的說：就是每一個詮釋者所應作的努力，應該就是能夠闡發其思想中最具深度與強度的一種整全解釋。於此，筆者認為在顧及拙文之能獲得一整全的理解，筆者採取一般治莊學者的研究進路，以內篇義理為主，並以外雜篇為輔，來取得通盤的理解。

「唯有德者能之」，其境界義的展示顯而可見。在此，牟宗三說：

> 「命」是個體生命與氣化方面相順或不相順的一個「內在的限制」
> 之虛概念。這不是一個經驗概念，亦不是知識中的概念，而是實踐
> 上的一個虛概念。平常所謂命運就是這個概念。〔註2〕

又說：

> 它既不屬于理性，它應當屬於「氣化」方面的，但又不是氣化本身
> 所呈現的變化事實。客觀的變化事實是可以經驗的也可以用規律（不
> 管是經驗規律抑或是先驗的規律）來加以規制之的。命不是這變化
> 事實之本身，但卻是屬于氣化方面的。氣化當然是無窮複雜，經驗
> 知識無論如何多如何進步也不能窮得盡。雖不能窮得盡，但是「命」
> 一觀念卻不是指陳這一客觀的無窮複雜。因此，命這個觀念渺茫
> 了……它落在「個體生命與無窮複雜的氣化之相順或不相順」之分
> 際上。這個相順或不相順之分際是一個「虛意」，不是一個時間空間
> 中的客觀事實而可以用命題來陳述，因此它不是一個知識。就在這
> 「虛意」上我們名之曰「命」。〔註3〕

牟宗三對命的理解本側重其「命限」、「命定」義。說它是「氣化」，正表示它
是形而下的，而非理上之必然，此蓋意義下之「命」，雖非莊子命概念之大宗，
但依舊是莊子所留意者，理由是它乃生命病痛所以生的憑藉因。屬於氣化方
面的命，乃是與個體生命之流程伴隨而起必恆常相遇者，就一般情形言，人
與之遭遇就不免起順逆哀樂之情，此亦俗情之「命感」所由來，但在莊子看
來，此亦表示個體生命與大化之流有了不相順或齟齬，這種不相順或齟齬，
或者由於個體生命存活於世間日漸異化，或者由於個體生命的沉淪。一言以
蔽之，都是由於生命本身罹病，喪失了生命的本真所致。於此，從這個面向
上言莊子安命的兩層意義也就得到理解（對道的大化流行而言，這兩層分別
其實也是毫無意義可言；唯其落在吾人對生命作反省與復歸的面向上，它才
產生了意義。）；此即從生命之治療的工夫實踐上言，命的第一層反省是屬於
命限意義上的概念，即莊子「氣命」之義，而安命體道的理境圓成，則是莊
子命的第二層昇進，即莊子「理命」之義。再者，就莊子對命的體悟，認為

〔註2〕　牟宗三，《圓善論》，台北：學生，1996，頁142。雖然牟宗三於此立論主要是
　　　　作為闡發孟子的「立命」之說；但拙文以為牟宗三的這一段對「命」的剖析
　　　　與解釋，對吾人理解莊子安命思想具有關鍵性的提示。
〔註3〕　牟宗三，《圓善論》，頁142～143。

符應於道之大化流行的「命」，其本身並無所謂的相應或不相應的問題，也無所謂的順境或逆境的問題。究其實所謂相應或不相應、順或逆境只是人主觀的認取和判斷。所以說病都是在主觀的心境上造作而來。舉例而言，我們從人生命「壽」或「夭」這個客觀事實作反省，就能理解「壽」與「夭」其實就是人為的一組相對比較概念；在此，如〈齊物論〉所云：「莫壽於殤子，而彭祖為夭。」其所要破的，正是人主觀意識所產生的種種認知上的執著。也由於這層執著，人在對種種不可解的生命遭遇，人才特別感到種種命感存在，更由於這層不可解所產生的焦慮，人也就才會尋求一理智的安頓以化解，是故常人便往往以所謂的「命」來自我開脫。這種開脫卻又不是莊子所倡言的「安之若命」的領悟。這兩種態度在外型上，同樣具有「安之若命」之外在姿態；但其間卻有很微妙的差異，即是常人所謂的一切歸諸於「命」的安心方式，其實質帶有很強的逃避心理，這使得人在面對生命的試煉時變得虛弱無能，並以此來作為一種精神心理上的開脫。莊子於此則大有不同，莊子安命的思想，乃是透過對人存在生命實情的反省而有所領悟；「安之若命」並非消極的逃避，而是一種對生命的種種無條件的接受與肯認，其與儒家對生命的承擔，同樣是來自對生命的深刻反思；衹是莊子安命思想的態度，它不採取一主動的積極建構精神、以扭轉乾坤，然並非就是逃避。因此，在「接受」與「逃避」的態度分別上，吾人不得不謹慎予以斟酌。所以，人之有種種苦樂之情，也如王夫之在對〈大宗師〉：「吾思夫使我至此極者而弗得也。父母豈私貧我哉？天無私覆，地無私載，天地豈私貧我哉？求其為之者而不得也。然而至此極者，命也夫！」所作的注疏說：「貧富之於人，甚矣。故人有輕生死而不能忘貧富者，思其所以使我貧者而不得，則曠然矣。天地不私貧人富人，抑豈私生人死人乎？弗獲已而謂之命，而非有命也。」〔註4〕在這裡「弗獲矣」正是莊子對命感之產生所作的反省。此已詳前論，莊子以此為生命反省的對象，並以之作為生命病原的檢驗。

然而，吾人於此不禁要問：莊子安命思想如何從「若命」的體悟，進而能夠接受人生命中之種種不可解的無可奈何？以及如何從這種種無可奈何中超拔而出，進而體道逍遙、歸性歸真呢？這其中的關鍵工夫，即在於莊子所倡言的一種「不得已」的精神昇進與領會。莊子對於「不可奈何」的種種人生際遇，乃是以「安之若命」作起始開示，然而其精神的昇進卻又是以「不

〔註4〕王夫之，《莊子通·莊子解》，台北：里仁，1995，頁69。

得已」來作爲其安命的體道工夫進程。〈人間世〉云：

　　乘物以游心，託不得已以養中，至矣。

又云：

　　無門無毒，一宅而寓于不得已，則幾矣。

「養中」與「一宅」都是高度的精神修煉，而「不得已」的精神轉換也都是眞能面對種種生命的情狀，從而能夠以理化情，而終能「安之若命」。郭象也在此注云：「不得已，理之必然者也。體至一之宅，而會乎必然之符者也。」此處的「理之必然」是就著態度上而言，其實質也就是一種安命順化的精神與態度的轉換；於此，人在面對人生之種種艱難橫逆才不致妄作盲動，更不會動刀動斧宰割以求通；只是正視其爲生命異化而來的種種苦樂之情，而以「不得已」的精神實踐來加以超越解消，如〈人間世〉所云：「爲人臣子者，固有所不得已。行事之情而忘其身，何暇至於悅生而惡死！」這種安命順化的認知與體會，也正如〈秋水〉所云：「知窮之有命，知通之有時，臨大難而不懼者，聖人之勇也。由處矣，吾命有所制矣。」在此，〈達生〉也云：「達生之情者，不務生之所無爲。達命之情者，不務知之所無奈何」，更是指出此種對生命的體認與關照，即是從人存活於世之日漸異化，與人之日漸沉淪的生命反省爲起始，所以其對治之方就必須正視生命所以罹病之病原，此病原即是肇因於生命的異化而來的種種命感。唯此，也才是莊子對命的眞正認知與體會，因此，「不得已」之以理化情、不以情傷性的生命態度；即是轉俗成眞的體道工夫。所以莊子於〈庚桑楚〉認爲：「欲靜則平氣，欲神則順心，有爲也欲當，則緣于不得已。不得已之類，聖人之道。」又說：「動以不得已之謂德」在〈刻意〉也說：「感而後應，迫而後動，不得已而後起。」以上的論述都是莊子對「不得已」精神昇進作進一步的闡釋。在〈田子方〉有云：「知命不能規乎其前，丘以是日徂」郭象在此注曰：「不系于前，與變俱往，故日徂」〔註5〕成玄英亦疏曰「徂，往也。達於時變，不能預作規模，體於日新，是故與化俱往也。」〔註6〕「以是日徂」正是「不得已」之精神轉換與體會，也由於如此，人之生命經「不得已」的精神轉換與昇進，就能接受生命歷程中的種種順逆情境，體察生命存在的實情，能安之受之，隨順而變化，乘物以游心，渾融於道的大化流行，而與道一體同化。

〔註5〕郭慶藩輯，《莊子集釋》，台北：華正，1994，頁709。
〔註6〕郭慶藩輯，《莊子集釋》，頁709。

貳、「安命」之積極意涵及其超越之可能

由前述論證吾人可知莊子對於命的探問，其意不在於給予命一個知識上的理解與安立，而是說明吾人應如何看待這種種「若命」的「不可奈何」，這就是立足於對「命」的認知，將「命」所生之緊張關係，經由其回復與治療之方，展現出「其一也一，其不一也一」的辯證融合，由此昇進契入體道的妙境。牟宗三於此說：

> 莊子「無憚化」即是想把這一切不能掌握的遭遇盡歸之于自然之化而只「循斯須」以乘之而轉，轉而無轉，即是「獨化」，此時「命」之義即被化掉.但這是一個「如如」的境界，儒家亦可有此境界.但到此境界，一切都無可說，不但「命」被越過，即正面一切東西亦被忘掉。〔註7〕

此「循斯須」的工夫正是莊子安命哲學的最高體道理境，故由「如如」之理境言，對於生命流程中種種順逆苦樂之情，終被消融與超克；此時生命與道渾融為一，體現「天地與我為一，萬物與我並生」的開敞逍遙，此即拙文反復申論之安於命即安於道之真義。

最後，對於學界一般對莊子哲學所具有的負面評價，尤其是安命思想所啓人之疑竇；本文亦必要澄清。一般對莊子思想的誤解概可分為如下兩類：

第一種對莊子哲學的誤解是視莊子思想同於阿Q式的精神勝利法；持此種看法認為莊子乃是「阿Q式的自我欺騙，追求幻想中的精神解脫」並認為〈逍遙遊〉是「論述向幻想世界追求的阿Q式（或鴕鳥式）的絕對自由論。」〔註8〕在此，吾人了解阿Q精神的主要特點是「精神勝利法」。所謂：「精神勝利法」就是把失敗當成勝利來自我安慰，例如，明明窮得一名不文，卻偏偏要吹噓自己先前比別人闊得多；明明被人欺侮而挨了打，卻在心裡幻想這是兒子打老子：「我總算被兒子打了，現在的世界真不像樣……」；〔註9〕明明是自己打了自己兩個巴掌卻設想被打的是別人。於此我們細究莊子與阿Q之間的不同，可以發現雖然他們都是受人間世的種種磨難與挫折；但其差異就在於其看待這樣遭遇的不同態度。阿Q是一個受傷的侏儒，這種傷害甚至是精神上的傷害，可以說阿Q是接近一個精神病患的情狀；對比而言，莊子同樣在現實人生遭受挫折，但他所要求的是生命本體無扭曲與損傷的真正快樂。

〔註7〕 牟宗三，《圓善論》，台北：學生，1996，頁144。
〔註8〕 關鋒，《莊子內篇譯解和批判》，北京：中華，1961，頁26。
〔註9〕 魯迅，《阿Q正傳》，香港：國光，頁9。

莊子正如他自己的寓言，是精神上的大鵬。雖然莊子思想中存有不少退讓守柔的意涵，然此用來對治盲爽發狂的浪擲，反而具有治療的積極效果，而不可簡單地以消極或退縮形容之。反觀阿Ｑ與莊子最大的差別，即在於其不懂得轉化這種種的傷痛，而使之成為生命反省與重生的契機，以至於扭曲生命本身，無法跳脫傷痛的巢臼與陰影，在種種虛妄的幻想中自我折磨，其卑微、懷恨的報復心態隨處可見，此更顯見其與莊子間的大差異。究其實，阿Ｑ之所以是阿Ｑ，也不過是整個病態社會下的犧牲品。然而，莊子卻是能超脫於種種傷痛之外，進而能正視生命之種種困厄，賦予同情的理解與深切的反省，能夠放下諸緣安命順化，此更是阿Ｑ所無。總之，對生命深切反省的或有或無，是莊子與阿Ｑ涇渭分明之處，僅從外觀之相似，而一概逕以「精神勝利法」齊觀莊子與阿Ｑ，不但污衊了莊子，也太抬舉了阿Ｑ。

　　第二種對莊子哲學慣見的誤解是：認為莊子哲學是命定的、宿命的與消極的。這種看法認為：「莊子是在命定論的基礎上追求自由的，莊子的自由並沒有改造現實的內容，就此說來，這種自由是虛假的。」又說：「莊子在現實生活中是一個命定論者，他的精神自由是在命定論的基礎之上幻演出的海市蜃樓。什麼冰肌玉膚的姑射山的神人，什麼焚而不熱的至人，什麼游于塵垢之外的聖人，什麼與物為春的真人，都不過是蜃景裡的幻影，是莊子對自己所嚮往的自由境界的形象化的誇張描寫，這種誇張的描寫並不能掩蓋他的精神自由消極虛假的本質。莊子的自由不是唯物主義者改造世界的自由，也不是意志主義者主宰世界的自由。莊子的自由是純精神的自我安慰，是空虛的遐想，是逃避現實的結果。」〔註10〕

　　此即是不知莊子論命之大宗是理命意義上的「命」，而非氣命限定意義上的「命」，不知莊子義在玄同理命與氣命而不一不異地安時處變，而只粗略的看「安之若命」，則對莊子「安之若命」一定有宿命論者的聯想，本文要嚴肅指出的是，如果說莊子哲學是一種命定論，那麼其生命的體道實踐終將成為妄誕與不可能，莊子的逍遙也不可被理解，幸運的是莊子絕不如此。「自由」與「命定」其實是互相矛盾，怎麼可能如劉所言「在命定論的基礎上追求自

〔註10〕劉笑敢，《莊子哲學及其演變》，北京：中國社科學，1993，頁162～163。劉
　　　　笑敢於此的看法與其在《兩種自由的追求──莊子與沙特》的論述是一致的，
　　　　他說：「莊子是一個命定論者他在社會生活中是一個失意兒，無情的現實使他
　　　　感到有一種不可抗拒而又無法擺脫的力量壓迫著他。他把這種必然性的力量
　　　　叫作『命』，並把這種必然性歸之於『道』和『天』。」參見劉笑敢，《兩種自
　　　　由的追求──莊子與沙特》，台北：正中，1994，頁65。

由」；如果對於現實困厄的承受，而不因此盲動妄作被界定爲命定論的話，那也就是否認了人有其精神與心靈自由之可能，這樣的生命反而是不健全的。如此，評其「精神自由消極虛假」是否亦是太過之論。〈應帝王〉曾提到一個觀人死生奇準的神巫季咸，列子將之引見其師壺子；結果，季咸因壺子多次所呈顯的不同樣貌，而落荒而逃。在此，吾人可知莊子反對命定的態度，壺子可以四門示相，他的境界顯見是不受所謂的「命」所範限，更不會受術數所愚所驚。所以莊子在面對現實的苦難時並不是強思歡笑，也不是欺騙自己的以苦爲樂，而是從眞實的生命來作反省，知此遭遇本氣命之不能或免，進而解消其因情識偏執所生之順逆哀樂之感，使一切歸諸於自然、讓命與非命不一不二地安之受之，而能超昇契入體道妙境，所以他的思想不是宿命論的，吳怡說莊子是超命的，〔註11〕反而近於莊子之本懷。

再者，如前所述亦有簡單地從消極與積極的角度對莊子哲學作評判；乃籠統且未必相應，今再由其義。一般所謂的消極這一詞多半含有貶抑之意味；然對莊子安命思想作爲一生命哲學的向度而言，其雖不免多方呈現人生遭遇中的失望與傷痛，但醫病必先發現病之所在與所由，且必是呵護之深才會診療之切，莊子既對生命有此深切之情，又怎麼可以說消極呢？平心而論正由於其對生命熱情，也才能有如此深切的反省，而能從傷感中重新出發。誠如陳鼓應所言：

> 一般以爲莊子消極出世，其實是一種很表面的看法。莊子置身於一個戰亂連綿、危機四伏的社會環境中，對不幸的現實有深切的體驗，因而其思想中表現著追求「逍遙遊」的境界。但是他的逍遙遊並不是出世的，而是寄沉痛於悠閒之中。在莊子哲學中，從無另一世界之說，他從不寄願望於彼岸世界，他寫〈人間世〉以及〈天下〉篇說他「與世俗處」可以爲證。我們可以說莊子是以「出世」的精神入世。〔註12〕

可見莊子並未放棄眞實人間，其對隱者雖有較高的評價，但也不是全然的認同。在此，拙文以爲與其用消極來說明莊子處世哲學，不如用委化順變來說明莊子處世哲學將更爲貼切，對比著儒家天行陽剛以人文化成天下的精神而

〔註11〕吳怡，《禪與老莊》，台北：三民，1992，頁153。
〔註12〕陳鼓應，〈莊子的悲劇意識和自由精神〉，《國文天地》7卷1期，1991年6月，頁60。

言，莊子的「無功、無己、無名」才顯得消極。但這樣的比較絕不是籠統的
評判所可比擬的，而在這種比較下，儒道也只顯其義理型態之不同而不必分
其優劣，原來對生命的反省自然有其不同之視野與進路，也因此自然有其不
同的思想樣貌，若妄評高下不啻是武斷與主觀的。莊子應該是很能體會世人
的生命苦痛；在這樣的生命反省下，莊子不禁從主動參與建構這世界的努力
跳開，而專注於自身生命的疏通與解放。安命哲學的意義，就在於這樣一種
的對生命的反省下被提出的。明於此，即知莊子哲學對吾人生命的啓示之所
在。這些生命的啓示由反省爲起始，而由其工夫實踐加以開展。下一節拙文
將接續論述莊子哲學工夫實踐之實質內涵，這也是安命所必須的工夫修煉。

第二節　莊子體道工夫之要義闡發 〔註13〕

　　拙文於前文談過安命作爲一生命反省的起始，從莊子哲學作爲一具有治
療學意涵的向度上言：所謂的命感可說就是生命的病原之所在；吾人立足於
這病原的反省起始點，就能發現這命感其實是人主觀的情識欲求，而其所表
徵爲生命的病症則是種種的苦樂之情。在此命感之所生就不僅僅只是一種生
命的現象，也可說是個體生命存在困境的實情。再者，從人之種種主觀欲求
來檢討；人的生命之異化與沉淪可說是互爲因果，生命異化可說是生命沉淪
之因但也是其果，而人的主觀欲求與上述二者又有密不可分的關係；由這三
者的相互循環的影響下，就是其成爲命感之所由生的動力前因。拙文於此，
首先從生命之異化與沉淪作檢討，了解生命病原之所生的源頭，復次再對莊
子哲學的實踐性格作一釐清，闡明其獨特的治療性質；最後則對其實質工夫
理論作舉要式說明。

壹、人生命沉淪與「異化」原由之釐清

　　人在亂離之世往往更能對生命有所反省，莊子面對人存有之種種處境，
發現人生存衣著種種情境與遭遇，這些遭遇又每每囿限著人、使人生命之正
常觸途成礙，於是莊子不禁有：「眇乎小哉，所以屬於人也！」〈德充符〉之
嘆。〈秋水〉有云：

　　　　自比形於天地而受氣於陰陽，吾在於天地之間，猶小石小木之在大

〔註13〕　本節部分內容摘錄筆者拙著：〈《莊子》虛己之處世智慧探究〉，《人文研究期
　　　　刊》第 4 期，2008 年 6 月，頁 35～54。

> 山也，方存乎見少，又奚以自多！計四海之在天地之間也，不似礨
> 空之在大澤乎？計中國之在海內，不似稊米之在大倉乎？號物之數
> 謂之萬，人處一焉；人卒九州，穀食之所生，舟車之所通，人處一
> 焉；此其萬物也，不似毫末之在於馬體乎？

莊子於此藉著海若與河伯的對話，說明人就在相對比較下而分大小，王夫之
於此疏曰：「此初破小之不知大也。不知大，則自大其小；自大其小，而識窮
於大；故初示以大，而使破小大以游於大焉。」〔註 14〕此意甚好，破小大即
是對人所提出的一種反省；蓋大小本是對待而生的，破除對待之執取就是對
生命真相的領悟與反省，人之因執取而起之好惡計較，莫過於對生死之驚懼
疑怖，故〈知北游〉說：

> 人生天地間，若白駒之過郤，忽忽然而已。注然勃然，莫不出焉；
> 油然漻然，莫不入焉。已而化生，又化而死，生物哀之，人類悲之。

又說：

> 哀樂之來，吾不能御；其去，弗能止。悲夫，世人直為物逆旅耳！

人之不免有此想，正是其所要反省的，因為這種沉淪之苦乃是起源於生命本
真的悖離。

首先，莊子從人的主觀情識欲求作反省。莊子認為當人自呱呱墜地，投
入這個人間世開始就不免如〈齊物論〉所云：「與物相刃相靡，其行盡如馳，
而莫之能止。」為這個大千世界所影響與塑造，經過年歲的成長，而終不復
生命的本真，這即是生命沉淪與異化的表徵。而這個生命沉淪或「失性」的
原由，在〈天地〉有云：

> 且夫失性有五：一曰五色亂目，使目不明；二曰五聲亂耳，使耳不
> 聰；三曰五臭薰鼻，困惾中顙；四曰五味濁口，使口厲爽；五曰趣
> 舍滑心，使性飛揚。此五者，皆生之害也。

這一段話吾人得知其實乃脫胎於《老子》十二章：

> 五色，令人目盲；五音，令人耳聾；五味，令人口爽；馳騁田獵，
> 令人心發狂。

這兩段話一樣都是說明人之所以沉淪，乃是放縱感官情欲使然；雖然，人的
出生是由於性的結合，而人之所以存活於此世間，也是由於有此情欲之身，
但《老子》十三章云：「吾所以有大患者，為吾有身。」意即有此本具感官情

〔註 14〕王夫之，《莊子通·莊子解》，台北：里仁，1995，頁 139。

識之身存活於世，往往不免情識欲望所牽使與制約，故有其「有大患者」；在此，〈至樂〉反省言：

> 夫天下之所尊者，富貴壽善也；所樂者，身安厚味美服好色音聲也；所下者，貧賤夭惡也；所苦者，身不得安逸，口不得厚味，形不得美服，目不得好色，耳不得音聲；若不得者，則大憂以懼。其形也異哉！

即是這種種迷失生命本真的沉淪，而使生命產生很大的恐懼與痛苦。而這些感官情欲的放縱，致使生命疲困茶然，而導致諸般的生命沉淪的病症出來，如〈徐無鬼〉所言：「君將盈嗜欲，長好惡，則性命之情病矣；君將黜耆欲，摯好惡，則耳目病矣。」〈繕性〉也說：「喪己於物，失性於俗者，謂之倒置之民。」〈刻意〉也說：「悲樂者，德之邪；喜怒者，道之過；好惡者，德之失。」〈庚桑楚〉則說：「惡欲喜怒哀樂六者，累德也。」在此，吾人可知情識欲望正是致使人生命沉淪的病因之一。

　　第二，莊子從人的異化做反省。異化的意義不僅是作為生命病症的表徵，也是病因與病原所在，這與生命的沉淪是同一意義的；其差別所在乃是人之所以異化，其實是人被投擲於人間世，與後天的諸種社會文明的薰習雜染而成；在這個意義上談可說就是一種文明的病。文明的病來自人為的造作，〈秋水〉言：

> 牛馬四足是謂天；落馬首，穿牛鼻，是謂人。故曰，無以人滅天，無以故滅命，無以得徇名。謹守而勿失，是謂反其真。

然而這種文明的病因是多方面的；於此，莊子對人為與天德作分判，在〈在宥〉云：

> 何謂道？有天道，有人道，無為而尊者天道也，有為而累者人道也，主者在天道也，臣者人道也，天道之與人道也，相去遠矣。

這裡所謂的天道即是自然生命的本然；而人道卻是諸種後天的人為，因此〈駢拇〉有云：

> 自三代以下，天下何其囂囂也？且夫待鉤繩規矩而正者，是削其性也；待繩約膠漆而固者，是侵其德也；屈折禮樂……以慰天下之心者，此失其常然也，天下有常然。常然者，曲者不以鉤，直者不以繩，圓者不以規，方者不以矩，附離者不以膠漆，約束不以繩索。故天下誘然皆生而不知其所以生，同焉皆得而不知其所以得。故古

今不二，不可虧也，則仁義又奚連連如膠漆纆索而游乎道德之間爲
哉？使天下惑也！

在此，仁義禮樂在莊子看來是人爲的「人道」，是違背了人生命的本然本性的；就是所謂的「削其性」、「侵其德」、「失其常然」。所以，〈繕性〉又說：「禮樂偏行，則天下亂矣。彼正而蒙己德，德則不冒，冒則物必失其性。」失其性就是失其生命的本然，因爲禮樂是後天人爲的造作之一，也是人生命之所以異化病因之一。因此〈知北遊〉更說：「失道而後德，失德而後仁，失仁而後義，失義而後禮，禮者，道之華而亂之首也。故曰：『爲道日損』」爲道日損是老子的概念，但在莊子的哲學與老子同樣是具有治療意義的實踐工夫。

當然這樣的異化之因也包含了知識與各種言論的衝突，這種由成心所起的定執，〈天下〉云：

判天地之美，析萬物之理，察古人之全，寡能備於天地之美，稱神
明之容。是故內聖外王之道，闇而不明，鬱而不發，天下之人各爲
其所欲焉以自爲方。悲夫！百家往而不反，必不合矣！後世之學者，
不幸不見天地之純，古人之大體，道術將爲天下裂！

然這種種分裂與異化，其最根本之處又在於「語言之異化」，因爲吾人所以存在之生活世界，不外於言說所成的世界，因爲它就在言說的開展中而成的一個世界，如果把言說取消掉了，那便不成其爲生活世界了。〔註15〕莊子對語言的反省，拙文已在第三章作了交代，此不再贅述。明白人生命異化與沉淪的內外在因素後，下文將接續剖析莊子體道工夫的性格，以釐清俗情對莊子體道工夫諸多不必要的幻想與迷惘。

貳、莊子體道逍遙之工夫性格剖析

拙文在在上文已然分析種種致使生命異化與沉淪的種種原由，究其實，無乃人的主觀情識欲望以及後天的社會文化的雙重影響使然。可見個體生命若只落在我執的侷限和因襲的認知中，異化與沉淪是不可免的。〈逍遙遊〉是展示莊子所寓示的體道理境：

故夫知效一官，行比一鄉，德合一君，而徵一國者，其自視也亦若
此矣。而宋榮子猶然笑之。且舉世而譽之而不加勸，舉世而非之而

〔註15〕林安梧，〈語言的異化與存有的治療——以老子《道德經》爲核心的理解與詮釋〉，《海峽兩岸道家思想與道教文化研討會論文集》，台北：中華民國宗教哲學研究社，1994，頁 424。

　　不加沮，定乎内外之分，辯乎榮辱之境，斯已矣。彼其於世，未數
　　數然也。雖然，猶有未樹也。夫列子御風而行，泠然善也，旬有五
　　日而後反。彼於致福者，未數數然也。此雖免乎行，猶有所待者也。
　　若夫乘天地之正，而御六氣之辯，以遊無窮者，彼且惡乎待哉？故
　　曰：至人無己，神人無功，聖人無名。

在此吾人可以簡單看出有四級的區別，一般人間世功成名就者，在莊子看來
都只是第一類人。然而莊子所認可的最究極理境則是「至人無己，神人無功，
聖人無名。」的境界，因此，在吾人已理解莊子的言說策略之後，自然不會
將其視之爲是一種規定性的描述語，更基於對莊子隨說隨掃的言說方式的體
會，我們也許更應該試著探問莊子在此處所欲傳達的訊息。於此，張默生說：

　　所謂「至人」、「神人」、「聖人」，都是這道體的化身，可說是「三位
　　一體」；但與耶教中所說「三位一體」，是不相同的。莊子的人生最
　　高境界，正是期合著「與道同體」，而解脫自在。〔註16〕

無論是「無己」、「無功」、「無名」這些都是體道境界的敘述語，而不是一種
規定性的語言。基本上，它就是一套從「自我」之消解以至「無我」逍遙的
體道實踐，當然這自我是就異化與沉淪的生命自身而言。復次，林安梧在談
到老子之治療學的意義時曾說：

　　就老子「道德經」其所開啓的治療學，我們可以發現它並不是以主
　　體的自覺爲中心的，相反的，他是反主體主義的。他不是縱向的思
　　唯方式（Virticathinking），而是平鋪的思維方式（Horizontal
　　thinking）。他不是肯定性的思維方式（Positive thinking），而是否定
　　性的思維方式（Negative thinking）。他不是單線式的思維方式（Lineal
　　thinking）。而是圓環式的思維方式（Circle thinking）。不是建構性的
　　思維方式（Constructive thinking），而是解構性的思維方式
　　（Deconstuctive thinking）。〔註17〕

這一段話同樣也可用來理解莊子思維方式與體道進路的特徵。在陳榮灼《「現
代」與「後現代」之間》書中曾談到：

〔註16〕張默生，《莊子新釋》，台北：明文，1994，頁 103。
〔註17〕林安梧，〈語言的異化與存有的治療——以老子《道德經》爲核心的理解與詮
　　　　釋〉，《海峽兩岸道家思想與道教文化研討會論文集》，台北：中華民國宗教哲
　　　　學研究社，1994，頁 431～432。

後現代主義有一個重大的特色，那就是是法國米歇爾・福柯（Michel Foucault）的名言：「人之消亡」（Death of Man）。後現代主義的特殊立場是：在尼采叫出「上帝已死」之後，進一步今日我們要明白「人已經死去」。福柯說：「人是近期的發明，而且是近乎盡頭的發明」；跟著就叫出了「人要消亡」這一口號這當然是比較具震撼性。較具哲學性的說法，其立場是在於排斥主體（the rejection subject）。有時，後現代主義者也會用另一些方式闡明這些道理，他們指出主體本身即使是有的話，也不是處於中心的地位。這是說後現代主義者要在哲學上進行「離心化」、「移心化」（deconcen-tration）。作為近代哲學之父，法國哲學家笛卡兒提出「我思故我在」，於是人發明本身在萬物中有一特殊的地位，一切存在皆通過人的主體而贏得其存在的意義或存在性。在這樣的意思下，人跟萬物就十分不平衡：人是萬物或宇宙的中心。然而，這種立場就受到後現代主義的挑戰，就挑戰很簡單，即消解人的中心性地位。後現代主義者認為相對於萬物，人無疑有其不同的地方，但這種不同卻不能把人定位為整個宇宙的中心、世界的中心。而要對這種人類中心主義進行消解，於是後現代主義乃有「人之消亡」的口號。一言以蔽之，這是後現代主義「反主體主義」的立場。〔註18〕

吾人立足於後現代對傳統西方哲學的反省，可以看出莊子的認知進路同樣是具有「解構」的精神。於此，正如〈德充符〉所言：

自比形於天地而受氣於陰陽，吾在於天地之間，猶小石小木之在大山也，方存乎見少，又奚以自多！計四海之在天地之間也，不似礨空之在大澤乎？計中國之在海內，不似稊米之在大倉乎？號物之數謂之萬，人處一焉；人卒九州，穀食之所生，舟車之所通，人處一焉；此其萬物也，不似毫末之在於馬體乎？

此處的反省不啻指出人之在時空的有限性，及其一種人非宇宙中心的認識，

〔註18〕陳榮灼，《「現代」與「後現代」之間》，台北：時報文化，1992，頁226～227。再者，陳德和更認為：「莊子之真人的理境，其主體的充極證成，實是順物之自然，是與老子的『德』是一樣的，乃全幅是消融之作用，而不能作其他任何規定的『無體之體』。」參見陳德和，《從老莊思想詮話莊書外雜篇的生命哲學》，台北：文史哲，1993，頁29～30。就此意義上言莊子對主體的反省，其意義卻又是反主體的，然其所反的應該就是人之狹隘的自我成心之執。

這樣的反省與後現代主義者對主體的反省相一致。只是莊子這種否定和解構的反省，卻又是具有其治療的積極作用在；它乃是在體道過程中的一種實踐認知；這樣的認知雖然具有西方哲學上所謂懷疑主義或相對主義種種的性質，但其實都是具有治療性質的；〔註 19〕其用意不外是在引領吾人對世界能有更新更開闊的認識。究其實這種認知的最終精神，也是如禪宗的大肯定一般，〔註 20〕是莊子對道的肯定，在人與道合一的理境上而言，人於此又成其為非中心的中心。

再者，筆者於前文曾論過莊子體道的實踐工夫具有一種「冥契」的質屬；然這冥契主義（mysticism）傳統上被譯為神秘主義。吾人了解莊子的實踐工夫雖具有冥契或神秘的特質，但不同於西方基督教的神秘主義。它比較上是傾向所謂自然論神秘主義，〔註 21〕如莊子「天地與我並生，萬物與我為一」即是這樣的體道理境。然而，這種所謂冥契性質的體道境界與工夫，其認知進路的實質內涵，吾人可以從〈秋水〉，莊子與惠施的魚樂之辯來作反省：

> 莊子與惠施遊於濠梁之上。
>
> 莊子曰：「儵魚出游從容，是魚之樂也。」
>
> 惠子曰：「子非魚，安知魚之樂？」
>
> 莊子曰：「子非我，安知我不知魚之樂？」
>
> 惠子曰：「我非子，固不知子矣！子固非魚矣，子之不知魚之樂，全

〔註 19〕 Bryan W.Van Norden 說：「我認為莊子是一個治療的懷疑論者，他使用懷疑論證，使我們質疑我們許多的常識信念。然而他的目的不僅於使吾人停留在一個懷疑的狀態，所以他能使我們重新定位。用他自己的語彙說，即是莊子利用治療的懷疑論作為一個『虛』其心的方法：如此，人才能順利的『聽之以氣』。」參見 Bryan W.Van Norden，"Competing Interpretation of the inner Chapters of the Zhuangzi，" *Philosophy East &West* 46.2（Ap1996），p258。

〔註 20〕 日本禪學大師鈴木大拙所言：「禪宗的肯定是絕對的肯定，絕對的肯定原本在人的心中，是經驗的產物，並且是獨特的、具體的，不墨守成規。禪是自由自在的，而徹悟是絕對肯定的活動也是自由自在的。」鈴木大拙，未也譯，《禪者的思索》，台北：大鴻圖書，1992，頁 52。

〔註 21〕 高天恩所歸納的神秘主義四形態，將莊子判為自然論神秘主義，認為凡體驗到自己與宇宙萬物為一體者，是為自然神秘家，而與萬物為一體的經驗，是為自然神秘經驗。並說明了此形態的四個特徵為：1. 與大自然溝通-神秘家的心靈能與宇宙萬物產生共鳴，與大自然契合；而超越主客對立層面。2. 自我引退不再以自我作為存在的中心，而向著一個更大的「中心」投降。3. 返樸歸真。4. 深信不朽。前三項特點頗與莊子之體道理境有同一旨趣。轉引高天恩，〈追索西洋文明裡的神秘主義〉，《當代》第 36 期，1989 年 4 月，頁 41〜43。

矣！」

　　莊子曰：「請循其本。子曰：汝安知魚樂云者，既已知吾知之而問我，
　　我知之濠上也。」

在此，吾人可見當惠施質詢莊子：「你不是魚，你怎麼『知道』魚快樂？」他
這裡所說的「知道」是種「認知」的知，這種「知」的活動是藉著語言、概
念去操控客體，將它抽象化、定型化，使它成為「對象」的一種理智功能。
相反地，當莊子說「魚樂」時，此時的敘述不是一種認知的敘述，這是一種
贊歎性的詩的語言，因此，這種「知」不是認知之知，而是物我交融，景象
（魚）從氣之流中呈現出來，與感受者相互參差的一種直覺之知。〔註 22〕這
種直覺或直觀的方式成為莊子體道實踐認知方式的實質內涵。〈人間世〉即云：

　　聞有翼飛者矣，未聞以無翼飛者也；聞有知知者也，未聞無知知者
　　也。

〈養生主〉云：

　　臣之所好者，進乎技矣。始臣之解牛之時，所見無非全牛者。三年
　　後，未嘗見全牛也。方今之時，臣以神遇而不以目視。官知止而神
　　欲行，依乎天理，批大郤。導大窾，因其固然。

這種由「無翼」、「無知」而以「神遇」的「官知止而神欲行」的特殊方式。
就是憑藉著一種精神的直覺而行，此在莊子「坐忘」中體道工夫中獲得了進
一步的說明：「墮肢體，黜聰明，離形去知，同於大通。」〈大宗師〉這種與
道合一的實踐方式就是一種拋棄感官思慮的直覺方式。也就是說道只能通過
直覺把握，不能通過感官的渠道來認識。〔註 23〕如〈齊物論〉云：

　　夫大道不稱，大言不辯。

　　道昭而不道，言辯而不及。

　　古之人，其知有所至矣，惡乎至？有以為未始有物者，至矣，盡矣，
　　不可加矣。

這些都是說明道的直覺體會意涵，這也與莊子的言說策略相一致。這樣的理
念在〈知北遊〉中亦可得到印證：

　　知北遊於元水之上，登隱弅之丘，而適遭無為謂焉。知謂無為謂曰：
　　「予欲有問乎若：何思何慮則知道？何處何服則安道？何從何道則

〔註 22〕楊儒賓，《莊周風貌》，台北：黎明，1991，頁 167。
〔註 23〕劉笑敢，《莊子哲學及其演變》，北京：中國社科學，1993，頁 176。

得道？」三問而無爲謂不答也。非不答，不知答也。知不得問，反
於白水之南，登狐闋之上，而睹狂屈焉。知以之言也問乎狂屈，狂
屈曰：「唉！予知之，將語若。中欲言而忘其所欲言。」知不得問，
反於帝宮，見黃帝而問焉。黃帝曰：「無思無慮始知道，無處無服始
安道，無從無道始得道。」知問黃帝曰「我與若知之，彼與彼不知
也，其孰是邪？」黃帝曰：「彼無爲謂眞是也，狂屈似之，我與汝終
不近也。夫知者不言，言者不知，故聖人行不言之教。……」知謂
黃帝曰：「吾問無爲謂，無爲謂不應我，非不應我，不知應我也；吾
問狂屈中欲告我而不我告，非不我告，中欲告而忘之也；今予問乎
若，若知之，奚故不近？」黃帝曰：「彼其眞是也，以其不知也；此
其似之也，以其忘之也；予與若終不近也，以其知之也。」狂屈聞
之，以黃帝爲知言。

又說：

道不可聞，聞而非也；道不可見，見而非也；道不可言，言而非也。
知形形之不形乎！道不當名。

〈天地〉也說：

黃帝遊乎赤水之北，登乎崑崙之丘，而南望，還歸，遺其玄珠。使
知索之而不得，使離朱索之而不得，使喫詬索之而不得也。乃使象
罔、象罔得之。黃帝曰。異哉，象罔乃可得之乎。

此中的「無爲謂」與「象罔」都是體道的一種層級表徵。他們都是透過神秘
直覺的工夫體會而得。〔註24〕這種種透過神秘直觀的修養工夫，其本身也許
並不神秘；只是它採取一種非因襲的路徑，在人理智所能理解的範圍之外，

〔註24〕這些神秘的直覺與禪宗一些公案問答其實有其異曲同工之妙。例如關於「佛
陀是誰或是什麼」的問題，禪師就可以有多種千奇百怪的回答。諸如「土身
木骨，五彩金裝」《五燈會元》卷十五。「朝裝香，暮換水」《五燈會元》卷十
二。「干屎橛」《五燈會元》卷十五。「東山水上行」《五燈會元》卷十五。「不
欲說似人」《五燈會元》卷十五。「麻三斤」《五燈會元》卷十五。「龜毛兔角」
《五燈會元》卷五。「火燒不燃」《五燈會元》卷十二等等。都在在顯示這些
問題，不應以思辨來解決；而應作具象、直觀、情緒的解決。是故禪宗體驗
的境地，不應用普遍命題的形式去提示，即應以具象的直觀之形式來提示。
參見〔日本〕中村元，徐復觀譯，《中國人之思維方法》，台北：學生，1995，
頁92。於此，禪宗與莊子的體道的認知進路可說是同一旨趣，而可互爲理解
與發明。

是以容易令人產生種種誤解與想像；然而，其實質不外是一種治療的意涵。
至於莊子書中所提示的實質工夫，拙文在下段將作舉要說明。

參、莊子體道逍遙之工夫舉要

　　拙文於第一節曾論述「不得已」乃是安命哲學之認知的精神轉換，也是
安命的境界進程之一；然就其實踐工夫言，所謂的「託不得已以養中」與「一
宅而寓以不得已」；其中的「一宅」與「養中」的工夫之具有，可說是與莊子
的「心齋」工夫密切相關。透過此人才可臻至體道逍遙的理境。〔註25〕本文
在此將對莊子的「心齋」、「坐忘」等工夫作舉要說明，〔註26〕看這些為人所
熟知的工夫路數如何與莊子安命哲學形成完整的連繫。

一、心齋

　　「心齋」是莊子修身工夫的起始，透過聆聽的層次昇進，由「耳——心
——氣」三段認識層次的提升，終以達到「聽之以氣」的心齋境界〈人間世〉
云：

　　　　若一志，無聽之以耳而聽之以心，無聽之以心而聽之以氣。聽止於

　　　　耳，心止於符。氣也者，虛而待物者也。惟道集虛。虛者，心齋也。

在這裡，「聽之以耳」、「聽之以心」、「聽之以氣」三者顯然有其層次上的區別，
在這裡成玄英疏云：「耳根虛寂，不擬宮商，反聽無聲，擬神心符」，又或「心
有知覺，起攀緣；氣無情意，虛柔任物。故去彼知覺，取此虛柔，遣之又遣，
漸階玄妙也乎！」〔註27〕可見聽之以氣是莊子心齋的實踐指標之一；聽之以

〔註25〕王邦雄認為：「『逍』跟『遙』我們可以分開來解釋，在此處我是根據王船山
　　　　及顧桐柏的解釋。『逍』就是人生取向往『消』的路上走，對於人的有限性，
　　　　我們要去消解。要『消盡有為累，遠見無為理』。道家最大的感受就是人生是
　　　　很累的，人會很累就是因為有人為，想要抓住某些東西，想要大有作為，這
　　　　些在道家叫人為造作，這樣一來就讓人受到很大束縛，很大的負累。所以逍
　　　　遙遊就是要我們消盡有為的累；一旦我們的苦、累、有限性消掉以後，就可
　　　　以遠見無為理，『遙』即為遠的意思。故王船山說消是『嚮於消』，『遙』是『引
　　　　而遠』也，『向』是人生的方向，即是我們往消解的路上走；在老子而言即『為
　　　　學日益，為道日損』」在這裡王邦雄對逍遙的理解也是莊子實踐所努力的方
　　　　向，究其實亦可說此即莊子哲學之具有治療學意義的妙用所在。參見王邦雄，
　　　　〈莊子系列（一）逍遙遊〉，《鵝湖月刊》第18卷第6期，1992年12月，頁
　　　　12。
〔註26〕作為莊子的體道功夫其實是多樣的，而此處所舉乃莊子書中具體所論述之綱
　　　　要者。
〔註27〕郭慶藩輯，《莊子集釋》，台北：華正，1994，頁147。

耳與聽之以心都是人的感官情識上的作用，不能以此見道體道。唯有剝落感官的層層限制，才能透顯「心齋」一無執的虛靈妙境；然而在此對耳、心的剝落又只是所謂的「作用的保存」而非「本質的否定」在此，〔註28〕徐復觀認為：他所說的氣，實際只是心的某種狀態的比擬之詞，老子所說的純生理之氣不同，……所以在前面所引的〈人間世〉「氣也者，虛而待物者也」一句的下面，便接著說，「惟道集虛；虛者，心齋也」。虛還是落在心上。〈人間世〉「自事其心者，哀樂不易施乎前」，這裡未嘗要去心。〔註29〕但這裡的心又非常人定執的成心，而是一具有容受性的心，在如此狀態下的心，也才有聽之以氣的可能。故唐君毅說：

> 則心之虛，至於只以氣待物，即謂只此由心齋所見得之常心，以待物也。人不以一般耳目之知與一般之心聽，而只以此虛而待物之氣或常心聽，即足以盡聽人之言，而攝入之。是即不同於「聽之以耳」，止於知其聲，亦不同於一般「聽之以心」者，只求其心之意念，足與所聽者相符合；而是由心之虛，至於若無心，使所聽之言與其義，皆全部攝入於心氣之事也。此時一己之心氣，唯是一虛，以容他人之言與其義，通過之、透過之。今以此為待人接物之道，即道集於此虛；而所待所接之人物，亦以此全部集於此己之虛之中，故能達於真正之無人無己、忘人忘己之境。〔註30〕

莊子此處所言的氣與養生家所言者有所不同，養生家在求其長生；莊子則是求坐忘而能體道逍遙。在此，莊子於〈刻意〉中也表達了他對服氣導引的看法：

> 吹呴呼吸，吐故納新，熊經鳥申，為壽而已矣；此道引之士，養形之人，彭祖壽考者之所好也。若夫不刻意而高，無仁義而修，無功名而修治，無江海而閒，不道引而壽，無不忘也，無不有也，澹然無極，而眾美從之。此天地之道，聖人之德也。

在此，吾人從對莊子「心齋」的探討，即可分別其中不同之處。即作為一治療的實踐向度言，「心齋」無異是一人精神與心理上的治療手段。首先，吾人知道耳目感官是吾人得以認識與溝通世界的橋樑，然而，這樣的橋樑其實在生命的外放之下，是很容易受到人間世種種物欲薰染，進而「與物相刃相靡」

〔註28〕高柏園，《莊子內七篇思想研究》，台北：文津，1992，頁133～134。
〔註29〕徐復觀，《中國人性論史・先秦篇》，台北：台灣商務，1977，頁381～382。
〔註30〕唐君毅，《中國哲學原論・原道篇》卷一，台北：學生，1992，頁367～368。

迷途日遠而失其自然本性；是以，莊子〈庚桑楚〉云：「惡欲喜怒哀樂，六者累德也。」這也是由人之命感所以生的種種苦樂之情，在人生命的自然本性沉淪與放失之下，自然是以情傷性。所以「心齋」正是要消除種種生命的負累與病症，並以此為工夫修煉的起始，使心靈能保持一潔淨的狀態，所以在此要「無聽之於耳」使「聽止於耳」；「無聽之以心」使「心止於符」，經過這樣「離形去知」的工夫。雖然外表看起來，也許是「形如槁木，心如死灰」、「荅焉似喪其耦」〈齊物論〉，或者如〈達生〉所云：「齋七日，而吾忘有四枝形體也。」但其實都是要如老子所言「致虛」與「無欲」，以保其「神全」，而能夠如〈達生〉之鬥雞：「望之似木雞，其德全矣，眾雞望之卻步。」這些清除生命病累的工夫，都是莊子心齋工夫的初階，其最終不外都是期能臻至「行小變而不失其大常也，喜怒哀樂不入於胸次」〈田子方〉的境界，這也是安命之「以理化情」的工夫修養。

再者，「心齋」之進一步能「虛而待物」、「唯道集虛」，也就是說在心能處於清靈的潔淨狀態下，人便不受耳目感官之所紛擾；就能「聽之以氣」，此時人不僅是心具有容受性，整個生命也是具有容受性與順應性，這樣的容受能力，也就是順應道的大化流行，進而能「虛而待物」。所以說「唯道集虛」，林希逸在〈口義〉中也說：「氣者，順自然，而待物以虛，虛即為道矣。虛者，道之所在，故曰：『唯道集虛』，即此虛字便是心齋。」〔註31〕在此生命之具容受性狀態下，也就使得生命之具有諸般可能。因此，在「虛而待物」的情況下，也就能「感而後動，迫而後動」〈刻意〉，然而這所感與所迫的無非都是道的大化流行所使然。所以在主客對立消泯之後，就能「明則虛，虛則無為而無不為也」〈庚桑楚〉，這就是「無為無不為」的意涵。再者，〈達生〉也云：

> 吾無道。吾始乎故，長乎性，成乎命。與齊俱入，與汨偕出，從水
> 之道而不為私焉。此吾所以蹈也。……長於水而安於水，性也；吾
> 不知所以然而然，命也。

這裡「從水之道而不為私焉」就是「捨己」、「虛己」以從水，這就是虛己從水才能游於水，才能「與齊俱入，與汨偕出」而活於水、不為水所傷。這是一則很美的寓言，「水」在此可說是莊子借來隱喻作「道」的。是故擴而言之，人也唯有「捨己」、「虛己」（狹小的自我）才能從於道（無我）之大流，進而

〔註31〕林希逸，《莊子口義》，台北：弘道文化，1971，頁63。

游於道，與道同體；游於道的大化流行，是故就能與道無二無別。在此，成玄英也疏曰：「隨順於水，委質從流，不使私情輒懷違拒。從水尚爾，何況唯道是從乎！」〔註32〕由此來看待莊子的安命思想，即可明瞭安於命即是安於道的大化之流，「委質從流，不使私情輒懷違拒。」此處的私情就是人生命的種種主觀情識，這唯有透過一「虛己」的修養工夫；才能「委質從流」，這也是安命之所以安於道，游於道的境界顯現。

二、坐忘

在〈大宗師〉章中提到「坐忘」之功夫，若「心齋」乃使心虛靈純淨之功夫，而「坐忘」則是忘我無己之境界修養，也是莊子安命哲學之「安——忘——遊」體道逍遙功夫之揭顯，其云：

> 顏回曰：「回益矣。」仲尼曰：「何謂也？」曰：「回忘仁義矣。」曰：「可矣，猶未也。」它日，復見，曰：「回益矣。」曰：「何謂也？」曰：「回忘禮樂矣。」曰：「可矣，猶未也。」它日，復見，曰：「回益矣。」曰：「何謂也？」曰：「回坐忘矣」仲尼蹴然曰：「何謂坐忘？」顏回曰：「墮肢體，黜聰明，離形去知，同於大通，此謂坐忘。」仲尼曰：「同則無所好也，化則無常也。而果其賢乎！丘也請從而後也。」

在此，前文所說的心齋乃是重其在人主觀之病的去除，而坐忘則是更進一步的體道工夫與境界；透過心齋，坐忘的境界可以達成，兩者同是莊子所開示的體道工夫。而唯「墮肢體，黜聰明，離形去知」即忘形與泯知見之後，才能「同於大通」物我兩忘、內外一如，進而「坐忘」。於此，「忘」乃是在減損的工夫，是「心齋」取捨之情盡後所呈顯的一種無所好的生命情境，「化則無常」此化則無我無己、無人無我而物無非己也。

本文於前述談到莊子安命思想的來龍去脈時，曾說明「安」與「忘」的關聯，可知莊子的安命思想絕非單一的義理概念，安命逍遙的境界與精神，其實也與莊子書中所標舉的體道工夫不可二分。復次，〈齊物論〉所云的「吾喪我」即是「坐忘」的結果，也就是〈逍遙遊〉所云：「至人無己」的「無己」的工夫實踐進程。〈天地〉篇也說：「有治在人，忘乎物，忘乎天；其名為忘己，忘己之人，是謂入於天」郭象注云：「人之所不能忘者，己也；己猶忘之，又奚識哉？斯乃不識不知，而冥於自然。」成玄英疏曰：「凡天下

〔註32〕郭慶藩輯，《莊子集釋》，台北：華正，1994，頁657。

難忘者，己也，而己尚能忘，則天下何足存哉！是知物我兼忘者，故冥會自然之道也。」〔註33〕可見坐忘不僅是莊子體道的實踐工夫，也是一個體道的境界進程。〔註34〕

　　再者，臨濟禪師也曾運用莊子的「坐忘」與其「打」、「喝」並用，創造所謂的「奪」的「四料簡」，〈指月錄卷十四〉：「有時奪人不奪境，有時奪境不奪人，有時人境兩俱奪，有時人境俱不奪」，這裡的「四料簡」，〔註35〕顯然與莊子坐忘的工夫相類，都是由忘我、忘物、物我兩忘、物我俱化，而臻至真人之妙境的思想理路。〔註36〕所以莊子的「坐忘」，也就是經由忘我、忘物，進而物我兩忘，真正達到生命的自由，故能如郭象〈大宗師〉注所云：「坐忘而自得矣」，亦即如〈達生〉所云：

　　　　忘足，履之適也；忘要，帶之適也；知忘是非，心之適也；不內變，

　　　　不外從，事會之適也。始乎適而未嘗不適者，忘適之適也。

在此，就莊子安命思想而言，安命之最終理境即是超命與忘命。此時人與道相合相適，猶如「履之適」、「帶之適」、「心之適」更無所分別，進而能「忘適之適也」；申言之，能「忘適之適也」，則何處不能安哉！

三、朝徹、見獨與攖寧

　　〈大宗師〉云：

〔註33〕 郭慶藩輯，《莊子集釋》，台北：華正，1994，頁429。

〔註34〕 葉海煙說：「心齋旨在超越官能及心意識，以化消任何心理之符應，而達到純粹之知；坐忘則旨在超越任何行動意念及道德概念，以去除任何知識之執著，而達到純粹之行。知行皆至純粹的境界，兩者便可合而為一，而融注成生命之真精神。」參見葉海煙，《莊子的生命哲學》，台北：東大，1993，頁222。可見心齋與坐忘都是莊子之體道工夫，只是在比較上坐忘多了層境界義在。

〔註35〕 所謂四料簡《臨濟慧照禪師語錄》說：「料者，材料之謂也，譬如材料作舍，有大小曲直之不同。揀（簡）者，擇取之謂也，譬如作舍材料，揀取何者謂棟樑……」此四者：即四種簡別法。又作四料揀。為臨濟義玄所施設。即能夠應機應時，與奪隨宜，殺活自在地教導學人之四種規則。（一）奪人不奪境，即奪主觀而僅存客觀，於萬法之外不承認自己，以破除對人、我見之執著。（二）奪境不奪人，即奪客觀而僅存主觀，以世界映現在一己心中，破除以法為實有之觀點。（三）人境俱奪，即否定主、客觀之見，兼破我執與法執。（四）人境俱不奪，即肯定主、客觀各各之存在。此乃義玄禪師於小參之際，應普化、克符之問法，對機而設施之軌範。至後世，與洞山良价之「五位說」普遍流行於禪林。〔五燈會元卷十一、人天眼目卷一、大慧禪師普說卷十六、鎮州臨濟慧照禪師語錄〕參見《佛光大辭典》，頁1748。

〔註36〕 吳怡，《老莊與禪》，台北：三民，1992，頁102～103。

　　參三日而後能外天下；已外天下矣，吾又守之，七日而後能外物；
　　已而外物矣，吾又守之，九日而後能外生；已外生矣，而後能朝徹，
　　朝徹而後能見獨，見獨而後無古今，無古今而後入於不死不生。殺
　　生者不死，生生者不生，其爲物，無不將也，無不迎也，無不毀也，
　　無不成也。其名爲攖寧，攖寧也者，攖而後成者也。

在此，所謂「外天下」、「外物」、「外生」的「外」其實就是忘的工夫，有此
「外」的工夫之後而能「朝徹」，所謂的「朝徹」，郭象注云：「豁然無滯，見機
而作，斯朝徹也。」成玄英疏云：「朝，日也。徹，明也。死生一觀，物我兼
忘，惠昭豁然，如朝陽初啓，故謂之朝徹也。」〔註 37〕於此，可見「朝徹」
乃是物我兩忘的豁然虛明透徹無滯的心境；這樣的空虛豁然的心境也如〈人
間世〉所云：「唯道集虛，虛者心齋也。」如此進一步才能「見獨」，「見獨」
郭象云：「當所遇而安之，忘其先後之所接，斯見獨者也。」成玄英疏云：「夫
至道凝然，妙絕言象，非無非有，不古不今，獨往獨來，絕待絕對。睹斯勝
境，謂之見獨。故《老經》云：『寂寞而不改。』」〔註 38〕「見獨」即物我兩
忘之境更昇進一層，進而能物我俱化俱現；而能「獨與天地精神往來」〈天下〉，
再者，更至於「無古今」、「不生不死」的境界。而在「外天下」、「外物」、「外
生」，乃至於「朝徹」、「見獨」、「無古今」、「入於不死不生」，其最究竟與終
極理境，則可說是「攖寧」安寧靜篤的境界，這也是體道、安於道的境界。

　　無論是「心齋」、「坐忘」，或者是「朝徹」、「見獨」，無非皆是莊子所提
示的功夫進路，就安命即安於道的理境而言，安命的無擇順受與莊子體道逍
遙的境界實是緊密相繫的，都是莊子超拔生命負累的靈慧妙義，與復性歸眞
的生命理路。

〔註37〕郭慶藩輯，《莊子集釋》，台北：華正，1994，頁 254。
〔註38〕郭慶藩輯，《莊子集釋》，頁 254。

第五章　莊子安命哲學之應世智慧

　　第四章論述莊子哲學之工夫特色，及其與安命思想間的連繫，吾人得知所謂「心齋」與「坐忘」等工夫，乃是不同於後世道教所倡言者；雖兩者間有其形式上的相似，但從體道的實踐旨趣上言，是很容易加以辨明的。基於莊子安命哲學，乃是立足於真實的人間生活，本章要接續說明莊子的安命哲學，如何在其應物處世上展露其靈智妙慧，以及在面對生死大關時，顯現其勇氣與領悟，亦即出世入世自在與生死無礙的體悟。

第一節　體道逍遙的處世智慧〔註1〕

　　從莊子哲學的縱面向言，安命思想可說是生命反省的基本參照點，它縱貫的向體道的逍遙之境回復，透顯出一套生命治療學的工夫療程；然而從橫面向言，隨著生命的回復與圓成，生命的意義獲得提昇，生命的廣度也隨之擴展朗現。因此，經由莊子體道的工夫超越，其應世無礙與生死自在的體道智慧也就全幅開顯。

　　莊子體道之精神超越的情境，一如〈逍遙遊〉的大鵬鳥一般振翅逍遙而遊；這是一種精神的轉化（鯤魚化為鵬），也是體道的精神姿態。〔註2〕然而，

<hr />

〔註1〕　本節部分內容摘錄筆者拙著：〈《莊子》虛己之處世智慧探究〉，《人文研究期刊》第 4 期，2008 年 6 月，頁 35～54。

〔註2〕　王邦雄認為：「大鵬飛往南冥，追尋天池的理想境，是否歸向消極避世呢？依吾人了解，天池非世外桃源。宇宙自然之氣，本就瀰漫流布在吾人的周遭，只要人改變自己，從形軀官能的限制與心知情識的困結中脫拔出來得一精神的大解放大自由，心胸開闊了，視野也就擴大了，當下北冥就是南冥，紛擾狹隘的人間世，頓成『無何有之鄉，廣莫之野』的美麗新世界。所以若問天池何在，就在人間世。其中轉關當在人的生命主體，能否由小而大的成長，

這樣如詩般的傳奇寓言，在真實的人間是不可能出現的，人存活於世免不了要挫折與沮喪，莊子身處戰國大亂世，面對生命的種種無可奈何自然有所反省，雖然我們在莊子書中不也免常看到，其對世俗生活的冷漠與遁世的意味，諸如〈庚桑楚〉云：

> 夫至人者，相與交食乎地而交樂乎天，不以人物利害相攖，不相與為怪，不相與為謀，不相與為事，翛然而往，侗然而來。是謂衛生之經已。

〈則陽〉也云：

> 自埋於民，自藏於畔。其聲銷，其志無窮，其口雖言，其心未嘗言，方且與世違而心不屑與之俱。是陸沉者也，是其市南宜僚邪？

上述所言雖反應了其精神上的自傲，但無異也透露出士人在亂世中的艱巨處境與無奈，於此〈人間世〉有云：

> 鳳兮鳳兮，何如德之衰也！來世不可待，往世不可追也。天下有道，聖人成焉；天下無道，聖人生焉。方今之時，僅免刑焉。福輕乎羽，莫之知載；禍重乎地，莫之知避。已乎已乎。臨人以德！殆乎殆乎，畫地而趨！迷陽迷陽，無傷吾行！吾行卻曲，無傷吾足。

凡此皆見莊子對人間世的感傷；正是立足於人存活于世就不免遭受傷痛的存在實情之領會。而從傷痛中徹悟覺醒，來思考生命、反省人生，提示一游刃自如的人間逍遙之道。〈人間世〉有云：「絕跡易，無行地難」莊子的處世的真精神其實是以出世的態度來應世，所以說「無行地難」。這種圓滿的處世精神就是體道之人安時處順的應世工夫，也是其出世入世自在的大智慧。

壹、與世無忤、不譴是非

　　凡人間世的現實無奈有諸般，雖非己所願更難以或免，「子之愛親，命也，不可解於心；臣之事君，義也，無適而非君也，無所逃於天地之間」〈人間世〉這一段話，〔註3〕乃是莊子藉孔子之口，指出人倫世情的兩種「不得已」的情

　　　　由大而化的飛越。若人的心胸打開了，精神昇揚了，平面的人間世就顯豁而
　　　　成海闊天空廣大無垠之立體的價值世界。」參見王邦雄，《中國哲學論集》，
　　　　台北：學生，1990，頁65～66。而憨山解逍遙義亦云：「逍遙者，廣大自在之
　　　　意。」又云：「蓋指虛無自然為大道之鄉，為逍遙之境。」參見憨山，《莊子
　　　　內篇注》，台北：廣文，1991，頁2。
〔註3〕陳冠學認為這一段話是儒道合流以後的產品。參見陳冠學，《莊子新注》，台
　　　　北：東大，1989，頁217～218。頗能作為理解此段話的參考，此處的「命」、

境，人間世本來就有其不可逃、不可避的範限，因此，在面對這樣的「命也」、「義也」的人間範限，莊子認爲與其刻意的規避以逞其私，不如全然的寬心順受，從精神上作態度的轉換與超昇，所以〈德充符〉說：「知不可奈何而安之若命，唯有德者能之。」從這個角度上言莊子的處世智慧，不採取一種與世抗爭的模式，而是守柔順應全人全己的修爲。如〈外物〉云：「唯至人乃能游于世而不僻，順人而不失己。」〈列禦寇〉更說：「達有三必……緣循、偃仰、困畏不若人，三者具，通達。智慧外通，勇動多怨，仁義多責。」所謂的「緣循」、「偃仰」、「智慧外通」三者就是說明一種不與世抗的工夫修養。這種種生存的智慧在〈人間世〉一則蘧伯玉對顏闔的勸戒故事中有生動的敘述：

> 顏闔將傅衛靈公大子，而問於蘧伯玉曰：「有人於此，其德天殺。與之無爲方，則危吾國；與之爲有方，則危吾身。其知適足以知人之過，而不知其所以過。若然者，吾奈之何？」
> 蘧伯玉曰：「善哉問乎！戒之慎之，正女身也哉！形莫若就，心莫若和。雖然，之二者有患。就不欲入，和不欲出。形就而入，且爲顚爲滅，爲崩爲蹶。心和而出，且爲聲爲名，爲妖爲孽。彼且爲嬰兒，亦與之爲嬰兒；彼且爲無町畦，亦與之爲無町畦；彼且爲無崖，亦與之爲無崖。達之，入於無疵。」
> 「汝不知夫螳蜋乎？怒其臂以當車轍，不知其不勝任也，是其才之美者也。戒之，慎之！積伐而美者以犯之，幾矣。汝不知夫養虎者乎？不敢以生物與之，爲其殺之之怒也；不敢以全物與之，爲其決之之怒也。時其肌飽，達其怒心。虎之與人異類而媚養己者，順也；故其殺者，逆也。」

蘧伯玉告戒顏闔在面對如虎般暴戾的太子，必須「形莫若就」、「心莫若和」，郭象注云：「形不乖迕，和而不同」成玄英疏云：「身形從就，不乖君臣之體。心智和順，跡混而事濟之也。」〔註4〕但即使做到這樣，仍不免於患；莊子認爲進一步要「彼且爲嬰兒，亦與之爲嬰兒，彼且爲無町畦，亦與之爲無町畦，彼且爲無崖，亦與之爲無崖。」郭象於此注云：「不立小圭角以逆其鱗

「義」與莊子命概念之眞義有所出入；但對於理解莊子的處世智慧亦可作爲其參照。

〔註4〕郭慶藩輯，《莊子集釋》，台北：華正，1994，頁165。

也。」成玄英疏云:「夫處世接物,其道實難。不可遂與和同,亦無容頓生乖忤。或同嬰兒之愚鄙,且復無知;或類田野之無畦,略無界畔;縱奢侈之貪求,任凶猛之殺戮。然後道之以德,齊之以禮。達斯趣者,方會無累之道也。」〔註5〕如此,才能取得其好感而不爲其所拒,能在無意中予以潛移默化,順此也能夠明哲保身。這樣的處世態度,乃就能與世無忤,遊於人間世之種種險惡境地而不爲所傷,〈山木〉亦云:「人能虛己以游世,其孰能害之!」這「虛己」的工夫,正是前文所論述的一種高度的精神修養。這也是得道的一種精神展現。再者,〈養生主〉也云:

> 臣之所好者道也,進乎技矣。使臣之解牛之時,所見無非全牛者。三年之後,未嘗見全牛也。方今之時,臣以神遇而不以目視,官知止而神欲行。依乎天理,批大郤,導大窾,因其故然;技經肯綮之未嘗,而況大軱乎!良庖歲更刀,割也;族庖月更刀,折也。今臣之刀十九年矣,所解數千牛矣,而刀刃若新發於硎。彼節者有閒,而刀刃無厚。以無厚入有閒,恢恢乎其於游刃有餘地矣,是以十九年而刀刃若新發於硎。雖然,每至於族,吾見其難爲,怵然爲戒,視爲止,行爲遲,動刀甚微。謋然已解,如土委地。提刀而立,爲之四顧,爲之躊躇滿志,善刀而藏。

這則關於庖丁近乎神技的解牛寓言,吾人不妨將之解讀爲一體道之人的處世智慧,張默生認爲:

> 莊子是借牛的全身,喻作社會環境;解牛之刀,喻作吾人之身。刀的運用,處處批隙導窾,因其固然,所以毫不傷折;則吾人處世,自當「緣督爲經」,與世無忤,始可盡其養生之道。〔註6〕

這種處世的智慧,以及「以無厚入有閒」的神技,自然是經過工夫修煉的體道表現。如此,也才能「不譴是非與世俗處」〈天下篇〉,「其爲物也,無不將也,無不迎也」〈大宗師〉,「與其譽堯非桀,不如兩忘而化其道」〈大宗師〉。能順世而處,就能跳脫尋常世俗之是非偏見,而從於道之大化流行。

貳、戒驕不爭、隨世而化

　　莊子與老子一樣認爲人類最大的敵人即在自己。《老子》二十四章云:「自見者不明,自是者不彰,自伐者無功。自矜者不長」〈人間世〉有云:「汝不

〔註5〕 郭慶藩輯,《莊子集釋》,頁165。
〔註6〕 張默生,《莊子新釋》,台北:明文,1994,頁182~183。

知夫螳螂乎？怒其臂以當車轍，不知其不勝任也，是其才之美者也。戒之，慎之！積伐而美者以犯之，幾矣。」〈徐無鬼〉云：「之狙也，伐其巧恃其便以敖予，以至此殛也，戒之哉！嗟乎，無以汝色驕人哉！」都在說明螳螂與猴子由於恃才傲物、自逞其能，而災及其身。相對於此，〈庚桑楚〉有云：

> 老聃之役有庚桑楚者，偏得老聃之道，以北居畏壘之山，其臣之畫然知者去之，其妾之挈然仁者遠之；其擁腫之與居，鞅掌之爲使。居三年，畏壘大壤。畏壘之民相與言曰：「庚桑子之始來，吾洒然異之。今吾日計之而不足，歲計之而有餘。庶幾其聖人乎！子胡不相與尸而祝之，社而稷之乎？」庚桑子聞之，南面而不釋然。弟子異之，庚桑子曰：「弟子何異於予？夫春氣發而百草生，正得秋而萬寶成。夫春與秋，豈得而然哉？天道已行矣。吾聞至人，尸居環堵之室，而百姓猖狂不知所如往。今以畏壘之細民而竊竊焉欲俎豆予於賢人之間，我其杓之人邪！吾是以不釋於老聃之言。」

如庚桑子這般得道之人，尚且如此戒慎小心；更何況凡人則往往求展其能而有所不得，豈非癡愚過甚。成玄英於此疏云：「老君云：功成而弗居，長而不宰。楚既稟師訓，畏壘反此，故不釋然。」〔註7〕這種不自矜其能，不伐其功的修養，是莊子書中所一貫稱許的應世態度。〈山木〉云：「自伐者無功，功成者墜，名成者虧」，〈秋水〉云：「道人不聞，至德不得，大人無己」，〈山木〉篇又云：「陽子曰：『弟子記之，行賢而去自賢之心，安往而不愛哉？』」，〈德充符〉云：「德蕩乎名。知出乎爭。名也者，相軋也。知也者。爭之器也。」這些都在說明人應戒驕去矜，才能面對這險惡的人間世。

　　再者，由於不自矜其能，就能逃離世俗功利的網罟之下而全其身。〈山木〉篇云：

> 莊子行於山中，見大木枝葉盛茂，伐木者止其旁而不取也。問其故，曰：「無所可用」。莊子曰：「此木以不材得終其天年」。夫子出於山，舍於故人之家。故人喜，命豎子殺雁而烹之。豎子請曰：「其一能鳴，其一不能鳴，請奚殺？」主人曰：「殺不能鳴者」。明日，弟子問於莊子曰：「昨日山中之木，以不材得其終其天年；今主人之雁，以不材死；將何處？」莊子笑曰：「周將處乎材與不材之間，似之而非也，故未免乎累。若夫乘道德而浮游則不然，無譽無訾，一龍一蛇，與

〔註7〕郭慶藩輯，《莊子集釋》，台北：華正，1994，頁772。

> 時俱化，而無肯專爲；一上一下，以和爲量，浮游乎萬物之祖，物
> 物而不物於物，則胡可得而累邪！此神農、黃帝之法則也。」

所以，即使是「材與不材之間」，猶是未免乎累。成玄英〈疏〉曰：

> 言有材有爲也，不材無爲也。之間，中道也。雖復離彼二偏，處茲
> 中一，既未遣中，亦猶不能理於人，雁不能同於雁，故似道而非眞
> 道，猶有斯患累也。〔註8〕

有爲與不爲其實只是落在世俗的形器分別上言。因此，若欲得眞逍遙而不爲
世所累所傷，即是要超脫乎材與不材的世俗對應觀念之上。亦即就連「材與
不材之間」的中道也要忘懷，要能夠應化無窮，如此，才能「乘道德而浮遊」、
「物物而不物於物」；成玄英〈疏〉云：「夫乘玄道至德而浮遊於世者，則不
如此也。既遣二偏，又忘一中，則能虛通而浮遊於代爾。」〔註9〕這樣的生命
情境就是無所滯、無所累的，有充分的可能與自由；所以能夠「與時俱化」，
而復歸於「道德之鄉」。

參、虛己待物、兼容無私

〈逍遙遊〉之「至人無己，神人無功，聖人無名」乃是與道同體的境界。
在這境界下自然能夠應物無窮、與時俱化。〈山木〉也云：

> 方舟而濟於河，有虛船來觸舟，雖有惼心之人不怒，有一人在其上，
> 則呼張歙之，一呼而不聞，再呼而不聞，於是三呼邪，則必以惡聲
> 隨之！向也不怒而今也怒，向也虛而今也實，人能虛己以遊世，其
> 孰能害之。

人之有自我（指執著的侷限的我）存在，直如舟之有人；此時人是不能虛的，
而由於人之不能虛，便與世多有所忤；人之能「虛己」正如虛舟般，是故「雖
有惼心之人不怒」。然而，常人在現實生活中，往往是帶著許多生命的負累在
其舟上，是故免不了要在這生命的長河上與人碰撞，而互相傷害、傷痕累累；
若人能虛其舟，自能徜徉於生命的長河上，而與世無爭。這虛舟的工夫正是
「喪己」、「無己」的修養，這也是經由「坐忘」的實踐工夫而來的。這樣「虛
己」的境界也是體道的境界，自是無私無己的、能應物容物的，誠如〈田子
方〉所云：「其爲人也眞，人貌而天虛，緣而葆眞，清而容物。」〈天地〉云：
「德人者，居無思，行無慮，不藏是非美惡。四海之內共利之之謂悅，共給

〔註 8〕 郭慶藩輯，《莊子集釋》，頁 668。
〔註 9〕 郭慶藩輯，《莊子集釋》，頁 668。

之之謂安。」〈徐無鬼〉復云：「無所甚親，抱德和以順天下，此謂真人。」這些都是能虛己、無己的體道之人，所呈顯的兼容無私的精神境界。

第二節　死生一如的終極徹悟〔註10〕

安命哲學所探究的生命問題，其最終精神乃在求一體道之精神超脫。是故面對人之有限存在，死亡這一問題是無法規避的。莊子亦可說是在中國古代哲學家中，對生死問題予以最多探討與反省的，他對生死本質的探問是深刻與全面的，〈天下〉云：

　　死與生與？天地並與？神明往與？芒乎何之？忽乎何適？

這樣的探問方式，與對死生問題的追問，在莊子書中可說是俯拾皆是：「生之來不能卻，其去不能止」〈達生〉，「死生，命也，其有夜旦之常，天也」〈大宗師〉，「死生亦大矣，而不得與之變」〈德充符〉。

因此，在先秦時代，從正面考慮這個問題並尋求解決的是莊子。《老子》也曾談過生死，有一些關于養生的言論。但大多零散、片面，不及《莊子》的具體與詳細。佛教的傳入強烈地刺激著中國人思索這一問題，但從考察中國人固有思想的角度來說，《莊子》是最重要的。〔註11〕在此，面對人存有的最終極可能—死亡，莊子是給予高度的關懷與領會的。這在安命哲學的探究上言，無疑也是不可規避的問題。就此言安命其真義，即是經由體道的工夫實踐，來臻至安於命與安於道無二無別，也就是安於生死之變無喜無懼的無執理境。

壹、生死的反思

一、有生必有死

莊子反省生命存在本具之生死問題，首先即說明了「有生必有死」的客觀事實，並揭示「勞我以生」之實存感受，此感受深具對生命存在問題的真實體驗與洞悟，也契近佛家「苦諦」所揭顯之內涵。〈大宗師〉云：

　　夫大塊載我以形，勞我以生，佚我以老，息我以死。故善吾生者，

〔註10〕　本節部分內容摘錄筆者拙著：吳建明，〈莊子「命」論之生死觀解析〉，《揭諦》第12期，2007年3月，頁1～50。

〔註11〕　〔日本〕金古治，〈《莊子》的生死觀〉，《道家文化研究》第5輯，陳鼓應主編，1994，頁70。

乃所以善吾死也。

有生必有死是自然而然的，是人爲不可改變與不可逃避的事實。莊子深刻反省人生的意義和價值，看到了紅塵芸芸眾生之生命可悲的實情，〈齊物論〉云：

一受其成形，不亡以待盡，與物相刃相靡，其行盡如馳，而莫之能止，不亦悲乎！終身役役，而不見其成功，苶然疲役，而不知其所歸，可不哀邪！人謂之不死，奚益？其形化，其心與之然，可不謂大哀乎！人之生也，固若是芒乎？其我獨芒，而人亦有不芒者乎？

人一誕生，便踏上了向死亡前進的路途，陷入與社會的種種人間世之矛盾衝突中，無端的逐名追利，弄得身心俱疲，依舊感到生命的不知所歸，這徒然如活死人一般，拖著疲累的形軀，就算活著不死，其意義何在？在此人往往是將心外放，奔馳外物、而逐物不返，生命的精神也就不安與紛然，所謂的「誅生傷性」即此。

在此，吾人對照海德格的實存分析，〔註12〕了解每一單獨實存呱呱墮地的那一時刻開始，即已經是「向死」的存在。海德格認爲：

構成此有的「非整體性」的東西即不斷先行於自身……它是一種此有作爲它所是的存有者向來就不得不是的尚未。〔註13〕

這與莊子在〈齊物論〉中所揭示的：「一受其成形，不亡以待盡，……而莫之能止。」有義理上的相契合，也就是說這種不斷先行於自身；作爲其最大可能性的，總是先行和不可逆的。在此，於這不可逆的意義下，我們生命存在的每一時刻，同時就是朝向死亡，甚至隨時可能死亡。祇是日常世人面對死

〔註12〕海德格（Martin Heidegger，1889～1976）海德格繼承了胡塞爾（Husserl）現象學的方法，而發展出別異於胡氏的存有學理論，胡塞爾認爲現象（眞相）爲意識的純化，而海德格認爲現象（眞相）爲此有的現象學（主客合一）。海德格批評傳統形上學混淆了存有者（seiendes）與存有（Sein），而傳統形上學只追問存有者而遺忘了存有，是一種無根的存有學；根據這個批判性的看法，海德格認爲整個西方形上學史乃不外是哲學的「主觀性」日益突出強化的發展過程。這在近代哲學形成了主體性原則，即把思維的主體當作存有者的根據，笛卡爾的「我思故我在」爲其開端，而尼采的「權力意志」論便是形上學的「主觀性」在近代歐洲日益強化的最佳說明。因此，海德格提出他的基本存有論來重新說明形上學的立場與關懷所在。

〔註13〕Martin Heidegger，"Being And Time"，2nded，Trans Joan Stambaugh，U.S.A.：State University of New York Press，1996，p227〔244〕。拙文於此要指出在翻譯上筆者概將 Being 譯爲「存有」，將 Da-sein 譯爲「此有」，將 existence 譯爲「存在」。

亡，採取非本然性的實存態度，慢慢等待到時再說，平時儘量避談死亡，誤認死亡爲一種威脅，而非實存挑戰。〔註14〕海德格更說：「剛一降生，人就立刻老得足以去死。」〔註15〕因此，死亡這種作爲人存活於世的最大可能性，不是在我的生命之外，而含藏是在我們的整個生命之內，並且它不是在我生命的歷程中之後的某一個特定終點，而其實情就是：死亡就在人生旅途的路程上。人存在本身就是朝向死亡的過程，也就是說人隨時隨地都可能死去。所以，死是確實可知的，但對常人而言又是不確定的。

　　海德格這裡所說的死亡，當然不僅指的是人生物意義上與肉體上的死亡。而是所謂的人生的「終結」。海德格以爲死亡並不等同于完成某一件事情，或是一個事物毀壞了，只是一種單純的「結束」、「完成」、或「不存在」的意義。死亡可說是人的整個存有方式，只要人存在著，就要承擔著死亡的存有。所以死亡眞象就是：它乃是貫穿于人存有之呼吸的每一瞬間。人的存有也就是「向死而在的」，**概**括起來就是如海德格所言：

> 於是，死亡作爲此有的終了，是此有最本己的、最無所關涉的、確
> 知的，而其作爲本身則又是不確定的、不可逃脫的可能性。死亡作
> 爲此有的終了，在這一存有者朝向著他的終了的存有中。〔註16〕

於此，吾人對照海德格對死亡的分析，也就更能體會莊子哲學對死亡的反省與理解。

二、「死生，命也」的領會

　　再者，死亡也是人存有的最原本的可能性，因爲它是不能被取代與不可逆的。海德格說：「死亡是完完全全的此有之不可能的可能性。於是死亡綻露爲最本己的、無所關聯的、超不過的可能性。」〔註17〕死亡是人存在最大也是最終極的可能性，死亡是人存在情境最超越不過與最不可逃的。這也是莊子所言的：「死生，命也，其有夜旦之常，天也……。」〈大宗師〉的意義。在此死亡展現爲最不可超越的，因爲它意味著人存在的最後可能性；另外，死亡又是肯定無疑的，然而，事實上它的降臨又是不確定的。因爲人總是對生命採取一種非本然的態度。因此，吾人即知〈大宗師〉所云：「死生，命也」

〔註14〕傅偉勳，《學問的生命與生命的學問》，台北：正中，1994，頁96。
〔註15〕Martin Heidegger，"Being And Time"，p228〔245〕。
〔註16〕Martin Heidegger，"Being And Time"，p239〔258〕。
〔註17〕Martin Heidegger，"Being And Time"，p232〔251〕。

也是立足於視死亡為一可能性而言，但是這個可能性卻又是不可逃的，所以說「命也」；顯而可知，這裡的「命」就不是命定論上的意義，而是對生死的一種認知。反過來說，常人對生命總採取一種非本然的認知態度，是以面對死亡這種「命」，也就往往是悲觀、消極與負面的。

再者，海德格認為，死亡這種可能性是沒有人可以逃脫的。但是，對于這一點，大多數人雖然有所認知，但其實並沒有真正認識到所謂的「向死而在」。因為光知道人必有一死是不夠的，必須是「先行到這樣一種存有者的能在中去：這種存有者的存有方式就是先行本身。」〔註18〕也就是：

> 在先行向此有揭露出喪失在常人自己的情況，必並把此有帶到主要不依靠煩忙神而去作為此有自己存有的可能性之前，而這個自己卻就在熱情的、解脫常人的幻想的、實際的、確知它自己而又畏懼著向死亡的自由之中。〔註19〕

因此，莊子〈人間世〉篇章中所云即是表示：人之生死是自然而不可免的事，正如晝夜的變化一樣「其有夜旦之常」，乃是自然而然的，此處的「命也」即是說明一種可能性，而這種可能性正如前述：卻又是不可逆不可逃的。所以，人不應拘限于形軀的自我，當歸于道的大化之流，從自然萬化中求得生命的安頓。所以〈人間世〉云：

> 死生，命也，其有夜旦之常，天也。人之有所與，皆物之情也。彼特以天為父，而身獨愛之，而況其卓乎！人特以有君為愈乎己，而身獨死之，而況其真乎！

〈至樂〉也云：

> 生者，假借也；假之而生生者，塵垢也。死生為晝夜。

〈田子方〉又云：

> 消息滿虛，一晦一明，日改月化，日有所為，而莫見其功。生有所乎萌，死有所乎歸，始終相反乎無端而莫知乎其所窮。……死生終始將為晝夜而莫之能滑。

上徵文獻即說明了人間有很多事情是人力所不能逆轉的，尤其是死亡這一件事，這並不是一種消極的看法，而是指出人之存在天地萬物間的一種存在實情。在此，若能認識到這樣的一個存在實情，也就能夠「知其不可奈何而安

〔註18〕Martin Heidegger，"Being And Time"，p242〔262〕。
〔註19〕Martin Heidegger，"Being And Time"，p245〔266〕。

之若命」〈人間世〉，作為安命之工夫修養，它的積極面也就在於它能面對種種人間世的挫折與橫逆之外，更能對死亡有所領悟而加以面對。也唯有如此，才真能從對死亡的恐懼中解脫。所謂的「已死不可徂（止）」〈則陽〉，就能無所懼而坦坦蕩蕩地死。進而面對死亡而能夠欣然的「鼓盆而歌」、「臨屍而歌」，以無限寬廣的心懷，讚美「變而有生」、「變而有死」的道之轉化原理，從更高的認知層次上，視死亡為人之「懸解」，而終能無懼的迎接死亡「大歸」〈知北遊〉的到來。

貳、死生一如

一、相對觀點的超越

　　莊子的哲學的治療辯證方式，乃是對人類自我中心觀念的取消；在〈逍遙遊〉中之「至人無己，神人無功，聖人無名」很能夠說明這樣的理境，並以此點出與天地精神往來的逍遙。在〈齊物論〉中，劈頭便提示「吾喪我」的境界，「喪我」即去除「成心」（成見），揚棄我執，打破自我中心。莊子認為，如果想從是非圈子（二元對立的世俗世界）徹底解放我們的心性，則非轉化我們的機心（即是非對錯的分別心），而呈現與道為一的無心（無分別心）不可。如用大乘佛學的二諦說明，無心無為乃係高層次的勝義諦事，超越是非對錯的邏輯理性；機心有為則屬低層次的世俗諦，受理性邏輯管制。前者是關涉生死智慧與終極解脫，故必然超越是非對錯的二元對立。〔註20〕這種藉著轉化「機心」的超越，其意也是由此而契入對超形上學突破之「無心」，其主要的（實踐性）目的，則在變成一個無心解脫，自然無為的生活藝術家。〔註21〕因此，莊子之化解人類之自我中心主義，相對的也透顯出：由于自我執著所生的種種戀生惡死的迷惘與痛苦。

　　從莊子的〈齊物論〉作考察，明白莊子的「齊物」就是齊一萬物、萬物皆一。〈齊物論〉有云：

> 物固有所然，物固有所可。無物不然，無物不同。故為是舉莛與楹，厲與西施恢詭譎怪，道通為一。其分也，成也；其成也，毀也。凡物無成與毀，復通為一。

從「道」的理論來看，事物的性質上的有然與不然，可與不可，正像小草棍

〔註20〕傅偉勳，《從西方哲學到禪佛教》，台北：東大，1991，頁337。
〔註21〕傅偉勳，《從西方哲學到禪佛教》，頁414。

與大屋柱，生癩病的人和美女西施以及所有荒誕奇異的東西一樣，都通而爲一，絕無異樣。即使是從事物發展變化的「成」與「毀」上看，成必定轉化爲毀，毀將意味著新的成，所以成毀也「復而爲一」。〔註22〕

在此，莊子曾以相互關聯的中性代詞「是」、「彼」作了同樣表述，〈齊物論〉云：

> 物無非彼，物無非是。自彼則不見，自是則知之。故曰：「彼出於是，
> 是亦因彼。彼是方生之說也。雖然，方生方死、方死方生……」

莊子認爲既然「是」和「彼」的對立是從它的對立面萌生，就可能—通過了解它們如何發生—看到它們的消滅，他還引入了對立面的相互依賴。這在《莊子》中最突出的強調是—生和死。〔註23〕

所以〈齊物論〉在否認是非、可不可之間對立關係的同時，也否認有無、生死之間對立：「彼出于是，是亦因彼，彼是方生之說也。雖然方生方死，方死方生。」正如「彼」與「此」是相互依存，處於相對關係之中那般，生與死之間的關係也是相同的。生命體就這樣死去，死又是一種新生。這是一種超越的思想，是要擺脫由生與死的區別所帶來的束縛。是故，〈齊物論〉篇中認爲：「予惡乎知說生之非惑邪，予惡乎知惡死之非弱喪而不知歸者邪！……」是以人之樂生惡死，豈不如朝三暮四之猴子般無知。這是從相對的觀點，來超克常人對生死的主觀情識之執。

二、「死生爲一條」的體悟

莊子對生死的態度的究竟體悟，簡而言之，就是「生死一如」意義的揭顯，生死一如以相對觀點超越了俗情之樂生惡死之迷思，但也進一步透顯莊子生死智慧之內涵與深度。

> 死生豈有待邪？皆有所一體。（〈知北遊〉）
>
> 萬物一府，死生同狀。（〈天地〉）
>
> 孰知有無死生之一守者，吾與之爲友。（〈庚桑楚〉）
>
> 孰知死生存亡之一體者，吾與之爲友。（〈大宗師〉）
>
> 以死生爲一條，以可不可爲貴。（〈德充符〉）

〔註22〕 張斌峰，〈試論莊子的辯學思想及其影響〉，《道家文化研究》第 8 輯，陳鼓應主編，上海古籍，1994，頁 175。

〔註23〕 〔美國〕格拉姆・帕克斯（Graham Parkes），胡軍、王國良譯，〈漫游：莊子與查拉斯圖拉〉，《道教文化研究》第 1 輯，陳鼓應主編，1994，頁 365～366。

上述篇章無不說明這樣的理趣。莊子以其靈慧玄智，打破死生的嚴格界線，認爲「方生方死，方死方生，……因是因非，因非因是，是以聖人不由，而照之于天。」〈齊物論〉即是說明物之生死變化，相因相成，生死之間實難分出其明顯界線；是以人不應以其好惡之情多所愛憎取捨，而應聽任自然，即「照之於天」安化而處，〈秋水〉有云：

> 道無終始，物有死生，不恃其成。一虛一滿，不位乎其形。年不可舉，時不可止，消息盈虛，終則有始。

又云：

> 物之所生，若驟若馳，無動而不變，無時而不移。何爲乎，何不爲乎，夫固將自化。

天地萬物無一時一刻都在道的大化流轉變化之中，因此生之所始、死之所終；不過是自然而然罷了，無論是生是死皆造化之顯現，而人力不與焉，人的戀生惡死之情實屬多餘，所以〈德充符〉云：「胡不直使彼以死生爲一條，以可不可爲一貫者，解其桎梏，其可乎！」此即表達了一種「死生一如」的人生觀。〈齊物論〉中也提到：「予惡乎知說生之非惑邪！予惡乎知惡死之非弱喪而不知歸者邪！」在此，死亡究竟是應該厭惡之事呢？還是本爲一件快樂的事呢？顯然，如果人無法得知死亡的世界，那麼對死亡的恐懼，究其實就是對生的固執，眞人、至人的修養就是體認此造化之眞實，而不以私心害智，亦不自逞其能，想窺伺天機，所以〈德充符〉曰：「仲尼曰：死生、存亡、窮達、貧富……、是事之變，命之行也。日夜相代乎前，而不能規乎其始者也。故不足以滑和、不可入于靈府。」當然亦如前章之所披露，莊子這種人生態度乃安命如命而非宿命者。陳兵於此也認爲：

> 莊子……是以對「道」的體證超越死亡的理想者、勝利者的達觀，莊子嚮往那種精神「與道爲一」，獲得絕對自由，精神超出生死而不屑考慮肉體死亡的「至人」、「眞人」、「神人」。莊子不僅有成爲至人、眞人、神人的嚮往，而且有「與道爲一」的具體操作技術「坐忘」、「守道」、「心齋」等。「墮肢體，黜聰明，離形去知，同於大通，此謂坐忘」〈大宗師〉忘掉身體的存在，摒棄感覺，便與無所不通的道合一，由此便能超越肉體的凡庸人生，將此身的生死置之於度外（外生）。「已外生矣，而後能朝徹，朝徹而後能見獨，見獨而後能無古今，無古今而後入於不死不生。」〈大宗師〉忘掉肉體生命的存亡，

便能大徹大悟，猶如清晨從長夜迷夢中醒覺（朝徹），見到絕對的道（見獨），從此便超越時間，不死不生，獲得了永恆的生命，超越了肉體的死生。這與佛家由見真實而入涅槃，不生不死，頗有相通。

莊子認識到人的生命「方生方死，方死方生」，以「無己」、「無待」為獲絕對自由之要，與佛家的核心思想無常、無我也大略相近。後來不少中國知識分子，便是從莊學出發，歸於禪宗之頓悟。〔註24〕

可見，莊子對死生的透徹乃是與其體道的歸趨並行不悖，在真人體道的妙境下自然就能戡破死生、而翱翔於生死之變無礙。

參、死生流轉

死生流轉，是莊子由相對觀點去超克凡人對生死的執著後，進一步提出生命乃生死流轉的一種理序，進而從更寬廣的面向揭示了生命之不生不滅與永恆。〈知北遊〉云：

> 舜問乎丞曰：道可得而有乎？曰：汝身非汝有也，汝何得有乎道？
> 舜曰：吾身非吾有也，孰有之哉？曰：是天地之委形也。生非汝有，
> 是天地之委和也。性命非汝有，是天地之委順也。子孫非汝有，是
> 天地之委蛻也。

此處把生命的生死變化歸於天地自然之化，然而這種變化是造化的表現，造化是形而上者，無方無所而不可以智測，不可以官知，是以人生於天地之間，是由於造化的無心以成物，而萬物的生成變化亦是如此，一切都是自然而然的。因此，人生於天地的大化流行間，亦應順其自然，而不起生死之迷執，如〈秋水〉所云：「生而不悅，死而不禍」它才是面對死生所應有的正確態度。這也是安命哲學最透徹的領悟。〈知北遊〉曾言：

> 自本觀之，生者，喑醷物也。雖有壽夭，相去幾何？須臾之說
> 也。……人生天地之間，若白駒之過郤，忽然而已。注然勃然，莫
> 不出焉；油然漻然，莫不入焉。已而化生，又化而死，生物哀之，
> 人類悲之。

又說：

> 故萬物一也，是其所美者為神奇，其所惡者為臭腐。臭腐復化為神
> 奇，神奇復化為臭腐，故曰，通天下一氣耳。

〔註24〕陳兵，《生與死的超越》，台北：圓明，1997，頁297～298。

這裡進一步說明天地間之萬物，根本上是可互融合爲一的。因此，無論是美麗或臭腐其實都是造化使然，而無分軒輊。人的主觀之情會予以愛憎取捨，其實從道的大化之流而言，這些神奇與臭腐，甚至是萬物的形體，皆可方生方死、方可方不可，總之是道通爲一的，若然者，對它們起定執之心豈非大謬哉！在〈至樂〉又說：

> 種有幾，得水則爲䌇，得水土之際則爲蛙蠙之衣，生於陵屯則爲陵舄，陵舄得鬱棲則爲烏足，烏足之根爲蠐螬，其葉爲胡蝶。……久竹生青寧，青寧生程，程生馬，馬生人，人又反入於機。萬物皆出於機，皆入於機。

上述的物種間的替代變化，於今日之科學觀點來看，似乎荒謬無比；然而，莊子於此所指涉的意涵，應就是爲了表明萬物皆出於機而平等，所謂的「機」，誠如成玄英〈疏〉云：「機者發動，所謂造化也。造化者，無物也。人既從無生有，又反入歸無也。豈唯在人，萬物皆爾。」〔註 25〕這也是〈寓言〉所謂的：「萬物皆種也，以不同形相禪，始卒若環莫得其倫，是謂天均。」天均也就是造化。

復次，莊子在〈養生主〉篇云：「指窮於爲薪，火傳也，不知其盡也。」以薪火相傳，薪盡而火不滅，繼續點燃別的柴薪，來譬喻生命現象的更替輪轉，這種現象亦是道的大化流行之死生變化所致。某些個體生命滅亡，而另一個體生命隨之而生，這就是「死生爲徒」之意。然而「死生爲徒」與「火傳也，不知其盡也」，其所指涉的道之大化相續相生之意是相同。是以，在莊子看來，一個生命的結束，也就意味著另一個生命的開始，以及生命的循環不已。這也就是：「生也死之徒，死也生之始。」的眞義。所以從生死不但可以轉化陵替，並且這種轉化又是循環不已的面向上言，它都是人的智慮所「莫得其倫」、「莫知其紀」的。因此，天地萬物也就在道的大化之流中，遷轉變化、死生消息。

若能明白死生乃道造化之自然而不一不二的道理，就可從妄執生死的迷情中覺醒而不爲生死所恐動。有如〈齊物論〉云：「方其夢也，不知其夢也，夢之中又占其夢焉，覺而後知其夢也。且有大夢，而後知此其大夢也。」正唯勘破生死的迷執，而可展現體道的快樂，〈天道篇〉乃言：

> 吾師乎！吾師乎！䪡萬物而不爲戾，澤及萬世而不爲仁，長於上古

〔註 25〕郭慶藩輯，《莊子集釋》，台北：華正，1994，頁 629。

而不為壽，覆載天地刻雕眾形而不為巧，此之謂天樂，故曰，知天
樂者，其生也天行，其死也物化，靜而與陰同德，動而與陽同波。

〈刻意〉也說：

聖人之生也天行，其死也物化，靜而與陰同德，動而與陽同波。

莊子所致力闡明的死生一如，成玄英頗能發揮其趣，成玄英疏〈天道〉「物化」
之義云：「既知天樂非哀樂，既知生死無生死。故其生也同天道之四時，其死
也混萬物之變化也。」〔註26〕於〈刻意〉疏云：「聖人體勞息不二，達去來之
為一，故其生也如天道之運行，其死也類萬物之變化，任鑪冶之陶鑄，無纖
介於胸中也。」〔註27〕凡此皆見其意之所同然。

又或有人懷疑莊子書中不乏厭生樂死的記載，乃有歌頌死亡之傾向。如
〈大宗師〉云：

彼以生為附贅縣疣，……。夫若然者，又惡知死生先後之所在！

〈至樂〉云：「莊子妻死，惠子弔之，莊子則方箕踞鼓盆而歌」，又云：「死，
無君於上，無臣於下，亦無四時之事，從然以天地為春秋，雖南面王樂，不
能過也。」然誠如陳德和所言，莊子是因為世人太過於戀生，所以才用這種
「生不如死」的過當言論來譁眾取寵。至於其真正的本懷乃是破除人對生之
所執，進而使人能體會生死的真義。〔註28〕

莊子之徹悟死生，可作為當代人之生命意義失落的反省，也透顯出生命
實存之困境與盲點。〈齊物論〉云：

一受其成形，不忘以待盡。與物相刃相靡，其行盡如馳，而莫能止
之，不亦悲乎？終身役役不見其成功。苶然疲役，而不知其所歸，
可不哀邪！

莊子於此指出了人之異化的不可避免，〈讓王〉亦云：「今世俗之君子，多危

〔註26〕郭慶藩輯，《莊子集釋》，頁464。
〔註27〕郭慶藩輯，《莊子集釋》，頁540。
〔註28〕陳德和認為：「我想〈至樂〉的作者用意，絕不在擺一個乾枯的死人頭骨向活
　　　　人宣告死亡比生存更快樂：……空髑髏的南面之樂，正是擺脫形軀束縛與心
　　　　知桎梏的無上快樂，那也是恬淡無為、素樸天放之生命本真所展現的無樂之
　　　　樂，用空骷髏去反省生，就好像用無為無執去反省迷戀生死的有為有執一樣。
　　　　顛倒認知的方式的確不是反省批判的好方法，但是如果我們能明白〈至樂〉
　　　　的用意是在破除生死的執戀的話，那麼對文中那些眩人耳目的寓言故事就可
　　　　以多一些思考，以恰如其分地搜索出作者的苦心了。」參見陳德和，《從老莊
　　　　思想詮話莊書外雜篇的生命哲學》，頁136。

身棄生以殉物，豈不悲哉！」吾人可見從「與物相刃相靡」到「殉物」；從「終身役役」、「不知其所歸」到「危身棄生」，都深刻地揭露出人生命異化的本質、及其殘酷性，也就是說正是異化之「待」在催殘人本然的生命，使人性的本質斲喪失眞，於是生命也就失去歸宿。這種生命的斲喪失眞，其實質意涵可說是精神的死亡，其爲害甚至更大於對悅生惡死的執迷；因此，莊子在釐清死生大謎之餘，也指出要避免人生命淪於異化之「待」，便是要以「無待」的精神實踐來提昇，並透過「坐忘」、「心齊」等實際精神修養工夫來治療與回復；這些工夫可說是：一帖讓現代人免于精神死亡及精神分裂的良方。

　　「死生亦大」，生死乃是人最大且最終極的問題，死亡本是不可逆和不可取代，並且是人力所無法改變。是以，莊子認爲要超脫生死之執障，即應以理化情來安之受之，方不致爲死亡所恐動。認清死亡之眞相，了解生死本然一齊，而不變生惡死，方能領會精神自由之可能。緣此，莊子安命體道的最終啓示，就在於體認此生死大限之不可免，從而徹悟此大迷夢般的人間種種虛幻的情識執著，獲得一個精神上的超昇，使人從執我之日常生命沉淪中醒覺，踏上反歸眞性、超凡入聖的生命實踐。於此，莊子所提供的無執生死智慧，正是教人從日常生活中覺知死亡與存在之一體兩面，從日常生活中練習死亡；進而了悟存在與死亡的「本來面貌」。申言之，莊子所闡發的生死智慧，並不須要在人恐懼死亡所生的迷霧中，去構想一個「天國」和「淨土」的美麗圖像，也沒有一個來生的安慰和逃避，它提供的是一種態度的轉化，一種純淨剔透的洞見，此是精神的眞解脫。而安命順化之對死生的無擇承受，亦是啓人本然靈慧之治病妙方，這一復性之途即是轉俗返眞，體道逍遙的妙義，如此即能領略死亡之眞義，知安於命不唯安於事之變，亦是安於道與安於生死大變。

第六章　結　論

　　儒家與道家學問向共爲中國固有的智慧寶藏，而其思想之奧義與精萃，乃是在於其本質上是一種生命的學問之性格。是以，其能歷千年的遞遭而不失其生命力。在此，這也是其吸引歷代學人，爲其所傾心、爲其注入心血的關鍵所在；因爲作爲生命的學問，其實質就是歷久而彌新的，而其新的意義底蘊更是隨著時代的遷轉，不斷地被揭顯展露出來，因而不會煙沒在歷史的飛灰中。其實，一個具有生命性格的學問，它所關懷的是人最原初的渴求與探問，其出發點不外都是基於一種對生命的熱愛，試問誰能回絕這基本的渴求與探問。原此，拙文抉擇莊子作爲論文的探究對象，原因是吾人皆知生命的學問是必須扣緊時代作反省，如此才能顯現其人間性格，也唯有如此其對生命的反省才顯得更加眞切。於此，莊子乃是生當「僅免刑焉」的戰國大亂世；他有過社會底層的生活經驗，能深刻理解尋常老百姓的生活無奈，因爲只有深入生命的底層，才知道常人其實都是在比較艱苦的境遇底下，體會著生老病死而渾渾噩噩終其一生。因此，莊子對生命的反省也就更全然、更富同情。

　　當然，向來治莊思想奧義入徑有多途；從義理上而言，它不屬于任何西方哲學範疇所能盡以說明與表達，雖然西方哲學的某些詮釋進路可以幫助吾人理解莊子，但此舉也有喧賓奪主、過度詮釋之患；是以，吾人仍是應立足於中國文化的根基上來尋求理解，旁取西方哲學思辨之長而爲之發明新義；除此之外，吾人也應注意想要以單一向度的解釋來全盡莊子義理，也是不可取的作法，這樣的方式只能作爲一種研究的切入點，以之幫助吾人來理解莊子，但其絕非莊子哲學之全豹。復次，就文本上而言，當然吾人所見的版本

乃是經過郭象所刪定的；然而更重要的是：吾人在研讀莊子時顯然可見其中之些許差異；是故，吾人不禁會質疑其書的一致性與真實性。這在研究莊子時不免引人混亂；除了少數篇章如〈說劍〉等，吾人在研究時可以輕易將之捨棄，但對於像內外雜篇間的差異又是如何取捨呢？雖然文本作者原意難以徵定（然而並不是表示任何一種詮釋可淪為獨斷的憶測與主觀的想像，最重要的還是其是否能發掘其最根本主要的義蘊）於此，拙文逕以內篇義理作為研究基石，更試圖引伸外雜篇視其為內篇義理的闡發，以此來獲得其義理的有機統合，當然即使如此也不盡然理想；因為即便在內篇也有外雜篇的些許混雜在；然比較上言，這或許是一較可行之方。在此，拙文在對安命哲學的探討上，也覺察其間的困難，那就是對「命」這一觀念的認知上，內篇乃是安立人以一認識上的假名，但外雜篇的某些敘述段落就不免引人有「定數」之疑慮。於此，拙文的作法就是將其視作安命實踐之兩層昇進，來解消其間義理上的距離。於此，外雜篇中之「命」便涵蘊著「性」之概念，而為道之自然而然的大化本性。

再者，拙文以安命來作為理解莊子思想奧義的進路，當然不免疏漏與一偏之虞；然拙文於此用意乃是以之為理解莊學的基本參照面之一，期能由此契入莊子思想的本懷。首先，從內篇義理觀之，筆者認為莊子並不給予「命」以一知識上的界定與理解，也就是說他並不追問「命」是什麼？而是追問吾應該如何來看待這「若命」的種種情境；因此，他提供一種以理化情的態度，並以之作為生命反省的初始。復次，若是單單討論莊子「命」的概念，不免只是靜態的分析，不能顯現其實踐的能動指向，這樣也就失去溝通莊子思想整體的可能。也因此，拙文以為在談莊子命觀時必須連著其實踐工夫言，這也是拙文之以安命為研究課題的原由。在此，安命就不僅含有生命反省的起點意義，也是一個實踐的工夫過程，更是一個體道後才能擁有的理境。當然，對於這反省的起始，拙文也指出由生命的沉淪與異化所帶來的諸種病症；闡明莊子哲學所提示的對治之方，體現莊子哲學所具有的治療性格。由此，從生命回復的向度上言，莊子哲學無異就是一種生命的治療學，這也是安命哲學能夠溝通莊子思想的關鍵所在。因此，在「知其不可奈何而安之若命，德之至也。」的理境下，安命思想便有其獨特的對生命的反省與工夫實踐的意義在。

最後，拙文要特別指出的是：一般對莊子哲學都容易有視其為消極與退

避之疑慮，尤其是針對安命的概念更是如此。如果相較於儒家哲學，吾人當然能夠看出其中的差異，因為道家缺乏像儒家之挺立的道德價值主體，也無其天行陽剛的入世熱情；然而，儘管如此，確不能說道家哲學沒有其積極的一面，雖然從人文化成的面向上言，道家的態度或許較為被動而無其施力點；然而從反省生命與治療的向度上言，老莊哲學便具有了其積極的意涵在。由於，兩家看待生命的角度不同，是以難斷其高下。諸如儒家往往正面去看待人文世界，而道家卻從反面來思索文明所帶來使人生命異化的諸多弊病。復次，如〈人間世〉所言：「絕跡易，無行地難。」莊子於此也表明了迴向人間世之難能，可知他並不全然認同隱居荒漠的隱者，他更認同的是在人間世「游刃有餘」的人間行者，這是體道之人的圓滿生命之展現；可知述莊學人其小者固然只是全身免禍，其大者也是應物無傷，全人全己的體道之人。最後，拙文認為吾人如何與經典深入對話，進而能發掘其中的義理精萃，以之作為吾人生命反省的借鏡，這也許才是吾人探究莊子哲學的意義之所在，也是其作為生命的學問之生命力所在。

引用書目

壹、原典釋譯、注疏部分

1. 王夫之,《莊子通・莊子解》,台北:里仁,1995。

2. 王先謙,《莊子集解》,台北:三民,1985。

3. 王叔岷,《莊子管闚》,台北:藝文,1978。

4. 王雲五主編,馬持盈註譯,《詩經今註今譯》,台北:台灣商務,1994。

5. 司馬遷,《史記》,台北:鼎文,1974。

6. 朱熹,《四書章句集註》,台北:鵝湖,1996。

7. 李勉,《莊子總論及分篇評注》,台北:台灣商務,1990。

8. 吳璵,《新譯尚書讀本》,台北:三民,1997。

9. 林希逸,《莊子口義》,台北:弘道文化,1971。

10. 林銘堯,《增註莊子因》,台北:廣文,1968。

11. 胡遠濬,《莊子詮詁》,台北:台灣商務,1980。

12. 許慎撰,清段玉裁註,《說文解字注》,台北:天工,1987。

13. 張默生,《莊子新釋》,台北:漢京,1983。

14. 焦竑,《莊子翼》,台北:廣文,1979。

15. 楊伯峻,《論語譯注》,台北:五南,1992。

16. 楊伯峻,《孟子譯注》,台北:五南,1992。

17. 郭建勳注釋,黃俊郎校閱,《新譯易經讀本》,台北:三民,1996。

18. 郭慶藩,《莊子集釋》,台北:華正,1994。

19. 陳冠學,《莊子新注》,台北:東大,1989。

20. 陳鼓應註譯,《老子今註今譯》,台北:臺灣商務,1997。

21. 陳鼓應註譯,《莊子今註今譯》,台北:臺灣商務,1992。

22. 陳壽昌,《南華真經正義》,台北:新天地,1977。

23. 錢穆,《先秦諸子繫年》,台北:東大,1980。

24. 錢穆,《莊子纂箋》,台北:東大,1993。

25. 錢穆,《莊老通辨》,台北:東大,1991。

26. 賴永海釋譯,《維摩詰經》,高雄:佛光,1997。

27. 憨山,《莊子內篇注》,台北:廣文,1991。

28. 釋德清,《莊子內篇注》,台北:廣文,1991。

29. 藍吉富,《禪宗全書》,台北:文殊。

貳、當代著述部分

1. 王邦雄,《中國哲學論集》,台北:學生,1980。

2. 王邦雄,《儒道之間》,台北:漢光,1994。

3. 牟宗三,《才性與玄理》,台北:學生,1993。

4. 牟宗三,《中國哲學十九講》,台北:學生,1993。

5. 牟宗三,《中國哲學的特質》,台北:學生,1994。

6. 牟宗三,《現象與物自身》,台北:學生,1996。

7. 牟宗三,《圓善論》,台北:學生,1996。

8. 吳光明,《莊子》,台北:東大,1992。

9. 吳汝鈞,《老莊哲學的現代析論》,台北:文津,1998。

10. 吳怡,《禪與老莊》,台北:三民,1992。

11. 吳怡,《逍遙的莊子》,台北:東大,1991。

12. 林安梧,《中國宗教與意義治療》,台北:明文,1996。

13. 胡哲敷,《老莊哲學》,台北:臺灣中華,1993。

14. 唐君毅,《中國哲學原論·原道篇》卷一,台北:學生,1992。

15. 唐君毅,《中國哲學原論·原性篇》,台北:學生,1989。

16. 唐君毅,《中國哲學原論·導論篇》,台北:學生,1993。

17. 唐君毅,《中華人文與當今世界》下冊,台北:學生,1975。

18. 袁保新,《老子哲學之詮釋與重建》,台北:文津,1997。

19. 袁保新,《孟子三辯之學的歷史省察與現代詮釋》,台北:文津,1992。

20. 崔大華,《莊學研究》,北京:人民,1997。

21. 韋政通,《中國思想史》,台北:水牛,1994。

22. 高柏園,《莊子內七篇思想研究》,台北:文津,1992。

23. 徐復觀，《中國人性論史‧先秦篇》，台北：台灣商務，1977。

24. 黃仁宇，《中國大歷史》，台北：聯經，1993。

25. 張光直，《早期中國文化》，坎貝理志：哈佛大學，1976。

26. 張岱年，《中國哲學大綱》，中國：社會科學。

27. 黃錦鋐，《新譯莊子讀本》，台北，三民，1991。

28. 傅偉勳，《從西方哲學到禪佛教》，台北：東大，1991。

29. 傅偉勳，《從創造的詮釋學到大乘佛學》，台北：東大，1990。

30. 傅偉勳，《學問的生命與生命的學問》，台北：正中，1994。

31. 傅佩榮，《儒道天論發微》，台北：學生，1988。

32. 湯用彤，《魏晉玄學論稿》，台北：里仁，1984。

33. 楊安崙，《中國古代精神現象學‧莊子思想與中國藝術》，長春：東北師範大學，1993。

34. 楊儒賓，《中國古代思想中的氣論及身體觀》，台北：巨流，1997。

35. 楊儒賓，《莊周風貌》，台北：黎明，1991。

36. 楊儒賓，黃俊傑編，《中國古代思維方式探索》，台北：正中， 1996。

37. 趙衛民，《莊子的道》，台北：文史哲，1998。

38. 滕守堯，《海德格》，台北：生智，1996。

39. 劉笑敢，《兩種自由的追求──莊子與沙特》，台北：正中，1994。

40. 劉笑敢，《莊子哲學及其演變》，北京：中國社科學，1993。

41. 劉述先，《中國哲學與現代化》，台北：時報文化，1970。

42. 葉海煙，《莊子的生命哲學》，台北：東大，1993。

43. 陳兵，《生與死的超越》，台北：圓明，1997。

44. 魯迅，《阿Q正傳》，香港：國光。

45. 陳鼓應，《老莊新論》，台北：五南，1995。

46. 陳榮灼，《「現代」與「後現代」之間》，台北：時報文化，1992。

47. 陳德和，《從老莊思想詮詁莊書外雜篇的生命哲學》，台北：文史哲，1993。

48. 蔡仁厚，《孔孟荀哲學》，台北：學生，1999。

49. 關鋒，《莊子內篇譯解和批判》，北京：中華，1961。

50. 嚴平，《高達美》，台北：東大，1997。

51. 海峽兩岸道家思想與道教文化研討會論文集，《道家思想文化》，台北：中華民國宗教哲學研究社，1994。

52. 布魯格，《西洋哲學辭典》，項退結編譯，台北：華香園，1992。

53. 〔日本〕中村元，徐復觀譯，《中國人之思維方法》，台北：學生，1995。

54. 〔日本〕鈴木大拙，未也譯，《禪者的思索》，台北：大鴻圖書，1992。

55. 〔日本〕福光永司，陳冠學譯，《莊子》，台北：三民，1992。

56. 馬丁・海德格，《存在與時間》，王慶節、陳嘉映譯，台北：桂冠，1994。

57. Hans-Georg Gadamer（漢斯——格奧爾格.迦達默爾），《詮釋學 I 眞理與方法》（Hermeneutik I Wahrheit und Methode），洪漢鼎譯，台北：時報文化，1996。

58. Richard E.Palmer.《詮釋學》（Hermeneutics），嚴平譯，台北：桂冠，1992。

59. Steven Best，Douglas Kellner，《後現代理論：批判的質疑》（Postmodern Theory：Critical Interrogations），朱元鴻校訂，台北：巨流，1996。

60. W.T.Stance，《冥契主義與哲學》（Mysticism and Philosophy），楊儒賓譯，台北：正中，1998。

61. Martin Heidegger，"Being And Time"，2nded，Trans Joan Stambaugh，U.S.A.：State University of New York Press，1996.

參、期刊論文部分

1. 王邦雄，〈走進莊子之學的門徑〉，《鵝湖月刊》第 136 期，1986 年 10 月。

2. 王邦雄，〈莊子系列（一）逍遙遊〉，《鵝湖月刊》第 18 卷第 6 期，1992 年 12 月。

3. 王邦雄，〈莊子系列（二）齊物論〉，《鵝湖月刊》第 18 卷第 7 期，1993 年 1 月。

4. 王建元，〈《莊子》中的詮釋觀〉，《當代》第 71 期，1992 年 3 月。

5. 吳建明，〈孟子與《易傳》「命」論之研究〉，《宗教哲學》第 46 期，2008 年 12 月。

6. 吳建明，〈《莊子》虛己之處世智慧探究〉，《人文研究期刊》第 4 期，2008 年 6 月。

7. 吳建明，〈莊子「命」論之生死觀解析〉，《揭諦》第 12 期，2007 年 3 月。

8. 吳建明，〈莊子道論之義理性格探究〉，《宗教哲學》第 48 期，2009 年 6 月。

9. 吳建明，〈論莊子對「命」的思考及其「安命」之可能〉，《鵝湖》第 311 期，2001 年 5 月。

10. 沈清松，〈莊子的道論對當代形上困惑的一個解答〉，《國立政治大學哲學學報》，第 1 期，1994 年 5 月。

11. 林安梧，〈語言的異化與存有的治療——以老子《道德經》爲核心的理解與詮釋〉，《海峽兩岸道家思想與道教文化研討會論文集》，台北：中華民國宗教學研究社，1994。

12. 林鎮國，〈莊子形上世界的描述與圓教系統的完成〉，《鵝湖》第 3 卷第 7 期，1978 年 1 月。

13. 高天恩，〈追索西洋文明裡的神秘主義〉，《當代》第 36 期，1989 年 4 月。

14. 袁保新，〈再論老子之道的義理定位——兼答劉笑敢教授（關於老子之道的新解釋與新詮釋）〉，《文哲論壇》第 7 卷第 2 期，1997 年 6 月。

15. 袁保新，〈齊物論研究——莊子形上思維的進路與型態〉，《鵝湖雜誌》第 8 卷第 7 期，1978 年 1 月。

16. 張永儁，〈命理與義理〉，《哲學雜誌》第 3 期，1993 年 1 月。

17. 張斌峰，〈試論莊子的辯學思想及其影響〉，《道家文化研究》第 8 輯，陳鼓應主編，上海古籍，1994。

18. 錢新祖，〈公案、紫藤與非理性〉，《當代》第 26 期，1988 年 6 月。

19. 錢新祖，〈佛道的語言觀與矛盾語〉，《當代》第 11 期，1987 年 3 月。

20. 陳德和，〈人間道家的生命倫理學向度——以生命複製與基因工程的反省為例〉，《鵝湖》第 285 期，1999 年 3 月。

21. 陳鼓應，〈莊子的悲劇意識和自由精神〉，《國文天地》7 卷 1 期，1991 年 6 月。

22. 陳鼓應，〈論《老子》晚出說在考證方法上常見的謬誤——兼論《列子非偽書》〉，《道家文化研究》第 4 輯，陳鼓應主編，中國：上海古籍，1994。

23. 陳寧，〈命運可知而不可改之觀念的產生〉，《文哲論壇》第 6 卷第 2 期，1996。

24. 謝政諭，〈老子思想與後工業社會環境倫理〉，《道家思想文化》，海峽兩岸道家思想與道教文化研討會論文集，台北：中華民國宗教哲學研究社，1994。

25. 鄔昆如，〈道家哲學與歐洲哲學之比較〉，《哲學雜誌》，第 7 期，1994 年 1 月。

26. 顏國明，〈從圓教範型論道家思想之開展〉，中國文化大學哲學研究所博士論文，1996 年 10 月。

27. 鄭峰明，〈莊子性命論〉，《臺中師院學報》第 6 期，1992 年 6 月。

28. 〔日本〕金古治，〈《莊子》的生死觀〉，《道家文化研究》第 5 輯，陳鼓應主編，1994。

29. 〔美國〕格拉姆・帕克斯（Graham Parkes），胡軍、王國良譯，〈漫游：莊子與查拉斯圖拉〉，《道教文化研究》第 1 輯，陳鼓應主編，1994。

30. 尚・布希亞（Jean Baudrillard），蔡崇隆譯，〈消費社會與消費欲望〉，《當代》第 65 期，1991 年 9 月。

31. Bryan W. Van Norden，"Competing Interpretation of the inner Chapters of the Zhuangzi，" Philosophy East & West 46.2（Ap1996）.

附錄一　海德格與莊子之生死觀比較研究[*]

壹、前言

　　一般認爲海德格（*Martin Heidegger，1889~1976*）思想在晚期（1929）漸入所謂的轉折（Kehre）；這樣的轉折似乎呈顯在其與東方思想，尤其是禪宗與道家（Tao）思想的內在親緣性上〔註 1〕；然作爲當代深具影響力之思想大家，其晚年哲學性格之走向並不是一蹴而及，應該是在其思想發展的初期即已預設了晚期的走向〔註2〕。因此，吾人實不宜逕視海德格思想有前期與後期之斷裂發展。本文立足此，認爲《存有與時間》雖以基本存有論（fundamental ontology）爲其中心論述；以揭露人作爲 Da-sein（此有）之「在世存有」（In-der-Welt-Sein）的存在事實，進而啓示作爲實踐本眞生命之存在價值。其中《存有與時間》第二篇第一章關於死亡的分析，似乎透顯出相對于莊子生

---

*　本篇論文摘錄自拙著：〈海德格與莊子之生死觀比較研究〉，嘉義大學《人文研究期刊》第 3 期，2007 年 12 月，頁 69~98。

〔註 1〕　海德格晚期思想透過其與東方學者的對話，諸如透過蕭師毅引介老子思想：晚年也藉由與日本京都學派之密切交往，使其後期哲學呈現不同西方傳統哲學之特殊面貌。請詳見賴賢宗，〈海德格論道：一個文獻學之考察〉，《思與言》第 42 卷第 2 期，2004 年 6 月，頁 229~266。

〔註 2〕　海德格專家梅耶（Reinhard May）認爲在早在 1920 年，即在《存有與時間》（1927 年）出版前，海德格思想已隱然向東方禪道思想路徑作轉折，請參考梅耶（Reinhard May），G.Parkes 英譯，*Heidegger's hidden Sources: East Asian Influences on his Work.* （《海德格思想的隱藏根源：東亞對他的思想的影響》）（New York，1996），頁 47。

死觀之慧解，故本文專就海德格《存有與時間》中的死亡分析，對照莊子生死哲學之內涵作比較研究，期能抽繹出其與道家思想之關聯線索。而莊子生死觀與其生命哲學息息相關，其所開顯之生命智慧；尤以生死達觀為精彩，故以莊子生死哲學作對比研究特具意義。

再者，近年來國內相關海德格與莊子之論述，研究成果相當豐富〔註3〕；針對其生死觀的比較研究，專篇論文有朱莉美的〈莊子與海德格爾「生死觀」的比較〉〔註4〕，作者同樣由兩者的對比研究切入，比較上是由認識論的角度切入研究。本文認為莊子在工夫論與境界論上更有所著墨，故在比較海德格與莊子之生死觀時，特別指出這個面向的論述視域。另外，在論述安排上，首先對海德格生死觀作概略介紹，再經由莊子生死哲學之論述；最後，比較其間的同異分別，藉以呈顯各自生死智慧之精彩。

貳、海德格生死觀之內涵

透過傅偉勳對海德格「向死存在」生死觀的強調〔註5〕，與余德慧《生死學十四講》對《存有與時間》生死觀的闡發〔註6〕；使得海德格生死哲學普遍受到台灣生死學界的重視〔註7〕。

海德格認為人之存在乃「邁向死亡」之存在，並由面對死亡所產生的焦慮（此即生命存在的根本焦慮與憂懼），於此當下，「此有」適足以由此體悟「存有」（Being）。亦即透過對死亡的深刻反省，則「存有」之理得以朗現。換言之，當人體察死亡之當下性與真實性，從而醒悟生命之短暫與渺小，由此可能開顯人邁向本真生命之途。海德格早期哲學的旨趣，在於「存在的意義」（Sinn von Sein）之基本存有論的建立。《存有與時間》所提到的死亡問題，

〔註3〕 在專論海德格生死哲學方面，李燕蕙之〈早期海德格的生死哲學〉對海德格死生哲學有相當深入的剖析，其中部分觀點亦為本文所參照引用；請參考李燕蕙，〈早期海德格的生死哲學〉，《揭諦》第 8 期，2005 年 4 月，頁 93～134。

〔註4〕 請參考朱莉美，〈莊子與海德格爾「生死觀」的比較〉，《德霖學報》第 17 期，2003 年 6 月，頁 143～167。

〔註5〕 請參考傅偉勳，《死亡的尊嚴與生命的尊嚴》，台北：正中書局，1996 年，頁 64～67；《學問的生命與生命的學問》，台北：正中書局，1993 年，頁 87～108；《生命的學問》，台北：生智，1998 年，頁 161～166。

〔註6〕 請參考余德慧，《生死學十四講》，台北：心靈工坊，2003 年。

〔註7〕 請參考李燕蕙，〈早期海德格的生死哲學〉，《揭諦》第 8 期，2005 年 4 月，頁 94。

也是關聯著「此有」（Dasein）而開展；並以人之「在世存有」為基礎，來建構其存有哲學。「在世存有」的根本關懷出發點，亦由對治西方哲學傳統之主客對立、心物二元之窘境而發。如此，透過「此有」之「存在的展開狀態」（Erschlossenheit des Seins），進而賦予萬有存在予「存在的意義」，體現「此有」所獨具之特殊存有意義〔註8〕。

海德格《存在與時間》對死亡之分析，實由海德格對「此有」所作的分析而來；其目的在指出「此有」之存有意義，透過此有的存有意義之分析，我們得以初步理解死亡乃「此有」之必然現象、終極可能。於此，海德格從基本存有論的立場出發，由認識論的層面入路，分析死亡諸多層面的義涵，並強調「此有」先行掌握自己的「邁向死亡」，由此確立「此有」存有之真實樣貌；進而對生命存有作出決斷與選擇，從日常公共生活的陷溺中超拔而出，邁向本真生命存有之途。此即「邁向死亡存有」的存有論意義，亦即邁向死亡之自由。

（一）死亡乃「此有」最本己的可能（死亡的不可取代性）

首先，海德格認為當我們存在著時，便不可能經驗過死亡；經歷了死亡便不可能仍然存在著，因此死亡是一種我們無法經歷的現象，無法如同一般事物的經驗模式被經驗，海德格說：

> 此有在死亡中達到整全同時就是喪失了此之有。向不在此有的過渡恰恰使此有不可能去經驗這種過渡，不可能把他當作經驗過的過渡來加以領會〔註9〕。

又說：

> 此有能夠獲得某種死亡經驗，尤其是因它本質上就共他人存有（共業）。死亡的這種「客觀」給定性於是也必定使某種對此有整體性的存有論界說成為可能〔註10〕。

〔註8〕人之存有乃相對于其它物的存在，故並不是「現成狀態」（Vorhandenheit）或及手狀態（Zuhandenheit）的存在。

〔註9〕海德格著，王慶節、陳嘉映譯，《存有與時間》，台北：桂冠，1994年，頁323。Martin Heidegger，*Being And Time*.2nd ed.Trans Joan Stambaugh.U.S.A：State University of New York Press，1996，p221〔237〕.本文海德格著作引文，英譯本主要以上述為主（以下以 BT 代表之，〔　〕內為德文原著頁數），中譯本則參照王慶節、陳嘉映譯本（1994年初版）為主。另外，本文於翻譯上，將 Being 譯為「存有」，而 Da-sein 譯為「此有」，將 existence 譯為「存在」。

〔註10〕王慶節、陳嘉映譯本（1994年初版），頁323；BT221〔237〕。

海德格認爲：在他人死去之際，旁人往往可以經驗到一種特別的感受體驗，這種感受體驗被規定爲人由「此有」的存有方式轉變爲不再「此有」。「此有這種存有者的終結就是現成事物這種存有者的端始。〔註 11〕」於此，我們只能知道別人的死亡。雖然死亡這件事本身我們並不清楚，只能間接體驗；但卻能經由面對他人死亡現象的感受，喚醒人自身當下的存有實感。換句言之，死亡作爲最「本己的可能」乃不可取代、不可超越者；因此，海德格認爲：

> 任誰也不能從他人那裡取走他的死〔註 12〕。
>
> 只要死亡存在，它依其本質就向來是我自己的死亡〔註 13〕。
>
> 在死亡中，關鍵完完全全就是向來是自己的此有的存有。……死亡
> 在存有學上是由向來我屬性與存在組建起來的〔註 14〕。

死亡是生命存有之不可取代、不可經驗與最本己的可能，「此有」在死亡中達到完整，亦即在死亡達到完整的同時，「此有」喪失在此世間繼續存在的能力，此爲「此有」轉換到「不再是此有」（no-longer-Dasein）。因此，此有不可能去經驗這種轉換，亦不可能以此爲經驗事物而加以理解。死亡帶走人與世界的聯結，亦無人得以與其分享；故他人總無法代爲經驗其「到向終結」（coming-to-an-end）。充其量只能「在旁」（dadei，there alongside）參與而無法親自體驗。因此，死亡做爲「此有」生命的終結，也表示「此有」之所以爲「此有」，正因爲其並非無限的存在，而是限定在「此」（Da）活生生的「有」。海德格認爲：

> 本眞的向死亡存有不能閃避最本己的無所關聯的可能性……因此對
> 本眞的向死亡存有的存在籌劃……首先要做的事情是，把向死亡存
> 有標識爲一種可能性的存有，也就是向著此有本身之一種別具一格
> 的可能性存有。〔註 15〕。

由此生命必死的存在來省思，死亡對此有完完全全是處在屬於自己的存有當中的，故死亡乃「此有」最本己的可能；再者，人之生命不啻滄海一粟，然透過人存在之「此」（Da），卻也可能彰顯「存在意義」（Sinn von Sein）。因此，人的存在意義與可貴性也由此確立。

〔註 11〕 王慶節、陳嘉映譯本（1994 年初版），頁 324；BT221〔238〕。
〔註 12〕 BT 223〔240〕。
〔註 13〕 BT 223〔240〕。
〔註 14〕 王慶節、陳嘉映譯本（1994 年初版），頁 326；BT223〔240〕。
〔註 15〕 王慶節、陳嘉映譯本（1994 年初版），頁 349；BT241〔261〕。

（二）向死而在（死亡之必然、先行與不可逆）

　　海德格認為「死亡」作為人之終極可能，本質乃必然者、先行者與不可逆者。死亡代表此有「不完整性」的終結，因此：「構成此有的『非整體性』的東西即不斷先行於自身〔註16〕。」、「它是一種此有作為它所是的存有者向來就不得不是的尚未〔註17〕。」死亡作為此有存在之必然性、先行性與不可逆者，如同莊子在〈齊物論〉中所揭示：「一受其成形，不亡以待盡，……而莫之能止。」同樣指陳這種不斷先行於自身，作為其最大的可能性的「死亡」，總是先行的和不可逆的。正如只要「此有」存在，死亡始終即已經為其尚未。死亡所意指著不是此有的存有到頭，而是這一「存有者的一種向終結存有〔註18〕」，亦即「死亡是此有剛一存在就承擔起來的去存有的方式〔註19〕。」正由於死亡具有始終先行的性質，故海氏有「剛一降生，人就立刻老得足以去死〔註20〕。」之名言。

　　再則，對於死亡所具的先行之性質，海德格以「懸欠」（Ausstand）與「懸臨」（Bevorstand）兩概念來作對比說明：

　　　　死亡不是尚未現成的東西，不是減縮到最小值的最後懸欠，它毋寧
　　　　說是一種懸臨（Bevorstand）〔註21〕。

「向死存在」（Sein zum Tode）所指出的即「懸臨」（「懸臨」作為等待某些事物的到來）；因此，就海德格而言，死亡不是「懸欠」而是「懸臨」。一般人將「死亡」理解為生命的「終點」，這是由「懸欠」的認知角度來理解死亡；死亡作為生命的終點，意味著死亡的到來乃「尚未」（Noch-nicht）。再者，「懸欠」認為死亡乃未來之固定某時刻，認為在尚為久遠的日後方才到來，或者永不來臨；「懸欠」把死亡解釋為「存在到盡頭」（Zu-Ende-sein）。但海德格認為死亡是存有的一種方式，此即「向終結存在」，故「懸臨」則是從「存在的此刻」來看死亡。因此，死亡即具有即刻性與當下性，有隨時隨地到來之可能。人作為「向死存在」之存有，死亡之「懸臨」所展示即人之「最本己的、解除所有關聯的、無法踰越的、確知而不確定的可能性〔註22〕」。海德格進一

〔註16〕BT227〔244〕。
〔註17〕王慶節、陳嘉映譯本（1994年初版），頁331。
〔註18〕BT228〔245〕。
〔註19〕BT228〔245〕。
〔註20〕王慶節、陳嘉映譯本（1994年初版），頁332。
〔註21〕王慶節、陳嘉映譯本（1994年初版），頁337；BT231～232〔250〕。
〔註22〕王慶節、陳嘉映譯本（1994年初版），頁347〔258～259〕。

步指出說：

> 死亡是此有本身向來不得不承擔下來的存有可能性。隨著死亡，此
> 有本身在其最本己的能在中懸臨於自身之前。此有在這種可能性中
> 完完全全以它的在世為本旨〔註23〕。

因此，「此有」這種超不過死亡之可能性，乃死亡在本質上展現為一種與眾不同的（an eminent）〔註24〕懸臨〔註25〕。而死亡之「懸臨」其重要意義，即死亡之「當下性」與「此岸性」。由死亡的當下性言，「此有」本質上實乃時刻處于「生死之際」。由此而言，生命存有的時時刻刻，究其實皆為人存有之「極限處境〔註26〕」，人生命存在的每一刻皆為其「生死之際」。故透過死亡的當下性領悟，也得由此讓人體悟本真生命，從而由死亡的迷霧與陰影中重獲自由。關於死亡之「此岸性」，海德格說：

> 如果說死亡被規定為此有的亦即在世的終結，這卻絕不是從存有者
> 狀態上決定了死後是否還能有一種不同的，或更高級或更低極的存
> 有〔註27〕。

海德格的死亡分析也是就死亡這種現象，作為此有的存有可能性懸浮到此有之中（enters into）〔註28〕而言。就此而論，這種死亡分析純然保持其為「此岸」的〔註29〕。如同印度靈修大師克里希那穆提（*Krishnamurti，1895～1986*）所說：「死亡不是在遠方某處，而是在眼前、當下。你們講話的時候、享受什麼東西的時候、聽人講話的時候、死亡就在當時。死亡存在於生命的每一分鐘〔註30〕。」因此，死亡與生命乃如影隨形，未曾時刻遠離吾人之生命，且具有非凡的強度、異常的絕對〔註31〕。

（三）日常的向死而在（死亡的確定性與非確定性）

日常的向死存在作為沉淪著的存有，乃是在死亡面前的一種持續的遁逃。「此有」實際往往以沉淪的方式存在，死亡在存有論可能性上而言，實際

〔註23〕BT232〔250〕。
〔註24〕BT232〔251〕。
〔註25〕王慶節、陳嘉映譯本（1994年初版），頁338。
〔註26〕王慶節、陳嘉映譯本（1994年初版），頁410〔308〕。
〔註27〕BT230〔248〕。
〔註28〕請參考BT230〔248〕。
〔註29〕請參考王慶節、陳嘉映譯本（1994年初版），頁335。
〔註30〕克里希那穆提著，廖世德譯，《生與死》，台北：方智，1996年，頁20。
〔註31〕請參考克里希那穆提，《生與死》，頁237～238。

乃奠基在煩之中〔註32〕。亦即就道而言，死亡就在煩悶中；故誘惑、安定與異化標識著沉淪（falling prey）〔註33〕的存有方式。海德格強調：

> 即使在平均化的日常狀態中，此有本旨也始終在於這種最本己的、無所關聯的和超不過的能在，即使其樣式是爲一種針對其存在的最極端的可能性的無動於衷而煩忙也罷〔註34〕。

在海德格看來，日常的向死而在，乃是一種非本眞的存在和對死亡的遁逃。日常的向死而在，也關聯著死亡的確定與非確定性，海德格認爲：「亡故作爲擺到眼前的事件『只在』在經驗上是確定可知的，這一點並不決定死亡的確知。〔註35〕」意即死亡只能具有經驗上的確定可知性，但這種確知必然不是眞正的確知。由於常人掩蓋死亡之確定可知性質中的特有性質：「死亡隨時隨刻都是可能的〔註36〕」，因此，凡人雖確知死亡的確定性（死亡之必然性）與不確定性（死亡之即刻性），然卻習以死亡在某確定時刻方才來到，由此逃避隨時隨地可能死去之事實，此實爲與生俱來對「死亡」不確定性之根本恐懼所致〔註37〕。在此，常人在日常生活中，習以「繁忙」的活動來將死亡推遲到「今後有一天」〔註38〕。由於死亡的到來並不可預期，但總有一天會來，死亡作爲「此有」的最大可能性〔註39〕；實際上乃時時刻刻無所不在的，於此也就才揭示出「此有」之本眞存在樣貌，給予日常的沉淪一記當頭棒喝，促其正視死亡之眞實面目。

（四）邁向死亡的自由

　　一般人悅生惡死，對死亡難免有恐懼之情，此爲非本眞屬己之表現，非本眞屬己代表依附於社會公眾意見所塑造的自我形象，並以社會所給定的角色爲生命的一切；陷溺于社會生活之角色認知，實乃逃避面對自己孤獨存在的事實。由此孤獨義涵，死亡呈現爲「生是孤獨的生、死是孤獨的死」事實。

〔註32〕請參考王慶節、陳嘉映譯本（1994年初版），頁339；BT233〔252〕。
〔註33〕請參考BT235〔254〕。
〔註34〕王慶節、陳嘉映譯本（1994年初版），頁342。
〔註35〕王慶節、陳嘉映譯本（1994年初版），頁345；BT238〔257〕。
〔註36〕BT238〔258〕。
〔註37〕請參考王慶節、陳嘉映譯本（1994年初版），頁346；238～239〔258〕。
〔註38〕請參考王慶節、陳嘉映譯本（1994年初版），頁309。
〔註39〕這種可能性越無遮蔽地被領會著，這種領會就越純粹地深入這種可能性中，而這種可能性就是存在之根本不可能的可能（as the possibility of the impossible of existence in general）。請參考王慶節、陳嘉映譯本（1994年初版），頁351；BT242〔262〕。

人存有本質對死亡有根深蒂固的恐懼，因而對死亡有關的事物加以逃避。海德格說：

> 在憂懼這種現身情境中，被拋入死亡的狀態對它綻露得更原始更中切些，在死之前憂懼就是在最本己、無所關聯的和超不過的能在「之前」憂懼。這樣一種憂懼的何所面臨的就是在世本身。憂懼的何所因則完完全全是此有的能在〔註40〕。

又說：

> 但能夠把持續而又完全的、從此有之最本己的個別化了的存有中湧現的此有本身的威脅保持在敞開狀態中的現身情態就是憂懼。在憂懼中，此有就現身在它存在之可能的不可能狀態的無之前〔註41〕。

海德格認為能由死亡的恐懼中超越，先行從死亡體認生命存在有限性；由此當下的醒悟中，則抉擇了本真的屬己存在。此即「向死亡存有，就是先行到這樣一種存有者的能在中去：這種存有者的方式就是先行本身〔註42〕。」先行到死亡代表一種「性命攸關」的醒悟，即就在此有「先行到死」，才使人由「我自己的死」鮮明意識到「我自己的在」，從而保持生命的個體性和具體性，並促其由日常共在的沉淪中超拔出來，邁向「本真的」的生命存有。因此，海德格認為死亡乃人無可超越者，面對死亡人在生活世界所建構的一切，乃由此破滅碎裂，而且成為單獨的孤立狀態。對於「先行到死」，海德格說：

> 在先行向此有揭露出喪失在常人自己的情況，並把此有帶到主要不依靠煩忙神而是去作為此有自己存有的可能性之前，而這個自己卻就在熱情的解脫常人的幻想的、實際的、確知它自己而又畏懼著向死亡的自由之中〔註43〕。

又說：

> 從存在上籌劃著對先行所作的界說使存在狀態上的本真的向死亡存有之存有論的可能性顯而易見。但這時此有之一種本真的整體能在之可能性就因而浮現了──不過只作為存有論的可能性浮現〔註44〕。

〔註40〕 王慶節、陳嘉映譯本（1994年初版），頁338；BT232〔251〕。
〔註41〕 王慶節、陳嘉映譯本（1994年初版），頁355～356；BT245〔265〕。
〔註42〕 王慶節、陳嘉映譯本（1994年初版），頁352；BT242〔262〕。
〔註43〕 王慶節、陳嘉映譯本（1994年初版），頁356；BT345〔266〕。
〔註44〕 王慶節、陳嘉映譯本（1994年初版），頁356。

（but only as an ontological possibility〔註45〕）

總之，海德格認為只有不試圖去逃避死亡（此有的最大可能性），才能使人從非本真的存在（日常的沉淪）轉向本真的存在，而與死亡共存共生。因此：

> 從先行於自身中取出的尚未現象與煩的結構一樣，根本不是反對某種可能的存在整體存有的證據，這種先行於自身倒才剛使那樣一種向終結存有成為可能〔註46〕。

一般所謂的煩，並不是先行于死的生命反省；反而是「非本真的存有」，而本真的向死亡存在的先行，則是一種「自覺的先行」。此乃先自覺的面對死亡做為生命「最本己的、解除所有關聯的、無法踰越的、確知的不確定的可能性」；故人能體會存有之當下性，乃人醒悟後選擇了「真實此有」；此亦海德格所謂的「面對死亡的自由〔註47〕」，這是由面對死亡、體認死亡，所透顯的生命自由與智慧。是以「非屬己的」理解即是將死亡作「客觀化」、「對象化」、「外在化」理解。「本真的向死存在」即「非本真屬己的」陷落于日常生活中的「醒覺」。「先行於（死亡的）可能性」中，為人先行於自身，由先行到反思死亡之意義而來，亦即由日常生活之陷溺中先行對死亡作本真的醒覺。因此，接受死亡，由此而超越對死亡的恐懼，乃邁向死亡之自由。首先，必先打破對死亡的禁忌，邁向本真存有的第一步，即在於勇於面對死亡問題，認清自己對老病死的恐懼與憂慮。承認人作為必死存有之真切性，先行從生命的終點來看待有限生命之種種，當人認清生老病死之根本生命現象，不再由此感到恐懼與憂慮時，人就由此找到一個反思生命的穩固基點，進而由人之必死的存有實情來反思生活的意義，從日常公共生活的陷溺中超拔而出，重新建構生命的意義。

　　綜而言之，海德格從基本存有論的立場出發，試圖揚棄傳統西方形上學尋找第一因來安立存有物的思考方式。因此，海德格在面對死亡問題時，也基於這樣的關懷，對死亡問題作一生死學的區分。首先，他闡示作為死亡自身的不可替代性及其不可逆性，從揭露出死亡之屬己性，開顯死亡作為存有之一體兩面，及其最大和最終極的可能性，於是乎死生本來一體，兩者密切

〔註45〕BT246〔266〕。
〔註46〕王慶節、陳嘉映譯本（1994年初版），頁347；BT239〔258〕。
〔註47〕王慶節、陳嘉映譯本（1994年初版），頁356～357〔266〕。

相關，「所以活在現在，就是時時刻刻死亡〔註48〕。」再者，海德格指出「此有」以日常的沉淪方式來逃避死亡這個最切身的問題，一般所謂的日常生活，其內容往往充滿虛矯、苦澀、空虛、瑣碎、照本宣科，日復一日的朝九晚五，這一切吾人稱之爲生活。即我們所知的日常生活，往往遮蔽了死亡的眞象；因此，惟有去除恐懼、假象，才能夠了解死亡，知道死亡深刻、全盤的意義，進而擺脫恐懼完全活在當下〔註49〕。最後，邁向死亡的自由也指出唯有正視死亡，不試圖和死亡保持距離，而將死亡和日常生活分開，才能呈現出「此有」的本眞存有（本來面目），體會生即死、死即生之理。

參、莊子生死觀之內涵〔註50〕

莊子生命哲學所開顯之生命智慧，尤以生死觀爲精彩；莊子爲先秦時代對生死問題予以最多探討與反省的哲人，其藉謬悠、荒唐與無端崖之辭，來解消人對死亡的疑懼，以此破除人對死亡的恐懼與盲點。因此，在先秦時代，《莊子》生死觀乃最徹底與豐富者〔註51〕。莊子由幾個層面來談生死，可以簡略概述如下：一、視生死爲自然之現象，二、死生相對觀點的超越，三、由工夫境界來談對生死之超越；前兩者分別是由認識論來理解與化解（對治）對生死的迷思與執見，後者則說明莊子工夫實踐所達致之生命境界。

一、視生死為自然之現象

（一）死生命也（死亡之必然性）

莊子視生死爲命定之必然，是以有生必有死。而就死亡作爲生命存在之必然言，則又非主觀意志得以逆轉與改變，〈大宗師〉云：

> 死生，命也，其有夜旦之常，天也。人之有所不得與，皆物之情也。

「死生，命也」指出有生必有死之存在事實，「命也」即命定之必然。「其有夜旦之常，天也」說明死生如同晝夜之更替，也是自然的循環之理，「天也」即自然之理。「人之有所不得與」說明生死之變非人力所能干預與逆轉，此爲

〔註48〕 克里希那穆提，《生與死》，頁95。克里希那穆提進一步強調：「死亡必定是非凡的事情，不是讓我們迷惘、害怕的事情」請參見克里希那穆提，《生與死》，頁86。

〔註49〕 請參考克里希那穆提，《生與死》，頁95。

〔註50〕 此節部分內容援引自吳建明，〈莊子「命」論之生死觀解析〉，《揭諦》第12期，2007年3月，頁12～33。

〔註51〕 請參考〔日本〕金谷治，〈《莊子》的生死觀〉，《道家文化研究》第5輯，1994年，頁70。

萬有存在之自然律則。是故，生死如同天道運行之理，亦如同日夜更替、四季變化，乃出乎自然而然。〈達生〉亦云：「生之來不能卻，其去不能止。」因此，死生乃超乎人情喜惡之自然律則，本質上也是「不能卻、不能止」之自然現象。

（二）死生乃氣之聚散（視死亡為自然現象之變化）

「死生命也」首先點出死亡之必然性，再以氣之聚散作為生死現象之說明，其用意皆在闡明死生本自然而然。生命本原乃「天地之委形」、「天地之委和」與「天地之委順」；故生死變化應同于天地道體之生化流行，有生死「氣之聚散」作用，「氣之聚散」為道之大化流行。〈知北遊〉云：

> 人之生，氣之聚也。聚則為生，散則為死。若死生為徒，吾又何患！
> 是其所美者為神奇，其所惡者為臭腐。臭腐復化為神奇，神奇復化
> 為臭腐。故曰：通天下一氣耳。聖人故貴一。

莊子由氣之聚散說明生死問題，指陳生死之相互連屬性，故死生亦不過為氣之聚散，誠如萬物美醜、神奇臭腐之分別，無非皆氣之運行變化作用。莊子點出死生現象乃氣之聚散，氣之凝聚，生命由此而產生；氣之消散，生命由此而滅亡；莊子以氣之聚散來說明死生現象，無非藉由對死生現象之還原，以此來安頓人對死亡的無知與恐懼，達致「以理化情」之作用。故並非由此建構一套「氣」化的宇宙生化論。就氣而論，則生死禍福富貴窮通，一切境遇得失亦得視為氣運所致，氣運所致乃大化流行複雜萬端，非智思所能釐測，此即「氣命」之內涵。至於氣之凝聚與離散，〈至樂〉云：

> 然察其始而本無生；非徒無生也，而本無形；非徒無形也，而本無
> 氣。雜乎芒芴之間，變而有氣，氣變而有形，形變而有生。今又變
> 而之死。是相與春秋冬夏四時之行也。

氣之生化乃天道之自然運行，道之生化有生氣之機，繼之而有氣變之形，形而後有生命之初始，故死亡亦如氣之變化，乃自然而然。莊子於外雜篇多由氣之聚散來談生死問題，用意也在于以「氣之聚散」，作為莊子在認識論上之「以理化情」，進而消解俗情對死亡所衍生的恐懼與迷思。

（三）死生流轉（生命的無限延續）

莊子認為生死無先後順序可言，基本上乃互相包涵之辯證關係，故「方生方死，方死方生」，此為死生循環無端、死生相因互為終始，〈大宗師〉藉孔子之言云：

> 夫若然者，又惡知死生先後之所！假於異物，託於同體；忘其肝膽，
> 遺其耳目；反覆終始，不知端倪……。孟孫氏不知所以生，不知所
> 以死，不知孰先，不知孰後。若化爲物，以代其所不知之化已乎！

生命之始終輪轉從無間斷，不知孰先孰後、孰生孰死。在莊子看來生命乃燈
續不斷，死生表象爲生命之終始，實乃俗情喜惡所認定，其孰先孰後則仍未
有定論。若解消視死亡爲生命終點之認知，就生命延續之面向上言，則生假
託有形之物質形軀得以延續，反倒是短暫與不確定者。因此，死亡所失去者
不過是必毀之無常形軀；而死亡之體驗亦不過爲更換有形身軀之過程。換言
之，死亡乃生命的另一種延續，由此生死相續之理，得以解消對死亡之否定
意義，從而齊一死生、超越死生。〈知北遊〉云：

> 舜問乎丞曰：道可得而有乎？曰：汝身非汝有也，汝何得有乎道？
> 舜曰：吾身非吾有也，孰有之哉？曰：是天地之委形也。生非汝有，
> 是天地之委和也。性命非汝有，是天地之委順也。子孫非汝有，是
> 天地之委蛇也。

莊子把生命的生死變化歸於天地自然之化，天地自然之化即大道流行之造
化，大化流行乃無方無所而不可以智測，而人生於天地之間，爲造化之無心
作用以成，萬有存在的生成變化亦復如此。〈知北遊〉云：

> 自本觀之，生者，喑醷物也。雖有壽夭，相去幾何？須臾之說
> 也。……人生天地之間，若白駒之過郤，忽然而已。注然勃然，莫
> 不出焉；油然漻然，莫不入焉。已而化生，又化而死，生物哀之，
> 人類悲之。

又云：

> 故萬物一也，是其所美者爲神奇，其所惡者爲臭腐。臭腐復化爲神
> 奇，神奇復化爲臭腐，故曰，通天下一氣耳。

天地萬物同出于天道本源，其存在的本質性狀實爲一者；因此，美麗或臭腐
實乃人所妄加分別，是由人主觀之情識予以愛憎取捨，此亦出自成心迷執所
致。然而從道的大化之流而言，神奇與臭腐乃至萬物的形體，皆方生方死、
方可方不可輪替，其本原終究皆源自于道。〈至樂〉又說：

> 種有幾，……。鴝掇千日爲鳥，其名曰乾餘骨。乾餘骨之沫爲斯彌。
> 斯彌爲食醯，頤輅生乎食醯，黃軦生乎九猷，瞀芮生乎腐蠸。……
> 久竹生青寧，青寧生程，程生馬，馬生人，人又反入於機。萬物皆

　　出於機，皆入於機。

〈至樂〉所提到的種種物種間的替代變化，在今日科學觀點來看，似乎荒謬無比。然而，莊子在此所指涉的真實義涵，則在于表明萬物皆出於機而平等；所謂的「機」即成玄英疏云：「機者發動，所謂造化也。造化者，無物也。人既從無生有，又反入歸無也。豈唯在人，萬物皆爾〔註52〕。」因此，「機」即造化也，乃天道之生化妙用。

　　復次，〈養生主〉云：「指窮於為薪，火傳也，不知其盡也。」以薪火相傳之理，來喻示生命現象的更替流轉，此亦大化流行之死生變化所致。一個體生命滅亡，即另一個體生命之生，此即「死生為徒」之意。然而，「死生為徒」與「火傳也，不知其盡也」，表述為道之相續相生之義。所以從生死相互轉化陵替、循環不已的義涵上言，此中的轉化循環之理，則是理智思維所「莫得其倫」、「莫知其紀」。而萬有存在亦即在此大化流行中，循環變化、死生消息。

二、死生相對觀點的超越（齊物一體冥化的生死辯證）

　　莊子哲學以辯證的論述方式，來消解人類中心主義之迷思；〈逍遙遊〉之「至人無己，神人無功，聖人無名」揭示了此人格理想。〈齊物論〉劈頭即言「喪我」，「喪我」亦即袪除「成心」，揚棄二元對立的俗諦觀。對二元對立思惟的揚棄，乃在對治凡人之樂生惡死。〈齊物論〉所提供之辯證思惟，即莊子解消生死對立觀之方法論。在此，〈齊物論〉云：

> 物無非彼，物無非是。自彼則不見，自是則知之。故曰：「彼出於是，
> 是亦因彼。彼是方生之說也。雖然，方生方死、方死方生……」

莊子認為「是」和「彼」本俗見之對立認知，其原理是從相互的對立面萌生；故「是」與「彼」乃相因相成，故透過理解其生發，即能明白其消滅之理，此乃莊子生死哲學之辯證。死生並無先後次序可言，死生在義理上有互相包涵辨證之關係；亦即生之中已預認了死，在死之中也預認了生。因此，〈齊物論〉在否認是非對立之認知關係的同時，也間接否認有無、生死之間對立：「彼出于是，是亦因彼，彼是方生之說也。雖然方生方死，方死方生。」正如「彼」與「此」是相互依存者，而處于相對關係之中那般，生與死之間的關係也是相同對等的。此乃莊子生死觀在認識論上的洞見，藉由相對觀點的超越，解

〔註52〕郭慶藩輯，《莊子集釋》，台北：華正，1994 年，頁 629。

消俗情對生死的迷思與執見。〈齊物論〉進一步表示：

> 予惡乎知說生之非惑邪？予惡乎知惡死之非弱喪而不知歸者邪？麗
> 之姬，艾封人之子也。晉國之始得之也。涕泣沾襟；及其至於王所，
> 與王同筐床，食芻豢，而後悔其泣也。予惡知夫死者不悔其始之蘄
> 生乎？

人之所以對死亡有所恐懼與疑慮，實乃由相對觀點而發，莊子以麗姬入宮前
後之反應，反證死亡反為可喜可賀之事。死亡乃不可經驗、不可逆之存在事
實。凡人忙於逐生惡死者，實乃出於對死亡之無知與恐懼，而拘于俗情之樂
生惡死，實為人生最大的盲點與迷障。俗見咸認生命生存得享無窮欲樂，進
而錯認死亡乃悅樂之剝奪與終止，故由此生出悅生惡死之執見。其實俗情所
謂悅樂，在莊子看來並非真樂，俗情之樂終究以痛苦為本質。故生在莊子看
來反倒是負累與勞苦之歷程，而死亡反倒是此一憂苦過程之終止。這是從相
對的觀點，來超克常人對生死的主觀情識之執。復次，總之，莊子認為，推
究生之前之始源不可知，死之後之究竟亦不可得，如〈齊物論〉所云：「有始
也者，有未始有始也者；有未始有夫未始有始也者，有有也者，有無也者，
有未始有無也者，有未始有夫未始有無也者。」可見推至生前死後之究竟，
在莊子看來即是無窮後退莫得其始，故由此而來之種種憂慮恐懼亦屬無謂。
〈德充符〉云：「胡不直使彼以死生為一條，以可不可為一貫者，解其桎梏，
其可乎！」正是說明了「死生一如」的人生觀；如果人無法得知死後如何，
那麼對死亡的恐懼實則悖離生命之本真與天性。

三、由工夫境界來談對生死之超越

莊子之生死智慧與其工夫境界互為表裡；由其體道工夫之「坐忘、心齋」，
所達致之生死超越境界，其理想人格為「聖人、真人、至人、神人」，體現為
超越生死、齊一生死之體道逍遙的境界。再者，由超越、齊一生死之生死達
觀而言，則死亡反而是有限形軀之安息，故死亡反倒是為一件樂事，而生死
本質亦呈現為人生迷夢之特性。

（一）以死為息、以死為樂與以生死為迷夢

莊子生死觀之認識論層面，乃藉「以理化情」解消凡人對死生之迷障，
因此，對照生與死之存在情境，則相對於生之勞苦形軀的死亡，則死亡反而
是生命的安息、逍遙與快適，〈至樂〉云：

> 莊子之楚，見空髑髏，髐然有形，……援髑髏，枕而臥。夜半，髑
> 髏見夢曰：「子之談者似辯士。視子所言，皆生人之累也，死則無此
> 矣。子欲聞死之說乎？」莊子曰：「然。」髑髏曰：「死，無君於上，
> 無臣於下；亦無四時之事，從然以天地爲春秋，雖南面王樂，不能
> 過也。」莊子不信，曰：「吾使司命復生子形，爲子骨肉肌膚，反子
> 父母妻子閭里知識，子欲之乎？」髑髏深矉蹙頞曰：「吾安能棄南面
> 王樂而復爲人間之勞乎？」

莊子認爲死之樂甚至超越南面王樂，乍看之下，莊子似乎有貴死輕生、矯枉
過正之嫌，然而莊子本懷應在於對治「惡乎知說生之非惑邪？」來化解人樂
生惡死之迷思。因此，莊子「臨屍而歌」也就不足爲奇，〈大宗師〉中以虛構
的三位世外高人之「臨屍而歌」，來充分展示莊子對死亡的超然態度，子桑戶、
孟子反與子琴張彼此相交爲友，當子桑戶死時，孟子反與子琴張便作曲高唱
以示慶祝。三人對死生的超然態度，由莊子假藉孔子與子貢對話中得見，〈大
宗師〉云：

> 子桑戶死，未葬。孔子聞之，使子貢往侍事焉。或編曲，或鼓琴，
> 相和而歌曰：「嗟來桑戶乎！嗟來桑戶乎！而已反其眞，而我猶爲人
> 猗！」子貢趨而進曰：「敢問，臨屍而歌，禮乎？」二人相視而笑曰：
> 「是惡知禮意！」子貢反，以告孔子，曰：「彼何人者邪？修行無有，
> 而外其形骸，臨屍而歌，顏色不變，無以命之。彼何人者邪？」孔
> 子曰：「彼遊方之外者也，而丘遊方之內者也。外內不相及，而丘使
> 汝往弔之，丘則陋矣！彼方且與造物者爲人，而遊乎天地之一氣。」

孟子反與子琴張「臨屍而歌」，並非矯情造作，由此掩飾其內心的哀傷；而是
眞心爲死者之解脫而高興，因爲子桑戶因死而得以「反其眞」，不若二人仍有
生之累，是眞正的逍遙解脫。

　　莊子對死生之超然態度，透顯出以死爲樂之義涵，亦點出以死爲息之內
涵，〈大宗師〉云：

> 夫大塊載我以形，勞我以生，佚我以老，息我以死。故善吾生者，
> 乃所以善吾死也。

「以死爲息」亦是由認知上化解俗情之樂生惡死，莊子指出人由生則勞苦不
斷，苟苟營營以養其生，惟至老時得稍享清閒，故死亡不啻乃勞苦憂患生命
之止息，因爲死亡正適足以回歸自然，生命亦由此終得安息無憂，則俗情之

悅生懼死實屬不智。〈養生主〉云：

> 老聃死，秦失弔之，三號而出。弟子曰：非夫子之友邪？曰：然。
> 然則弔焉若此，可乎？曰：然。……適來，夫子時也，夫子順也，
> 安時而處順，哀樂不能入也。古者謂是帝之懸解。

由生命的不朽性來看，則生死問題勢必僅能視為外在現象變化般，成為生命歷程中的兩個階段，屬於生住異滅的現象層面。生命之精神本原則無生無死，死亡於此反而成為一種解脫。凡人由於情識之執，戀生惡死而為生死迷障所縛，不能跳脫喜惡情執而致痛苦無邊，在莊子看來生只是生命之適來，死亦僅是生命之適去；明乎此，即能安時處順，不為樂生惡死而生死自在。

莊子以死為樂、以死為息，面對己身之死生問題，亦體現了「鼓盆而歌」、「外形骸」之達觀；〈至樂〉記載莊子妻死「鼓盆而歌」之瀟灑：

> 莊子妻死，惠子弔之，莊子則方箕踞鼓盆而歌。惠子曰：「與人居，
> 長子、老、身死，不哭亦足矣，又鼓盆而歌，不亦甚乎？」莊子曰：
> 「不然，是其始死也，我獨何能無慨！然察其始而本無生；非徒無
> 生也，而本無形；非徒無形也，而本無氣。雜乎芒芴之間，變而有
> 氣，氣變而有形，形變而有生。今又變而之死。是相與春秋冬夏四
> 時之行也。人且偃然寢於巨室，而我噭噭然隨而哭之，自以為不通
> 乎命，故止也。」

莊子初亦隨俗情「噭噭然隨而哭之」，後則悟其謬乃「鼓盆而歌」，莊子體認生命乃道之氣化所形變，死亡不啻為氣之聚散，也是道之行、命之行也，俗情之哀樂實是違反自然之道，昧於生命實情真相，人面對死生應「以理化情」來消解冥化之，如此方能藉由死生之體驗，進一步體認生生之本。故死亡於此成為「偃然寢於巨室」，為回歸天地自然間的一種安息，回歸「本無氣」、「本無生」之本，此本即萬物生化之「道」，亦是大化流行之「道」。莊子面對愛妻之死，進而勘破死亡之情識執見，也體現在自己面對死亡的智慧上，〈列禦寇〉云：

> 莊子將死，弟子欲厚葬之。莊子曰：「吾以天地為棺槨，以日月為連
> 璧，星辰為珠璣，萬物為齎送。吾喪具豈不備邪？何以加此！」弟
> 子曰：「吾恐烏鳶之食夫子也。」莊子曰：「在上為烏鳶食，在下為
> 螻蟻食，奪彼與此，何其偏也！」

此乃莊子面對死亡之達觀，其所展示為萬物一體、物我平等之旨趣，也是莊

子「外形骸」之死生智慧體現。

再者，若能明白死生乃造化自然之理，就可從妄執生死的迷情中覺醒，而不爲生死所恐動。〈齊物論〉云：

> 方其夢也，不知其夢也，夢之中又占其夢焉，覺而後知其夢也。且
> 有大夢，而後知此其大夢也。

正唯勘破生死的迷執，則視生死如人生迷夢；故生則實乃南柯一夢，死亡反倒是夢醒時分。體會生死乃生命之一體兩面，覺而不爲其所憂懼戀執，方能回復生命之本眞與清明。

（二）由工夫境界來呈顯超越生死之理想人格

莊子哲學對生死之洞見，除了在認識論上以生死爲自然現象之慧解外，並進一步結合其哲學工夫論層面之內涵，來建構由工夫論與境界論所充實之生死哲學體系。以下略論「心齋、坐忘」等義之內涵。

1. 心齋

心齋乃莊子哲學之工夫實踐，作爲生命滌清、回復本眞之工夫，進而回復清明天眞之生命樣貌，〈人間世〉云：

> 若一志，無聽之以耳而聽之以心，無聽之以心而聽之以氣。聽止於
> 耳，心止於符。氣也者，虛而待物者也。惟道集虛。虛者，心齋也。

「聽之以耳」、「聽之以心」、「聽之以氣」三者顯然有層次上的區別，成玄英疏云：「耳根虛寂，不擬宮商，反聽無聲，擬神心符」、「心有知覺，起攀緣；氣無情意，虛柔任物。故去彼知覺，取此虛柔，遣之又遣，漸階玄妙也乎！〔註53〕」莊子強調透過感官限制的層層剝落，才能透顯「心齋」無執的虛靈理境；然而在此對耳、心的剝落乃「作用的保存」而非「本質的否定」〔註54〕，其目的皆在強調消除種種生命的病症，並以此爲體道的工夫修煉。使心靈能長保潔淨清明，以「無聽之於耳」而「聽止於耳」；「無聽之以心」而「心止於符」，經此「離形去知」的工夫，最終期能安于生死之變。

2. 坐忘

坐忘爲莊子體道逍遙之工夫修煉，透過「坐忘」道體之境界得以呈現。關於「坐忘」的工夫境界，〈大宗師〉中有一段精彩的闡述：

〔註53〕郭慶藩輯，《莊子集釋》，台北：華正，1994年，頁147。
〔註54〕請參考高柏園，《莊子內七篇思想研究》，台北：文津出版社，1992年，頁133
　　　～134。

顏回曰：「回益矣。」仲尼曰：「何謂也？」曰：「回忘仁義矣。」曰：
「可矣，猶未也。」它日，復見，曰：「回益矣。」曰：「何謂也？」
曰：「回忘禮樂矣。」曰：「可矣，猶未也。」它日，復見，曰：「回
益矣。」曰：「何謂也？」曰：「回坐忘矣」仲尼蹴然曰：「何謂坐忘？」
顏回曰：「墮肢體，黜聰明，離形去知，同於大通，此謂坐忘。」仲
尼曰：「同則無所好也，化則無常也。而果其賢乎！丘也請從而後也。」

「墮肢體，黜聰明，離形去知」，為坐忘體道之工夫階次，透過忘形與泯知見
之後，才能復歸體道「同於大通」，進而物我兩忘、內外一如，此即「坐忘」
之究竟；「大通」即「大道」，成玄英疏曰：「大通，猶大道也。」郭象注曰：
「既忘其跡，又忘其所以跡者，內不覺其一身，外不識有天地，然後曠然與
變化為體而無不通也〔註55〕。」復次，「忘」乃減損治療之工夫性質，是由外
而內的打通生命的桎梏，由「心齋」所呈顯之無所好的生命情境，忘掉外在
的禮樂、仁義、物我之束縛，生命也就形神俱化，進而「同則無好也，化則
無常」〈大宗師〉。因此，「坐忘」即「同化」之工夫，透過此「化」則無人無
我、物無非己也。

「坐忘」之「忘」乃體道生命之工夫境界，「安化」基本上以「忘」為其
工夫，由此「兩忘而化其道」。「德有所長，形有所忘」〈德充符〉，乃至「魚
相忘於江湖，人相忘於道術」〈大宗師〉；皆是透過「忘」來達到去執解蔽、
任道逍遙，由此「不譴是非，以與世俗處」。再者，能「忘」也才能「安」，「安」
即「忘」、「忘」即「安」，「忘」亦即老子「無」、「損」的工夫。「坐忘」所揭
示者乃莊子「忘」之生命智慧。「忘」不僅為莊子生命哲學之工夫，亦是體道
逍遙之境界，也是莊子生死哲學所透顯之智慧達觀。

透過「心齋、坐忘」，進而「朝徹、見獨、攖寧」，乃真人體道之境界體
現，呈顯在莊子生死學層面，則為境界層面的無古今與不生不死，〈大宗師〉
云：

參三日而後能外天下；已外天下矣，吾又守之，七日而後能外物；
已而外物矣，吾又守之，九日而後能外生；已外生矣，而後能朝徹，
朝徹而後能見獨，見獨而後無古今，無古今而後入於不死不生。殺
生者不死，生生者不生，其為物，無不將也，無不迎也，無不毀也，
無不成也。其名為攖寧，攖寧也者，攖而後成者也。

〔註55〕郭慶藩輯，《莊子集釋》，台北：華正，1994 年，頁 285。

〈大宗師〉所謂「外天下」、「外物」、「外生」的「外」，實乃「忘」之工夫。經此「外」的工夫而達致「朝徹」之理境，所謂的「朝徹」，郭象注云：「豁無滯，見機而作，斯朝徹也。」成玄英疏云：「朝，日也。徹，明也。死生一觀，物我兼忘，惠昭豁然，如朝陽初啓，故謂之朝徹也。〔註56〕」可見「朝徹」乃物我兩忘、豁然虛明與透徹無滯之心境，此清明豁然之心境，實乃透過「心齋」、「坐忘」方能達致。「朝徹」進一步「見獨」，關於「見獨」，郭象云：「當所遇而安之，忘其先後之所接，斯見獨者也。」「見獨」即物我兩忘之境更昇進一層，進而能物我俱化俱現，終臻「無古今」、「不生不死」的境界，此爲「攖寧」安寧靜篤的境界，此乃莊子境界哲學安於道之究竟境界。

　　3.「聖人、真人、至人、神人」之人格境界

　　莊子體道之「聖人、真人、至人、神人」所呈現者，皆體道逍遙之工夫理境；「真人、至人、神人」也是莊子生死哲學之境界展現，其皆體道歸真、超越生死。〈大宗師〉云：

> 古之真人，不知說生，不知惡死；其出不訢，其入不距……。不忘
> 其所始，不求其所終；受而喜之，忘而復之，是之謂不以心捐道，
> 不以人助天，是之謂真人。

莊子謂「不以人助天」，即不企圖以人力改變天道之自然規律，死生乃道之自然而化，人只能隨順接受，而無須妄圖逆轉改變；因此，接受自然之變化不以私情而內傷其真性，實則視死生爲出入、來去，此乃「真人」之境也。關於至人，也表現爲八風不動、死生不驚之境界，〈齊物論〉云：

> 大澤焚而不疼熱，河漢冱而不能寒，疾雷破山而不能傷，飄風振海
> 而不能驚，若然者，乘雲氣，騎日月，而遊乎四海之外，死生無變
> 於己。

莊子用境界式的描述，說明至人之精神修爲，乃至於至人之「乘雲氣，御飛龍，而遊乎四海之外」，皆爲精神境界之詩性描述。再則，「神人」由於其精神境界高度，亦是不爲死生所撼動，〈逍遙遊〉云：

> 物莫之傷，大浸稽天而不溺，大旱金石流、土山焦而不熱，是其塵
> 垢秕糠，將猶陶鑄堯舜也，孰肯以物爲事。

莊子之「真人、至人、神人」皆生命之理境，故不受喜怒哀樂、世俗得失乃至死生之變所影響，展現其崇高與理想之人格境界。

〔註56〕郭慶藩輯，《莊子集釋》，頁254。

綜而言之，「死生命也」乃莊子死生智慧之客觀解析；而「死生一體」之以死爲息、以死爲樂乃至視生死爲人生之迷夢，則由認識論上消解人主觀之悅生惡死的迷思；而「心齋、坐忘」之工夫內涵，乃至「不生不死、生死無變」之人格境界的描述，則進一步體現莊子生死智慧之工夫境界。

肆、海德格與莊子生死觀之比較

在海德格與莊子生死觀之比較部分，透過上述個別對海德格與莊子生死觀之深入論析，本文認爲海德格與莊子之生死觀異同，具體表現在以下幾個層面。一、對於死亡本質的了解相近（死亡之必然性、屬己性與不可逆）。二、在認識論與工夫境界論上的差異：（一）認識論的特色不同（海德格細膩而深刻，莊子透徹而全面），（二）生死觀的重點不同（海德格強調認識論，莊子進一步強調工夫義與境界義）。以上分述如下：

一、對於死亡本質的了解相近：死亡之必然性、屬己性與不可逆

對死亡之必然性的理解，可以看出莊子與海德格具有相同的慧解；但海德格對存有之死亡分析較莊子「死生，命也」更爲細膩與明晰。海德格認爲死亡乃「此有」之最本己的可能、向死而在。對照〈齊物論〉所云：

> 一受其成形，不亡以待盡，與物相刃相靡，其行盡如馳，而莫之能止，不亦悲乎！終身役役，而不見其成功，茶然疲役，而不知其所歸，可不哀邪！

莊子也認爲人一誕生，便踏上了向死亡前進的路途，陷入世間的種種矛盾衝突之中，無窮的逐名追利的後果，弄得身心俱疲、生命無家可歸。因此，人疲於逐名追利，終究落得「亡宅失所」〔註 57〕，此「亡宅失所」乃生命意義之喪失。對照海德格的實存分析，也認爲人之存在本質乃「向死之存在」：

> 構成此有的「非整體性」的東西即不斷先行於自身……它是一種此有作爲它所是的存有者向來就不得不是的尚未〔註58〕。

這與〈齊物論〉可以相互印證理解，亦即這種不斷先行於自身；作爲「此有」最大可能性的死亡，總是先行和不可逆的。在這不可逆的意義下，吾人生命存在的每一時刻，同時就是朝向死亡，甚至隨時都可能死亡。而常人面對死

〔註57〕請參考《老子》第三十三章云：「不失其所者久」然而現代人的處境正是亡其宅與失其所的。

〔註58〕BT 227〔244〕。

亡則往往採取非本然的實存態度，慢慢待到死亡將至時才意識到其急迫性，平時則儘量避談死亡，誤認死亡為一種生存威脅，而非生命存有之根本實存挑戰〔註59〕。

　　海德格此處所談到的死亡，當然不僅是生物意義上與肉體上的死亡。而是所謂的人生「終結」。海德格以為死亡並不等同于完成某一件事情，或是一個事物毀壞了，只是一種單純的「結束」、「完成」、或「不存在」的意義。死亡可說是人的整個存有方式，只要人存在著，就要承擔著死亡的存有。所以死亡實乃存在于每一個呼吸瞬間：

> 於是，死亡作為此有的終了，是此有最本己的、最無所關涉的、確
> 知的，而其作為本身則又是不確定的、不可逃脫的可能性。死亡作
> 為此有的終了，在這一存有者朝向著他的終了的存有中。〔註60〕

對照海德格對死亡的分析，發現其與莊子生死觀之相似點。即死亡作為人存有的必然性，乃不可取代與不可逆的。海德格說：「死亡是完完全全的此有之不可能的可能性。於是死亡綻露為最本己的、無所關聯的、超不過的可能性。〔註61〕」死亡是存在之終極必然，死亡是人存在情境最超越不過者；此亦莊子「死生，命也」之義涵，死亡乃命定之必然者，「死生，命也」也是立足於視死亡為一必然性而言，此乃生命之不可逃不可逆，故言「命也」；顯而可知，這裡的「命」透顯出莊子對死亡的一種根本認知。另外，死亡雖是肯定無疑的，然其降臨又是不確定的，故人總是對生命採取一種非本然的認知態度，是以面對死亡這種「命」，也就往往是悲觀、消極與負面的。

　　由上述對於死亡之必然性、屬己性與不可逆之論述，可以看出海德格在此呈現更為細膩與深入的分析。再者，就兩者生死觀之相異部分，透過前文分別對莊子與海德格生死觀的論述，可以看出兩者生死觀之基本內涵；其生死觀之不同勝解，可以由認識論層面與工夫境界層面來考察。

二、在認識論與工夫境界論上的差異

（一）認識論的特色不同：海德格細膩而深刻，莊子透徹而全面

　　海德格著眼于「在世存有」，主要以認識論的面相來深入梳理死亡之種種

〔註59〕傅偉勳，《學問的生命與生命的學問》，台北：正中，1994年，頁96。
〔註60〕BT 239〔258〕。
〔註61〕BT 232〔251〕。

與生俱存的樣態，卻缺乏對臨終關懷的「以理化情」工夫〔註62〕；這部分在莊子書中則相當很豐富，無論是「三號而出」、「鼓盆而歌」乃至「臨屍而歌」，其對生死的達觀尤為透澈與瀟灑。以莊子自己的臨終態度而言，在〈列禦寇〉中，莊子以「以天地為棺槨，以日月為連璧，星辰為珠璣，萬物為齎送」為厚葬，以「在上為烏鳶食，在下為螻蟻食，奪彼與此，何其偏也！」來泯除俗情之分別知見，則其生死達觀之瀟灑與透澈，體現為萬物一體、物我平等之理趣，此境界亦「外形骸」死生智慧之展現。

另外，海德格生死觀中缺乏「存在狀態上」（ontisch）面相之探討〔註63〕；在莊子生死哲學中，則鮮明呈現此方面之豐富論述。諸如視生死為氣之聚散、生死輪轉等義涵，首先，「人之生，氣之聚也。聚則為生，散則為死」〈知北遊〉，視生死變化同乃天地道體之運行作用，呈現為「氣之聚散」作用，「氣之聚散」為道之大化流行之作用。故在莊子看來死生乃氣之聚散，氣之凝聚而有生命，氣之離散而消亡，故死生乃循環無端。再則，〈至樂〉篇所提到的種種生死變化中的物種替代，也是對死後景況與生命來去作出解釋，此處用意不外「以理化情」，解消凡人對死亡的恐懼。

因此，在生死觀之認識論上的論析，海德格存有哲學深刻的呈顯「朝向死亡的存在」之義涵，對照莊子「死生，命也」之生死觀內涵而言，則表現為更加細膩與詳盡的論述；但就生死觀認識論的全面性而言，莊子生死觀結合人性、文化乃至宗教神話內涵（呈現在工夫境界義上），表現更為廣闊與全面的視野。

（二）生死觀的重點不同：海德格強調認識論，莊子進一步強調工夫義與境界義

海德格與莊子生死觀的異同，主要還是顯現在工夫論與境界論的層面之上；莊子的工夫實踐與其哲學內涵息息相關。相對而言，海德格乃由認識論

〔註62〕 海德格所談的死亡，比較由一現實生活的立場看待死亡（Living Dying），而非臨終者與死亡者（Dead Dying）所面對之死亡問題。故從現代生死學的角度而言，海德格的生死哲學欠缺一些對死亡問題現實情境之提問與回答；請參考李燕蕙，〈早期海德格的生死哲學〉，《揭諦》第 8 期，2005 年 4 月，頁97。另外，海德格對此在之生死的存有論分析，雖有其缺憾：如前所述，人性連結之重要性在其生死哲學中缺深度。請參考李燕蕙，〈早期海德格的生死哲學〉，《揭諦》第 8 期，2005 年 4 月，頁 129〜130。

〔註63〕 請參考李燕蕙，〈早期海德格的生死哲學〉，《揭諦》第 8 期，2005 年 4 月，頁97（註 8）。

「先行到死」的體悟，進而決斷邁向本眞存有與死亡之自由。由此看來，莊子生死觀結合其生命哲學中之諸多文化、神話之建構，呈現更爲豐富之內涵。

首先，就兩者生死觀之強調側面而言，則莊子生死觀突出的強調工夫義與境界義的內涵。莊子哲學工夫論的本質乃生命之淨化、純化，此純化與淨化之工夫，表現如「心齋、坐忘」等內涵〔註64〕。「心齋」乃莊子哲學之工夫實踐，強調透過感官限制的層層剝落，作爲生命滌清、袪病之實踐歷程，進而回復清明天眞之生命樣貌。海德格雖也強調人透過決斷，以一種本然的生活態度，進而抉擇實踐本眞生命之理想；然而，在對治生命病痛之理解與分析層面，尚未建立深刻與全面之詮釋體系，亦無由此如同莊子般，透過「心齋、坐忘」之實踐工夫，建構其生死哲學之工夫境界論。換言之，生命病痛之最大者，實乃悅生惡死之生死迷執；莊子在生死觀工夫義與境界義上的強調，正足以由生命病痛與扭曲深入生命之本質天眞。是以「心齋」無執的虛靈理境，乃種種生命病症之消除，由此長保心靈之潔淨清明，則此「離形去知」，終臻安于生死之變的理境。

再者，「坐忘」亦莊子體道逍遙之工夫境界，其終極亦得呈顯忘生死之境界。「坐忘」之究竟乃「同於大通」（「大通」即「大道」），同於大道者即無生死（道無死生故亦是對生死的超越）。因此，「坐忘」作爲「同化」之工夫，實乃無人無我、物無非己乃至亦無生死哀樂可言。「坐忘」之「忘」爲體道生命之工夫境界，能「忘」即能「安」，「安」即「忘」、「忘」即「安」，「忘」亦老子「無」、「損」的工夫。「坐忘」所揭示者乃莊子「忘」之生命智慧，是以「忘」不僅爲莊子生命哲學之工夫，亦是體道逍遙之境界，也是莊子生死哲學所透顯之智慧達觀。

最後，透過「心齋、坐忘」進而「朝徹、見獨、攖寧」，「朝徹、見獨、攖寧」乃眞人體道之境界，呈顯在莊子生死哲學層面，則爲無古今與不生不死之內涵：「已外生矣，而後能朝徹，朝徹而後能見獨，見獨而後無古今，無古今而後入於不死不生。殺生者不死，生生者不生，其爲物，無不將也，無不迎也，無不毀也，無不成也。其名爲攖寧，攖寧也者，攖而後成者也。」〈大宗師〉，「朝徹」乃物我兩忘、豁然虛明與透徹無滯之心境，由此「朝徹」進一步「見獨」，「見獨」即物我俱化俱現，乃至「無古今」、「不死不生」的境

〔註64〕「心齋」與「坐忘」部分論述內容摘錄自吳建明，〈莊子「命」論之生死觀解析〉，《揭諦》第 12 期，2007 年 3 月，頁 39～50。

界，此「不死不生」實爲「攖寧」之安寧靜篤，此乃莊子生死哲學之究竟境界，亦即安於道之理境。

綜而言之，莊子生死哲學透過其工夫實踐，由此詩性的表徵一種理想人格的達成，更進一步由其人格境界的成就內涵，兼攝著對死亡的超越（此乃由原始宗教神話轉化而來）；同時結合人性、文化乃至宗教神話等諸層面內涵，體現爲豐富與完整的生死哲學內涵。相對而言，海德格生死觀側重在認識論層面之分析，並無結合人性、文化乃至宗教神話等內涵，進一步在工夫義、境界義上有所論述展現。

伍、結論

海德格思想向被視爲與東方禪道思想有所關聯，其與莊子生死觀各自呈現其精彩。在生死觀之認識論層面，海德格存有哲學藉「朝向死亡的存在」，在《存有與時間》中關聯「此有」之死亡分析，可以看出其「向死存在」之論述進路，透顯其生死觀在認識論上細膩與深刻之分析；此以死亡作爲「此有」最本己的可能，透顯其對死亡之認識深度；對照莊子「死生，命也」之生死觀內涵而言，則表現爲更加細膩與詳盡的論述。但就生死哲學之全面性內涵而言，則莊子生死觀進一步對臨終關懷，與人實際面對死亡之情緒療癒或喪親之痛的悲傷治療，更能顯示其生死觀所涵攝之治療力道所在。另外，對死亡存在樣態與死後景況的論述，莊子生死哲學皆有所點示，並透過其生命哲學裡之工夫實踐，使其生命境界的成就內涵，兼攝著對死亡的超越（此乃由原始宗教神話轉化而來），同時也詩性的象徵一種理想人格的達成。故其生死哲學乃是結合其生命理境之理想人格的追求，表徵爲統整人性、文化乃至宗教神話之內涵（由工夫境界義呈顯），進而開展更爲廣闊與全面的視野，成爲先秦時期最豐富與完整的生死哲學內涵。

引用書目

1. Martin Heidegger，*Being And Time*.2nd ed.Trans Joan Stambaugh.U.S.A：State University of New York Press，1996.
2. 王弼著，陸德明釋文，《老子道德經注》，台北：世界書局，2005 年。
3. 朱莉美，〈莊子與海德格爾「生死觀」的比較〉，《德霖學報》第 17 期，2003 年 6 月，頁 143～167。

4. 余德慧，《生死學十四講》，台北：心靈工坊，2003 年。

5. 克里希那穆提著，廖世德譯，《生與死》，台北：方智，1996 年。

6. 吳建明，〈莊子「命」論之生死觀解析〉，《揭諦》第 12 期，2007 年 3 月，頁 12～33。

7. 李燕蕙，〈早期海德格的生死哲學〉，《揭諦》第 8 期，2005 年 4 月，頁 93-134。

8. 金谷治（日），〈《莊子》的生死觀〉，《道家文化研究》第 5 輯，1994 年。

9. 海德格著，王慶節、陳嘉映譯，《存有與時間》，台北：桂冠，1994 年。

10. 高柏園，《莊子內七篇思想研究》，台北：文津出版社，1992 年。

11. 梅耶（Reinhard May）著，G.Parkes 英譯，Heidegger's hidden Sources: East Asian Influences on his Work.《海德格思想的隱藏根源：東亞對他的思想的影響》，New York，1996。

12. 郭慶藩輯，《莊子集釋》，台北：華正，1994 年。

13. 傅偉勳，《生命的學問》，台北：生智，1998 年。

14. 傅偉勳，《死亡的尊嚴與生命的尊嚴》，台北：正中書局，1996 年。

15. 傅偉勳，《學問的生命與生命的學問》，台北：正中書局，1993 年。

16. 賴賢宗，〈海德格論道：一個文獻學之考察〉，《思與言》第 42 卷第 2 期，2004 年 6 月，頁 229～266。

附錄二　海德格〈藝術作品的本源〉 之美學思想研究[*]

壹、前言

海德格（*Martin Heidegger*，1889～1976）在完成《存有與時間》之後，開始關注人在科技時代的異化現象；進而對二十世紀人類的存在情境加以反省與思索，這都反映在其對技術的反省與藝術問題的關心上。在 1935 年的〈藝術作品的本源〉一文中，即指出科技把自然對象化，而導致了對自然的破壞之景況。緣此，海德格後期思想對現代科技造成的人身心之扭曲、本性的喪失之存有危機有深刻的反省與批判，並試圖藉由藝術與語言的觀點加以超克之。

1930 年代中期以後，海德格對美學問題更加重視；由於他十分喜愛荷爾德林的詩，這些詩也對海德格的美學思想產生了影響。他的美學思想與其存有哲學息息相關，雖然海德格無意創造一完整的美學體系，然其所提供者乃不同於傳統美學所理解者。

由於海德格對美學問題的思考與其存有哲學密切相關，其美學思想即奠基於此有（Dasein）的基本存有學之上。故在探討其美學思想之前，吾人有必要對海氏的存有思想有所領會，俾有助於體會其美學思想之內涵。因此，本文在說明海德格對美學問題的思考之前，先就海德格的存有論略作敘述，再對其美學思想作深入的解析。

---

[*] 本篇論文摘錄自拙著：〈海德格〈藝術作品的本源〉之美學思想研究〉，《樹德通識教育專刊》創刊號，2007 年 4 月，頁 67～85。

貳、海德格存有思想之概述

一、海德格對傳統形上學的批判

海德格繼承了胡塞爾（*Husserl, 1859～1938*）現象學的方法，而發展出別異於胡塞爾的存有學理論，胡塞爾認為現象（真相）為意識的純化〔註1〕，而海德格認為現象（真相）為此有的現象學（主客合一）。海德格批評傳統形上學混淆了存有者（seiendes）與存有（Sein），而傳統形上學只追問存有者而遺忘了存有，是一種無根的存有學；誠如傅偉勳所言：

> 海德格認為整個西方形上學史乃不外是哲學的「主觀性」日益突出強化的發展過程。這在近代哲學形成了主體性原則，即把思維的主體當作存有者的根據，笛卡爾的「我思故我在」為其開端，而尼采的「權力意志」論便是形上學的「主觀性」在近代歐洲日益強化的最佳說明，而發展此一理論的尼采本人就是西方傳統的最後形上學家，尼采之後原先建立在「主觀性」（亦即「權力意志」）的整個形上學必須解體，也祇好解體。依海德格的觀點，形上學既構成了西方哲學傳統的核心或奠基理論，形上學的解體等於宣告了哲學的終結〔註2〕。

〔註1〕 胡塞爾著重意識之探討，認為將意識轉為純粹（pure）意識，才能了解事物的真相，進而能夠將主客二分的困境予以取消。其主要主張有：（1）存而不論（Epoche）、中止判斷：源自希臘懷疑論者用詞，指吾人理解事物的方式不能以先入為主的方式來看待，即不能以先前的假設作為前提，要打破主客二分的認識態度。（2）邏輯研究：胡認為心理學的缺失在把邏輯的規則和因果的規則（要以實際的事物為背景）混為一談。（3）先驗現象學。胡氏認為透過意識的純化，方能達到本質的直觀（intellectual observation of subjec）、超驗的直觀（transcendental intuition）與互為主體性（Inter-subjectivity），從而認識事物之真相。

對照而言，康德把意識與表象分開（主客對立），胡塞爾於此則不分（主客合一）；胡氏乃以 noesis 指意識作用代替（subject）主體，以 noema 指意識內容替代客體（object），由此將主客體消融在意識當中。此消融過程乃是把意識轉為超驗的意識，從意識的純化過程中將意識轉為超驗的。此時，自我則成為（transcendental ego）。如此，方能了解事物的真相，此意識純化後的超驗意識（亦通王陽明之「心即理」，受禪宗清淨心、如來藏的影響）即能打破主客的對立，故胡塞爾把西方哲學的二分性格打破。胡塞爾從人意識的純化來談存有論，而海德格則從人的存在來談 ontology（基本存有論）。相關研究請參考胡塞爾著，倪梁康譯，《邏輯研究：現象學與認識論研究》，台北：時報文化，1999 年；康德著，韋卓民譯，《純粹理性批判》，武漢：華中師範大學出版社，1999 年。

〔註2〕 傅偉勳，《學問的生命與生命的學問》，台北：正中，1993 年，頁 93。

因此，海德格認為西方傳統的形上學，乃是對存有與思考的原初意義之偏離，而此種偏離即由柏拉圖開始，笛卡爾哲學是一個重大的轉折點，而尼采哲學則是這個偏離的完成。關於西方傳統形上學之偏離存有的發展概況，本文參酌陳榮華在《海德格哲學——思考與存有》書中第四章所作的論述，擇要加以整理敘述如下：

1. 柏拉圖

海德格認為西方哲學偏離思考和存有的原初意義，始自於柏拉圖，柏拉圖的思考（noein）不再是以領受（apprehension）的方式，如其所如地接納存有的自我解蔽，取而代之的是思考成為由人自己建立一種更正確的「看」（more correct glance），由之去掌握存有。海德格說：

> 「無蔽狀態」指的是始終作為通過理念之閃現狀態而可通達者的無蔽者，但只要通達（Zugang）勢必要通過某種「看」來實現，則無蔽狀態便被夾入與看的「聯繫」（Relation）中，亦即是與看「相關的」〔註3〕。

另一方面，存有不再是解蔽性或呈現性，而是一個擁有外貌（Aussehen，outward appearance）的理型（idea）〔註4〕。思考和存有的原初意義被遺忘了，人僅能瞭解到思考和存有的引申意義。因此，西方哲學從柏拉圖開始，明顯的偏離了古希臘人自始以來的哲學立場，即「存有」作為解蔽性。

在〈柏拉圖的真理學說〉一文中，海德格認為，柏拉圖之所以偏離了古希臘的存有作為 physis（湧出）和 logos 的傳統，基本上不是由於他對思考的誤解，而是由於他改變了真理本性的意義。真理不再是古希臘所說的解蔽性（aletheia，Unverborgenheit），而是理型（idea）〔註5〕。因此，在海德格看來，柏拉圖以理型去說明真理，即是一種偏離。

2. 笛卡爾

笛卡爾提出「我思故我在」，認為存有不再藉由觀看（視線）來掌握；而是由其自身去規定存有，符合其決定者方被確定為存有。人突顯其自身為規定性的角色，由此駕御、規定存有的意義。笛卡爾認為思考不僅是表現出其

〔註3〕海德格著，孫周興譯，《路標》，台北：時報，1998年，頁221。
〔註4〕海德格說：「『理念』乃是外觀，這種外觀給出對在場者的展望」，請參見海德格著，孫周興譯，《路標》，台北：時報，1998年，頁221。
〔註5〕請參考陳榮華，《海德格哲學——思考與存有》，台北：輔仁大學出版社，1992年，頁90。

對象，甚至是一種規定性的表象而規定其對象。因此，主體基礎性在笛卡爾哲學中，清楚顯示為規定者的性格。

當存有明顯地作為主體基礎性，而真理作為確定性時，人成為一個自律的立法者，去規定何者為真與何者為實有（Wirklichkeit，actuality），故一切存有者皆奠基於一自我規定及自視為立法者的主體〔註6〕。在此，海德格認為此「主體」哲學的發展，實為西方傳統哲學偏離存有的重大轉折。從西方主客分立的思想理路來看，對照于儒家之「天人合一」、禪道之「物我無二」的主客消融理境，其思想上的關懷點是有所區別的。

3. 尼采

笛卡爾認為存有是主體基礎性（Subjektitat，subjectness），而主體是指自給法則（self-law-giving）和自我確定（self-certain）的表象者。就在這種表象中，主體規定何者為實有（Wirklichkeit，actuality）和何者為真的。然而，到了尼采，這種主體基礎性得到更進一步的發展。主體作為毫無限制的權力意志（unbedingter Wille zur Macht，uncontioned will to power）。權力意志的本性要求不斷豐沛其權力，並貫徹其自身之命令，故迫害（persecute）或壓迫存有者，使之屈服在其意志之下。因此，意志對於那作為解蔽性的存有無法瞭解。尼采的哲學實現了人本主義的最高發展，同時亦讓那作為解蔽性的存有退隱在黑暗中〔註7〕。

再者，海德格認為權力意志的思考方式即「技術」（technological），而權力意志哲學也代表西方形上學之完成〔註8〕。

綜而言之，海德格認為：傳統西方哲學對存有的理解皆是有所偏離的，都是落在主客二分的分位上來思考，如此的思考進路，不啻造成了人與萬物之間的緊張；也促使得人無以領會存有之真理，而海德格所提出的基本存有論正是試圖消解此一偏離所作的嘗試。因此，在理解海德格對西方傳統形上學的批判之後，接著說明海德格存有思想的前後發展，以明白海德格後期對美學問題的看法。

〔註6〕 請參考陳榮華，《海德格哲學——思考與存有》，頁102～103。
〔註7〕 請參考陳榮華，《海德格哲學——思考與存有》，頁104。
〔註8〕 海德格說：「柏拉圖的思想跟隨著真理之本質的轉變，這種轉變成了形而上學的歷史，形而上學的歷史在尼采的思想中開始了它的無條件的完成。」請參見海德格著，孫周興譯，《路標》，台北：時報，1998年，頁232。

二、海德格「此有」的基本存有論之釐析

《存有與時間》是海德格早期的代表作，而「基本存有論」（fundamental ontology）則是其中心思想〔註9〕。它通過「此有」（Dasein）的存在分析來揭露存有的意義。其「存有」、「存有物」、「此有」三者在《存有與時間》的基本存有論中的關係，可約略歸納如下：

1. 存有物的存有其自身並不「是」存有物。如果我們要領會存有問題，在哲學上，第一步即在於不要「敘述故事」——亦即不要藉著將一個存在物回溯到它所由來的另一個存有物這種方式，以之來規定存有物之爲存有物，……因此，存有做爲我們所探問者，必須依照其自身的方式展示出來，而這種方式在本質上有別於存有物被揭示的方式〔註10〕。

2. 這個我們自身即是的存有物，亦即探問乃其存有諸多可能性之一的存有物，我們將以「此有」指稱之〔註11〕。……對存有的領會正是此有存有的一項確定特徵。此有在存在物層次上，其與眾不同處即在於：他「是」存有論的。〔註12〕

簡言之，海德格基本存有論揚棄了傳統西方形上學之因果思考的模式，由此尋求安立一切存有物的第一因。因此，傳統形上學皆遺忘了存有（Sein），以致於混淆了「存有」與「存有物」之間的差別。「存有」作爲一切事物之存在根據。絕不是上帝或形上實體所能取代。但是此有作爲「存有在此」，其本質與結構爲何，可以下面幾組概念來展示：

1. Dasein 作爲開顯性存有，故「此有」的本質即在於它的存在（The essence of Dasein lies in its existence），但不是如手前存有的在。因此，Dasein 基本上不是如事物般的擺在那裡，或是在人們之前的某處，故不是單純的在。Dasein 會提出問題與思慮，嘗試各種方式去通達於存有。這些都是具有手前存有所無法做到的〔註13〕。再者，由於此有是瞭解者，而它本身又是可被瞭解的，故 Dasein 總是早已瞭解著它自己。因此，海德格結論指出：Dasein 就是它的開顯性，Dasein 之所以稱爲 Dasein，

〔註 9〕 Martin Heidegger，tr. John Macquarrire and Edward Robinson，*Being and Time*，New York：Hatrper and Row，p17.以下引文皆以此英譯版本參考。

〔註10〕 *Being and Time*，p25～26.

〔註11〕 *Being and Time*，p27.

〔註12〕 *Being and Time*，p32.

〔註13〕 請參考陳榮華，《海德格哲學——思考與存有》，頁9。

是指它早已瞭解著或開顯著它自己。人作爲 Dasein，Dasein 一詞中的 sein 是存有，而 Da 就是指開顯性〔註14〕。

2. 基本存有論在西方形上學史上最重要的一項突破，就是正視此有與其它存有物的不同，打破從西方哲學中古世紀以來的 essential（本質）／existentia（存在）的二分傳統〔註15〕。將「現實性」（actuality）層面轉換爲「可能性」（possibility）〔註16〕來徵定此有。

3. 此有在其存在歷程中可以有所決斷，故能夠選擇自我、贏得自我，也可背棄自我、失去自我〔註17〕。稱前者爲「屬己性」或「本眞性」（authentucity），後者則爲「不屬己性」、「非本眞性」（inauthenticity）。依海德格的分析，泰半的人皆停留在日常世俗的非本眞狀態，就其存在樣式而言，常顯出閒聊、好奇、曖昧不清、日常頹落等等特性，相對而言，本眞性的的存在則能跳脫出日常世人的頹落狀態，此即「本眞存在」在「非本眞存在」基礎上的一種轉化（modification），由此覺悟於生命之本來面目以獲得眞正的自由，而能眞正具有「存有」的關懷。

綜而言之，此有之本質乃「在世存有」（Being-in-the-world），此有之在世存有實則爲其存在之「事實性」（facticity）〔註18〕，進而表徵了此有的「被拋擲性」（Throwness）〔註19〕之先天命運，此爲此有存在之必然性，此有作爲自我詮釋的存在；總是存在於世界之中，必須通過世界來達成對自身存有的體悟。而此有透過「在世存有」之本眞生命的實踐，最終體證存有眞理之無邊義蘊，從而確立人生命存在之尊嚴與價值。

三、海德格存有思想的轉折

《存有與時間》代表著海德格早期的思想，1930 後海德格思想發生了一個轉向，此即原初思考或本質思考的出現。原來 Dasein（此有）對存有的瞭解，不能在設計而投出的結構上，如此一來有無限後退之可能。換言之，若要肯定 Dasein 底存有者瞭解存有，但又僅藉著追溯至 Dasein 的存有之原初構

〔註14〕請參考陳榮華，《海德格哲學——思考與存有》，頁 15。
〔註15〕*Being and Time*，p67.
〔註16〕*Being and Time*，p184～185.
〔註17〕*Being and Time*，p67～68.
〔註18〕*Being and Time*，p82.
〔註19〕*Being and Time*，p174.

成狀態，以解答對存有的瞭解如何可能的問題，那是不可能的。那麼 Dasein 必須尚有另一種瞭解存有的方式。海德格後來稱之為思考，或原初思考（anfangliches Denken，originative thinking），本質思考（wesentliches Denken，essential thinking）〔註20〕。海德格〈時間與存有〉一文中曾說：

> 規定存有與時間兩者入於其本己之中即入於共屬一體之中的那個東西，我們稱之為「大道」（Ereignis）〔註21〕。

又說：

> 只要在居有中有存有和時間，居有就具有這樣的一終標準，即把人本身帶到它的本真之境，只要人站在本真的時間中，它就能審聽存有。通過這一居有，人就被歸屬到大道（本有 Ereignis）之中〔註22〕。

因此，推致存有的本源，則本有可說是較有優位性的，但本有此一概念又是無以名之的，誠如《道德經》第 1 章所云：「無，名天地之始」。再者，作為有限性存在的「此有」，則須透過種種反省的工夫，才能接受存有的光照與牽引。而且正緣於此，故存有才能把自己和存有者照亮，人才能領受它與思考它。對照于禪宗要典《信心銘》所云：「歸根得旨，隨照失宗」，此意即歸返根本才能領悟至道的深旨，隨心追逐萬境，則生出種種分別，於是就失去了至道的宗旨。此歸返根本即是歸返人存有之根，《道德經》第 16 章亦云：「復歸其根」，在《莊子·齊物論》則云：「天地與我並生，而萬物與我為一」，其基本關懷是可以相互作理解的。

申言之，海德格晚期思想有一個中心概念為（Abgrund），英文譯為「non-ground」乃地下之意，可以引申為「根據」、「本」之意；海德格晚期哲學認為萬有「根源」為「無本」；故世界之「本」乃「無本」，為「自然而然」。整個西方形上學長久以來一直處理著萊布尼茲所提出：「為何世界是有而非無？」（Why is there something rather than nothing？）的基本問題。但海德格的理解則超越西方正統的發展，他反對尋求世界之「本」、「根據」，因為尋求本源的作法，無法幫助吾人瞭解世界的「本來面目」。另外，海德格把人的「思維方式」分為兩種：一種為「默想式思維」（meditative thinking）；另一種為「計算式思維」（calculative thinking），此即一般科學和傳統形上學思維的方式。「計

〔註20〕　請參考陳榮華，《海德格哲學——思考與存有》，頁 59。
〔註21〕　海德格著，孫周興選編，《海德格爾選集》，中國：上海三聯，1996 年，頁 681。
〔註22〕　海德格著，孫周興選編，《海德格爾選集》，頁 685。

算式思維」落在「有」與「無」之對待向度中，而「默想式思維」即超越「有」與「無」向度的思維方式。故海德格認為要了解世界的「本來面目」，就不能落在「計算式思維」之中。他認為「存有」（Being）就是萬物的「本性」或「本來面目」；無法通過「有」、「無」對待之「計算式思維」來理解。人所要作的則是「順其自然」的令萬物如其所是，以此獲得人應有之「分位（Topos）」，此為人之「真正主體」所在〔註23〕。海德格晚年存有思想的轉折，已超出傳統西方形上學所關注的基本問題，其哲學基本立場雖由反省西方傳統形上學而來，然其基本關懷卻透露出：一種類似於莊子〈齊物論〉之道論性格與禪宗式的體道之妙悟。

參、海德格對美學問題的思考

一、海德格對傳統美學的批判

海德格哲學後期之轉折也表現在對藝術與技術問題的關心上，可以從其對美學問題的思考上獲得理解。海德格在〈藝術作品的本源〉一文中所研究的問題是「藝術之謎」，即藝術的本質問題，他認為傳統美學並沒有解決這個問題。認為傳統美學有以下的錯誤〔註24〕：首先，它把藝術作品看成一個對象，視為「半物半器具」的東西，進而討論它的質料與形式，這樣就把藝術作品和主體（欣賞者）置於主客二分對立的關係之中，於是美學就成了一門認識論。第二，它把藝術作品祇看成是感性的，主體祇能從作品得到感性認識或體驗，這樣就把感性認識與理性認識對立起來，藝術作品也就成為與真理無關祇供享樂的東西。第三，它祇從感性體驗尋找藝術的本質，把感性體驗作為藝術創造的標準。第四，由於它把藝術歸結為感性經驗，這勢必導致藝術的緩慢終結。十分清楚的，海德格是堅決反對傳統美學的，他把迄今為止的一切美學都歸結為感性體驗的美學，他反對的實質上仍是主體與客體、感性與理性二分對立的哲學。

在西方傳統中，「美」與「真」是兩個不同的領域，然海德格認為若「美」要離開「真」而談，即落入主客對立的二分窘境，因此，他認為「美」與「真」是二而一的，美即是真的真實展露，是存有真理的光照；故其美學思想與其

〔註23〕 請參考陳榮灼，《「現代」與「後現代」之間》，台北：時報，1992年，頁229～233。

〔註24〕 請參考李醒塵，《西方美學史教程》，台北：淑馨，1996年，頁569。

存有學思想是不相違背的。

因此，海德格認爲：眞正的藝術乃對眞理創造性的看護，而非柏拉圖所言僅是對「理型」的模仿。眞理不是主體的認知活動，而「美」也絕非僅是主體的體驗，故不僅是「天才」的驕橫之創作。在本質上，藝術是一種高於技術之創造，故藝術家高於工匠，但對於偉大的藝術和作品，藝術家則顯得無足輕重，海德格反對把創造看作天才的主體活動，認爲藝術家之創作乃自我消亡之道，藝術創造本質乃眞理在作品中的創造性保存，眞理不僅保存在作品中，也經過鑒賞、評論、詮釋得以保存〔註 25〕。綜而言之，海德格認爲藝術作品的本質應當從存有者的存有去把握，而不應當從存有者的角度去把握。

二、〈藝術作品的本源〉之美學思想探析

1. 藝術與眞理

在〈藝術作品的本源〉一文中，藝術與眞理的關係被表達爲「存有者的眞理將自身放置於作品當中，藝術是眞理之放置自己於作品之中」海德格由存有的眞理來沉思藝術，也強調了存有之眞的開敞是開敞於原初的遮蔽當中，海德格認爲：

> 在作品中，要是存有者是什麼和存有者如何是被開啓出來，作品的眞理也就出現了。在藝術作品中，存有者的眞理已被設置於其中了。這裡說的「設置」（Setzen）是指被置放到顯要位置上。一個存有者，一雙農鞋，在作品中走進了它的存有光亮裡。存有者之存有進入其顯現的恆定中了。那麼藝術作品的本質應該就是：「存有者眞理自行置入作品」（das Sich-ins-Werk-Setzen der Wahrheit des Seienden）〔註 26〕。

又說：

> 藝術作品以自己的方式開啓存有者之存有。這種開啓，也即解蔽（Ent-bergen），亦即存有者之眞理，是在作品中實現的。在藝術作品中，存有者之眞理自行置入作品。藝術就是自行設置入作品的眞

〔註 25〕 以上四點對西方傳統美學的批判，請參考海德格著，孫周興譯，《林中路》，台北：時報，1994 年，頁 46。

〔註 26〕 海德格著，孫周興譯，《林中路》，頁 17。海德格，〈藝術作品的本源〉（Der Ursprung des Kunstwerke，1935/1936），收於《林中路》（Holzwege，1980 第六版），法蘭克福。

理〔註27〕。

所謂的「置入」並非「放進去」之意，故真理不是藝術家放進作品中去的，而是存有自動顯現其自身，故乃存有之「自行置入」，德文 sich setzen 的本義是「坐」，真理即穩坐在作品裏。對照而言，黑格爾美學定義藝術是「美就是理念的感性顯現〔註28〕」，黑格爾認為藝術是感性與理性在理念中的統一，海德格同黑格爾亦從真理的角度來探討藝術，但是海德格之「真理」乃「存有」之「解蔽」（aletheia）；亦即存有之解蔽而敞開自身，因此「美是作為無遮蔽的真理的一種現身方式」（Schnheit ist eine Weise, wie Wahrheit als Unverborgenheit west.〔註29〕），此解蔽過程可分為兩個部份：第一，藝術是存有真理的去除遮蔽（Unverborgenheit，unconcealment），存有將其自身放置於作品之中。對於藝術作品的凝視引領人體會作品所呈現之真理。第二，存有真理的解蔽同時又遮蔽了自身，此遮蔽即「無」，海德格說：

> 因此，藝術就是真理的生成和發生（ein Werden und Geschehen der Wahrheit）。那麼，難道真理源出於無的確如此，如果無（Nichts）意即對於存有者的純粹的不（Nicht），而存有者則被看作是那個慣常的現存事物」，後者進而通過作品的立身實存（das Dastehen）而顯露為僅僅被設想為真的存有者，並被作品的立身實存所憾動〔註30〕。

海德格從存有真理 （Wahrheit des Seins）的存在活動來討論藝術作品的根源，主張藝術作品乃真理之自行置入而發生作用（Das Werk ist das Ins-Werk-Setzen der Wahrheit），此處的「真理置入於作品」亦是「真理開始起作用」，亦即真理通過作品而起作用〔註31〕。因此，藝術的本質乃「存有者的真理自行設置入作品」（das Sich-ins-Werk-Setzen der Wahrheit des Seienden）〔註32〕，而「這種被嵌入作品之中的閃耀（Scheinen）就是美。美即無蔽之真理的一種現身方式（Schönheit ist eine Weise，wie Wahrheit als Unverborgenheit west）〔註33〕。」

〔註27〕 海德格著，孫周興譯，《林中路》，頁 21。
〔註28〕 黑格爾著，朱光潛譯，《美學》第一卷，台北：里仁書局，1981 年，頁 152。
〔註29〕 海德格著，孫周興譯，《林中路》，頁 36。
〔註30〕 海德格著，孫周興譯，《林中路》，頁 50。
〔註31〕 海德格著，孫周興選編，〈藝術作品的本源〉，《海德格選集》上卷，中國：上海三聯，1996 年，頁 256、298。另請參見陳嘉映，《海德格哲學概論》，北京：三聯書店，1995 年，頁 257。
〔註32〕 海德格著，孫周興選編，〈藝術作品的本源〉，頁 256、298。
〔註33〕 海德格著，孫周興選編，〈藝術作品的本源〉，頁 276。

在此，藝術與真理呈現出三個面相，即藝術的體驗乃根源于領受存有之體驗，而藝術的呈現則透過真理的解蔽，令真理自行置入作品中而發生作用。再者，海德格又說：

> 作品要通過藝術家進入自身而純粹自立。然正是偉大的藝術中（本文只談論這種藝術），藝術家與藝術相比才是無足輕重的，他就像一條爲了作品的產生而在自我消亡的通道〔註34〕。

由海德格藝術與真理之論證，也可看出其對藝術創作之看法，關於藝術作品與其創作者之關係，對照康德在《判斷力批判》中對藝術作品的看法，則可看出其中顯著的差別，康德認爲：美感中沒有概念、知識，故創作一件藝術作品時，創作者不用概念，而是靠一種無法學習、無法掌握的靈感，康德稱之爲天才（Genie）。藝術是天才創造出來的。由此，康德認爲無論是欣賞者與創作者的藝術經驗，皆只是他們的主觀情感，而完全與真理無關。因此，作爲繼承海德格存有學而發展出哲學詮釋學的加達默爾（*Hans-Georg Gadamer，1900～2002*），也是立於對康德之審美意識的批判爲起點，進而提出「遊戲」的概念以理解藝術作品的真理〔註35〕；本文限於篇幅所限不對「遊戲」的概念作贅述，簡而言之，這是一種強調破除主客二分、遊戲的自我表現，以及藝術作品真理之參與性的藝術觀，猶如莊子「魚樂之樂」〔註36〕的無我融入與參與。對于藝術作品之本質，海德格以梵谷作品爲例作論析，他說：

> 在梵谷的油畫中發生著真理。這並不是說，在此畫中某種現存之物被正確地臨摹出來，而是說，在鞋具的器具存有的敞開中，存有者整體，亦即在衝突中的世界和大地，進入無遮蔽狀態之中。在作品中發揮的是真理，而不只是一種真實。刻畫農鞋的油畫，描寫羅馬

〔註34〕海德格著，孫周興譯，《林中路》，頁21。

〔註35〕加達默爾在《真理與方法》第一卷中表示：「我們選取曾在美學中起過重大作用的概念即**遊戲**（Spiel）這一概念作爲首要的出發點。但是重要的是，我們要把這一概念與它在康德和席勒那裡所具有的並且支配全部美學和人類學的那種主觀的意義分割開。如果我們就與藝術經驗的關係而談論遊戲，那麼遊戲並不指定向關係（Verhaltnis），甚而不指創造活動或鑑賞活動的情緒狀態，更不是指在遊戲活動中所實現的某種主體性的自由，而是藝術作品本身的存在方式。」請參見加達默爾著，洪漢鼎譯，《真理與方法》第一卷，台北：時報，1993年，頁149～150。

〔註36〕全文請參見《莊子・秋水》最末一段話。

噴泉的詩作，不光是顯示——如果它們總是有所顯示的話——這種
個別存有者是什麼，而是使得無蔽本身在存有者整體的關涉中發生
出來。鞋具越單樸、越根本地在其本質中出現，噴泉不假修飾愈純
粹地以其本質出現，則伴隨它們的所有存有者就愈直接有力地變得
更具存有者特性。於是，自行遮蔽是的存有便被澄亮了。如此這般
形成的光亮，把它的閃耀嵌入作品之中。這種被嵌入作品之中的閃
耀（Scheinen）就是美。美是作爲無蔽的眞理的一種現身方式
（Schonheit ist eine Weise，Wie Wahrheit als Unverborgenheit west）
〔註37〕。

在此，海德格說明了藝術作品不是物，亦非器具，不是對手邊個別的存有者
的再現，而是對物的普遍本質的再現，是器具中的器具可靠性的揭示，這種
揭示、開啟乃是藝術作品的本質特徵，所以說藝術乃是眞理的顯現。他說：

眞理把自身設立於由眞理開啟出來的存有者之中的一種根本性方
式，就是眞理的自行置入作品。……由於眞理的本質在於把自身設
立於存有者之中從而成其爲眞理，所以在眞理的本質中包含著那種
與作品的牽連（Zug zum Werk），後者乃是眞理本身得以在存有者
間存在的一種突出可能性〔註38〕。我們知道存有藉著存有者而得以
揭顯，而作品則是此開顯之突出的可能性，因爲作品實現了作爲眞
理之自由的本質特性〔註39〕。

可見藝術作品作爲眞理的開顯，其意義在於對個別事物之內函的普遍本質之
再現，對於事物普遍本質的在現，亦即對存有眞理的開顯。

2. 世界與大地

海德格認爲藝術的價值就在於揭示眞理。他主張藝術作品有兩大特徵，
即世界的建立和大地的顯現。故藝術的價值就體現在這兩大特徵上面，「世界」
和「大地」是海德格哲學特有的兩個重要概念。早期的《存有與時間》中，
世界是指人存在於世界（in-der.Welt-sein），即個人的生存世界，後來他把這個

〔註37〕 海德格著，孫周興譯，《林中路》，頁35～36。
〔註38〕 海德格著，孫周興譯，《林中路》，頁41。
〔註39〕 海德格在〈眞理的本質〉一文中說：「『讓存有』乃是讓參與到存有者那裡……
讓存有——即讓存有者成其所是——意味著：參與到敞開之境及其敞開狀態
中，每個彷彿與之俱來的存有者就置身於這種敞開狀態中。」請參見海德格
著，孫周興譯，《路標》，頁223。

概念加以豐富，發展爲包括民族發展的歷史在內的生存世界，在晚期，則概括爲「天、地、神、人」四重合一。而所謂的「大地」，原文是地球（Erde），海德格時常用的就是這個意義，但又不限於此，有時指自然現象，如風、雨、雷、電、陽光、海浪等等，有時指藝術作品的承擔者，相當於通常所說的材料，如石頭、木頭、金屬、色彩、語言、音響等等，嚴格說來，他所謂大地實指無生命的純物〔註 40〕。海德格認爲世界的本質是敞開性，大地的本質是封閉性。世界和大地的對立是一種抗爭，是敞開和封閉、澄明和遮蔽的鬥爭。作品就是這種抗爭的承擔者，而眞理就發生在這種對立和抗爭之中。在鬥爭中存有者整體顯現出來，此種顯現即是美〔註 41〕。在海德格中後期思想中，世界不再歸屬此有，而給提昇爲存有的自身運作之開放性維度（Offenheit），呈顯爲存有自身之「虛空澄明」（Lichtung）〔註 42〕；此「虛空澄明」海德格名之爲無蔽性之「眞理」（Wahrheit als Unverborgenheit）。作品的存有關涉於世界之開顯運作，又連結於「眞理的生發」（Geschehen der Wahrheit）〔註 43〕。由於世界所乃讓存有者如其所如的呈現，故作品乃眞理自我解蔽之運作，亦即對世界的一種開顯。藝術作品之能讓世界開顯其內涵，不是因爲其能締造出一純粹的無蔽性，而是因爲它能讓與世界的開放性對揚之掩蔽性爲「大地」（Erde）呈顯出來。「大地」對照古希臘哲學對 "physis"（「自然」）之概念。作品能讓大地作爲大地呈現，大地不是指涉某類特殊的存有者，而是與世界相反相成的一種存有運作。它限制著解蔽（Entbergung）運動之「鎖閉性」（Verschlossenheit）或「掩蔽性」（Verborgenheit）。因此，大地的呈現非見諸於作品所述說之物，而在於作品所展示的方式。然當作品把大地挪入世界的開放性中之時，卻並不剝奪大地之掩蔽性格；而是解蔽事物的同時將其自身留置於掩蔽性之中，進而如如展現大地承載覆掩世界之性格，由此，作品方在此間呈現其存有意義而憾動人心讓，才讓我們如實地領受到大地自身，此即作品乃「把自身置回大地之中」（stellt sich in die Erde zurueck），透過作爲覆掩世界的大地而觸動人心〔註 44〕。

〔註 40〕請參見李醒塵，《西方美學史教程》，台北：淑馨，1996 年，頁 574。
〔註 41〕請參考李醒塵，《西方美學史教程》，頁 575〜576。
〔註 42〕所謂「虛空澄明」（Lichtung）原表茂密的森林中所出現的虛空之地，海德格在此引申爲「使稀疏」之義。請參考海德格著，孫周興譯，《海德格選集》卷下，中國：上海三聯書店，1996 年，頁 1242〜1261。
〔註 43〕海德格著，孫周興譯，《林中路》，頁 50。
〔註 44〕請參考海德格著，孫周興選編，《海德格選集》卷下，頁 266〜228。

　　關於「世界」之解蔽與「大地」之掩蔽覆載性，海德格以以古希臘的廟宇為例作了說明，即通過廟宇此藝術品之生產，廟宇打開了一個世界，在這個世界裡，希臘人亮現出自己的真相，而將其開顯出來。於此，海德格認為：

> 作品之為一個作品建立一個世界。作品開張了世界之敞開領域。但是，建立一個世界僅是這裡要說的作品之作品存有的本質特性之一〔註45〕。

藝術一方面建立了世界，一方面顯示出大地自然的真相。大地與世界互相昭示對方本質，兩者相反相成缺一不可。可說世界以大地為其根據，世界尋求大地、趨向大地，以開顯其本質，海德格進一步說：

> 作品回歸之處，作品在這種自身回歸中讓其出現的東西，我們曾稱之為大地。大地湧現著——庇護著得東西。大地是無所促迫的無礙無累、不屈不撓的東西。立於大地之上並在大地之中，歷史性的人類建立了他們在世界之中的棲居。由於建立一個世界，作品製造大地。在這裡，我們應該從這個詞的嚴格意義上來思製造。作品把大地本身挪入一個世界的敞開領域中，並使之保持於其中。作品讓大地成為大地（Das Werk lasst die Erde eine Erde sein）〔註46〕。

藝術作品放在某個地方，即形成了某個大地。大地和原來的日常世界是隱然有別的，但是就在藝術品出現之後世界被干擾了。世界原來就是開放的、無所限制，亦無從規定的，可是藝術品在「大地」當中被置定而呈現時，它卻是自我規定、限制的和封閉的。這兩者之間有不一致之處，這種不一致成為人與世界的「裂縫」。大地湧現著藝術品亦保護之，所以藝術作品把大地挪擠進入世界的開放領域裡，讓作品保持在這個世界中。海德格說：

> 世界是在一個歷史性民族的命運中，單樸而本質性的決斷的寬闊道路的自行公開的敞開狀態（Offenheit）。大地是那永遠自行鎖閉者和如此這般的庇護者的無所促迫的湧現。世界和大地本質上有別，但卻相依為命。世界建基於大地，大地穿過世界而湧現出來。但是，世界與大地的關係絕不會萎縮成互不相干的對立之物的空洞的統一體，世界立身於大地；這種立身中，世界力圖超升於大地。世界不能容忍任何鎖閉，因為它是自行公開的東西。但大地是庇護者，它

〔註45〕海德格著，孫周興譯，《林中路》，頁26。
〔註46〕海德格著，孫周興譯，《林中路》，頁27。

總是傾向於把世界攝入它自身並扣留在它自身之中。世界與大地得
對立是一種爭執（Streit）〔註47〕。

又說：

爭執並非作為一純然裂縫之撕裂的裂隙（Riss），而是爭執者相互爭
執的親密性〔註48〕。

爭執不是那種地層裂開的感覺，不是兩橛隔絕的斷開，而是作品所隸屬的大
地本身，與世界本身不一致的互動與對立的內在張力之動態關係。因此，海
德格認為：

因為作品本身愈是純粹進入存有者的由它自身開啟出來的敞開性
中，作品就愈容易把我們移入這種敞開性中，並同時把我們移出尋
常平庸。服從於這種移挪過程意味著：改變我們與世界和大地的關
聯，然後抑制我們一般流行的行為和評價，認識和觀看，以便逗留
於在作品中發生的真理那裡。唯這種的抑制狀態才讓被創作的東西
成為所是之作品。這種「讓作品成為作品」，我們稱之為作品之保藏
（Bewahrung）。唯有這種保藏，作品在其被創作存有中表現為現實
的，現在來說也即：作品式地在場著的〔註49〕。

總結而言，藉由此種爭執，顯示出兩者之間的差異，差異使兩者分離卻又互
相結合。而藝術作品正是集大地與世界於一體，集爭執與寧靜於一身。此種
世界與大地的對比性，也顯示出人此有存在本身的對比性，從而揭示人之於
存有的開顯或遮蔽之種種可能。

3. 詩與存有

海德格認為藝術是真理的發生，這意味著作品總是言說，而言說的本質
就是詩，因此一切藝術作品都是詩，故藝術在本質上是詩意的。所謂詩意的
即不同凡俗的、富有創造性的。海德格認為：

藝術就是真理的生成和發生（ein Werden und Geschehen der
Wahrheit）。……作為存有者之澄明與遮蔽，真理乃通過詩意創造而
發生。凡藝術都是讓存有者本身之真理到達而發生：一切藝術的本
質上都是詩（Dichtung）〔註50〕。

〔註47〕海德格著，孫周興譯，《林中路》，頁29。
〔註48〕海德格著，孫周興譯，《林中路》，頁42。
〔註49〕海德格著，孫周興譯，《林中路》，頁46。
〔註50〕海德格著，孫周興譯，《林中路》，頁50。

所以藝術作品可能以建築、繪畫、音樂、詩歌的形式出現，廣義而言都可稱為詩。再者，藝術作品透過對詩對真理作投設，而開啟此有原來已被投擲到的大地。海德格說：

> 藝術作品和藝術家都以藝術為基礎；藝術之本質乃真理之自行設置入作品。由於藝術的詩意創造本質，藝術就在存有者中間打開了一方敞開之地，在此敞開之地的敞開性中，一且切存有者遂有不同之儀態〔註51〕。

此即存有透過藝術作品而加以呈現，而藝術即真理的呈現，此種呈顯方式海德格以為即「詩」，另外，詩之所以特別能夠開顯存有，亦在於人所面對的當前危機：

> 人本身及其事物都面臨著一種日益增長的危險，就是要變成單純的材料以及變成對象化的功能〔註52〕。

申言之：

> 當人把世界作為對象，用技術加以建設之際，人就把自己通向敞開者的本來已經封閉的道路，蓄意地而且完完全全地堵塞了。……而且由於把世界對象化之故，他更加遠離了「純粹牽引」。人與純粹牽引告別了。……技術的生產就是這種告別的組織〔註53〕。

意即科技文明乃標誌著當代為相當貧乏之時代，人背離了存有的召喚，瘋狂的追逐科技文明，最終對身心造成莫大的危害。〔註54〕海德格認為這是一個神已遠離的時代，此乃存有所呈顯之時代命運（Geschick，destiny）。此時，詩人成為存有的信使而接替了神，起了相當關鍵性的作用，以詩的語言來傳遞存有之真理。因此，詩人在某種意義上又是偉大的冒險者，因為他不會去規避所謂的「純粹牽引」，然而在充滿功利算計的時代氛圍裡，他又是一個最敏銳且最容易受傷的人。海德格認為只有詩人（Dicter）還給語言真正的面貌，只有詩作（Dictung）真正彰顯了藝術的本質；而且只有詩般地居於大地，人

〔註51〕 海德格著，孫周興譯，《林中路》，頁50。
〔註52〕 海德格著，孫周興譯，《林中路》，頁270。
〔註53〕 海德格著，孫周興譯，《林中路》，頁271。
〔註54〕 此正如《莊子‧天地》所云：「有機械者必有機事，有機事者必有機心。機心存於胸中，則純白不備；純白不備，則神生不定；神生不定者，道之所不載也。」正是如此，莊子認為機械雖然帶給人便利，但其背後隨之而生的「機心」，卻使人背離大道而失去純潔的心靈。

才能眞正地居存（Bleiben），存有才得以被彰顯，去除遮蔽以呈現眞理〔註55〕。因此，海德格認爲詩的語言最能夠直接顯現存有的眞理，他說：

> 詩乃是存有者之無蔽的道說。始終逗留著的眞正語言是那種道說
> （das Sagen）之生發，在其中，一個民族的世界歷史性地開展出來，
> 而鎖閉大地得到了保存。……語言本身就是根本意義上的詩。但由
> 於語言是存有之爲存有者在其中得以完全展開出來的那種生發，所
> 以，詩歌——即狹義上的詩——在根本的意義上才是最原始的詩。
> 語言是詩，不是因爲語言是源始詩歌（Urpoesie）；不如說，詩歌在
> 語言中發生，因爲語言保持著詩的源始本質〔註56〕。

作詩（Dichten）意謂：

> 跟隨著道說（nach-sagen），也即跟隨著道說那孤寂之精神向詩人說
> 出的悅耳之聲。在成爲表達（Aussprechen）意義上的道說（Sagen）
> 之前，在最漫長的時間內，作詩只不過是一種傾聽（Hören）〔註57〕。

此種傾聽乃是對存有召喚的傾聽。再者，由於海德格認爲語言的本質（essence）就是詩，所以語言除了表達思想情感之一般語言意思外，更能彰顯存有。海德格有一句名言說：「語言是存有的住宅」（Language is the house of Being）。他認爲語言的功能在彰顯存有本身，如果沒有語言存有本身就不能被彰顯。而且在萬物之中只有人能夠說話（Speaking）、使用語言。海德格哲學中比柏拉圖更基本的哲學主張：即其認爲人之所以爲人的特點，就在於他是一個有限的存在，可是這有限性的存在並不是一負面的價值，反而是正面的價值，因爲人的有限性正使他能夠善於運用語言〔註58〕。

　　於此，海德格把語言和人的存有加以連繫，語言就不僅作爲一種工具性而存在，而是與存有密切相關的道說；因此，語言的本質是說，純眞的說即是詩：

> 如果我們必須在所說之物中尋找語言的說，我們就應當努力尋找純
> 粹說出的東西，而不能抓住任何偶發的說的素材。在純粹地說出來

〔註55〕請參考劉千美，〈海德格論詩的本質〉、《東吳哲學傳習錄》，第一卷，1992年3月，頁120。
〔註56〕海德格著，孫周興譯，《林中路》，頁52～53。
〔註57〕海德格著，孫周興譯，《走向語言之途》，台北：時報，1993年，頁60。
〔註58〕請參考陳榮灼，《「現代」與「後現代」之間》，台北：時報文化，1992年，頁82～83。

　　　　的東西中，適合于所說之物的說的完成就是一種本源。純粹說出來
　　　　的東西恰恰就是詩〔註59〕。

由此，詩的語言即純粹而本源性的語言，本源性的語言就是一種召喚，這種召喚亦即來自存有的召喚。綜而言之，藝術即是存有詩意的表達，而美更是存有之眞理的開顯。

肆、結論

　　在今日西方物質文明強勢主宰人類生活方式的情況下，科技只知追求進步和發展，卻絲毫不去注意此發展對人類生存的意義。亦即科學理性並未解決人類生命中的基本難題。如今科技理性已然滲透到日常生活中，使得生活變得機械、物化，生命也由此失去其活力與特性。海德格也認爲人在科技時代已然異化，科技文明帶來的環境污染尚可克服，但人本性的喪失卻難以回復。因此，科技文明可能活化亦可能蠢化心靈，故其既提供了改善物質生活之功能，另一方面也正好成爲毀滅生活之工具。在海德格晚期對技術的反省與對美學藝術問題的思考中，其屢次強調唯有思考者與詩人，最能守護「存有」之道，透過將「存有」思維轉化爲一種「詩性」的藝術表達，並以此「詩性」的表達來拯救因現代技術文明所造成的心靈危機，姑不論其是否爲現代人之文明病提供了對治之方，海德格對西方哲學的反省是深刻入理的。再者，海德格美學思想與其眞理觀息息相關，他雖並無意形成完整的美學體系，然其美學思想在批判傳統美學之餘，也進一步揭示了藝術與眞理之關係，提供了別異於傳統美學思想之存有省思。

引用書目

一、海德格原典相關譯著

1. Martin Heidegger，edited by David Farrell Krell，*Basic Writings*，Londen：Routleg，1993.

2. Martin Heidegger，tr. John Macquarrire and Edward Robinson，*Being and Time*，New York：Hatrper and Row.

〔註59〕Martin Heidegger，*Poetry，Language，Thought*，New York：Happer&Row，1971，p190.

3. Martin Heidegger，*Poetry，Language，Thought*，New York：Happer&Row，1971.

4. Martin Heidegger，Translated by Peter D. Hertz and Stambaugh，*On the Way to Language*，New York：Harper & Row，1971.

5. Martin Heidegger，Translated by William Lovitt，*The Question Concerning Technology and other essays*，New York：Harper & Row，1977.

6. Martin Heidegger，Translated by William Kluback and Jean T. Wilde，The *Question of Being*，New Haven，CT：College & University Press，1958.

7. Martin Heidegger，Translated Fred D. Wieck and J. Glenn Gray，*What is Call Thinking?*，New York：Harper & Row，1968.

8. Martin Heidegger，Translated by William Kluback and Jean T. Wilde，*What is Philosophy?*，New Haven，CT：Colleg & University Press，1958.

9. Martin Heidegger，Translated by W. B. Barton Jr. and Vera Deutsch，*What is Thing?*，Chicago：Henry Regnery Company，1967.

10. 海德格著（1935～1936），〈藝術作品的本源〉（Der Ursprung des Kunstwerke，1935～1936），收於《林中路》（Holzwege，1980 年第六版），法蘭克福。

11. 海德格著，王慶節、陳嘉映譯，《存在與時間》，台北：桂冠圖書公司，1998 年。

12. 海德格著，孫周興等譯，《海德格爾與有限性思想》，北京：華夏出版社，2002 年。

13. 海德格著，孫周興選編，《海德格爾選集》，上海：上海三聯，1996 年。

14. 海德格著，孫周興譯，《走向語言之途》，台北：時報，1993 年。

15. 海德格著，孫周興譯，《林中路》，台北：時報，1994 年。

16. 海德格著，孫周興譯，《路標》，台北：時報，1998 年。

二、相關專著

1. 加達默爾著，洪漢鼎譯，《真理與方法》第一卷，台北：時報，1993 年。

2. 李醒塵，《西方美學史教程》，台北：淑馨，1996 年。

3. 岡特・紹伊博爾德著，宋祖良譯，《海德格分析新時代的技術》，北京：中國社會科學出版社，1998 年。

4. 胡塞爾著，倪梁康譯，《邏輯研究：現象學與認識論研究》，台北：時報文化，1999 年。

5. 孫周興譯，《荷爾德林詩的闡釋》，上海：商務印書館，2000 年。

6. 康德著，韋卓民譯，《純粹理性批判》，武漢：華中師範大學出版社，1999。

7. 陳嘉映，《海德格哲學概論》，北京：三聯書店，1995 年。

8. 陳榮灼，《「現代」與「後現代」之間》，台北：時報，1992 年。

9. 陳榮華，《海德格哲學——思考與存有》，台北：輔仁大學出版社，1992 年。

10. 傅偉勳，《學問的生命與生命的學問》，台北：正中，1993 年。

11. 黑格爾著，朱光潛譯，《美學》第一卷，台北：里仁書局，1981 年。

12. 靳希平，《海德格早期思想研究》，上海：上海人民出版社，1995 年。

三、期刊論文

1. 劉千美，〈海德格論詩的本質〉，《東吳哲學傳習錄》第一卷，1992 年 3 月。

附錄三　柏拉圖「哲學王」思想之研究
——以知識論爲考察重心[*]

壹、前言

　　「哲學王」（Philosopher-kings）見于柏拉圖《理想國》一書〔註1〕，《理想國》一書以倫理學上之「正義」問題，作爲核心議題來貫通。首先，釐清「正義」等相關問題（第1-4卷），論述由此而來的「理想國」之可行性（第5-7卷），卷尾則對「正義之人所以較幸福」之論證作出說明（第8-9卷）〔註2〕。

---

[*]　本篇論文摘錄自拙著：〈柏拉圖「哲學王」思想之研究——以知識論爲考察重心〉，《樹德通識教育專刊》創刊號，2007年4月，頁235～254。

〔註1〕　柴勒（E.Zeller）將伯拉圖思想發展語錄分作四期，此即 1.蘇格拉底期，2.過渡期，3.成熟期，4.老年期等，依此則《理想國》篇則爲成熟期之作品。間引俞懿嫻，〈柏拉圖德育思想及其相關語錄〉，《哲學與文化》，第23卷第5期，1996年5月，頁1595註（8）。《理想國》（Republic）是柏拉圖（*Plato*，*427～347 B.C.*）著名的代表之作。其內容是描述蘇格拉底（*Socrates*，*496～399 B.C.*）在百里阿港（Piraeus）的塞伐洛斯（Cephalus）家中和友人探討正義問題的長篇對話。《理想國》所探討的範圍極廣，內容涵蓋了哲學、倫理、文學、藝術、心理、教育、政治、經濟、歷史等等層面。其中，對「正義」的定義與價值等相關問題作相當深入的探討，進而也對理想城邦的結構、執政者的素質及其教育選拔，與種種政治形式的優劣得失，皆有深入而透澈的評估。

〔註2〕　A.E. Taylor 認爲在《理想國》篇中，並無在道德與政治之間作區別，公正的法則（正義）同等適用於城邦階層或個人，故其政治學乃建立在倫理學上；請參考 A.E. Taylor 著，謝隨知譯，《柏拉圖——生平及其著作》〈理想國篇〉，濟南：山東人民出版社，1991頁；此文相關譯作請參見於史偉民、沈享民編著，《柏拉圖理想國導讀》，宜蘭：佛光人文社會學院，2004年，頁33。另：在羅馬時期，關於《理想國》之主題所在，已引起很大之爭論；公元一世紀

　　《理想國》在討論「正義」的論證過程中，為了證成正義之人較為幸福的論點。曾藉蘇格拉底〔註3〕的身分，來說明其理想城邦之理念；在討論到理想城邦成立的可能時，引導出「哲學王」等相關論題。這些論題主要集中在《理想國》（卷5～7）的討論中，其內容包含除了衛士的共妻共子制度外，「哲學王」的提出及其教育選拔則是其論證重心，而這些討論又被稱為所謂的「三波巨浪」（Republic，472～540）〔註4〕。

　　「哲學王」之所以成為《理想國》之重要論述議題，乃由於柏拉圖認為唯有哲學家成為君王，或者君王及其繼承人成為哲學家，完美城邦的理想方能達成。實則唯有哲學家方能理解真實的理型（eidos，ideas）世界，明白各種關於美德與促進城邦利益的真實知識。故「第三波巨浪」除強調「哲學王」的重要性之外，更重要的在於：提出相關「哲學王」所應具備的智慧與美德，其內涵表現在「日喻」、「線喻」和「洞穴寓言」等相關知識論的討論章節中；另外，論述中也提到「哲學王」的選拔與教育。

　　最後，柏拉圖認為教育之目的，在於認識至善理型；故「哲學王」實為智慧與德性完善之教育理想，其中所透顯的教育思想乃希臘時代之集大成者〔註5〕。而柏拉圖「哲學王」養成教育所隱涵的通識理念，亦即後世通識教育之嚆矢。

貳、「哲學王」之論證

　　在《理想國》（卷2～4）的論述過程裡，首先以以城邦來類比個人，認為城邦是個人之放大，由城邦的面相來尋找正義的本質較為容易；由於，理想

　　　柏拉圖學派傳拉希洛斯（Thrasyllus of Rhodes）在編輯《柏拉圖全集》時，為此書加上《論正義》作為副題；此外，近代法國著名的啟蒙運動思想家盧梭（Rousseau，Jean-Jacques 1712～1778），則認為《理想國》並不是一部政治學著作，而是一部關於教育方面的鉅作；其實，在柏拉圖的時代，學科之間的區隔尚未形成。今天不同學科所探討的問題，在當時皆屬於哲學研究的範圍，再者，《理想國》中所探討的各個層面的主題，都不是各自獨立的；這些不同的主題間彼此環環相扣，聯結成一個有機的整體，而以倫理學中的「正義」問題作為貫串全書之樞紐；請參考劉若韶，《柏拉圖〈理想國〉導讀》，台北：臺灣書店，1998 年，頁 27～28。

〔註3〕此處的蘇格拉底乃《理想國》語錄中所安排之對話主角，因此，此處與下文所提到的蘇格拉底，皆指柏拉圖《理想國》語錄中所安排者而言。

〔註4〕第一、二波巨浪：主要在談論女性是否應與男性共同分擔衛士的工作，以及共妻共子制度的具體內容為何，第三波巨浪則是本文所討論的重點。

〔註5〕請參考江日新、關子尹編，《陳康哲學論文集》，台北：聯經，1987 年，頁 84。

的城邦具備各種美德，此即智慧、勇敢、節制和正義，城邦的正義也在於各個階層各司其職的和諧運作，對照而言，健全的人如同理想的城邦，能夠在心靈的各個層面和諧運作〔註6〕。其實，在柏拉圖看來國家、個人與心靈的關係並非隔離並立之事，亦不純粹爲論證「正義之人較爲幸福」所設計的比擬，而是三者具有層層累疊的層次關係。因此，《理想國》裡關於城邦觀念之特點：即城邦的基礎在個人，個人的基礎在心靈；故心靈景況乃城邦之超政治基礎（Meta-political ground），由城邦、個人與心靈的承載關係，可見柏拉圖認爲理想的城邦乃完善的心靈（即心靈各部分之充分而和諧的運作）在政治方面的表現。因此，政治的改善須求之於超政治的基礎，故理想城邦的達成在於「哲學王」的養成教育，「哲學王」的養成教育在於培養完善之心靈，完善之心靈有賴智慧的啓發與滋長，尤其是關於至善理型之體認；如此，「哲學王」方具足夠的智慧與完善的德性，來帶領城邦走向美好的未來，故「哲學王」的養成教育重視心靈的啓發（智慧、理性）與完善（德性）〔註7〕。關於「哲學王」的論證，首先由哲學家（愛智者）與愛意見者的區別始，進一步申論哲學家所應具備之德性，再則說明「善之理型」（此爲哲學家所領會之眞實知識），以三個關於知識論方面的論述來構築；最後說明「哲學王」養成教育等相關問題。因此，關於「哲學王」的「第三波巨浪」之討論內涵，其內容結構可概略展示如下：

（一）何謂「哲學家」之論證

1. 哲學家乃愛智者。
2. 哲學家具備完善之德性。

〔註6〕 城邦由執政者、戰士與生產者三個階級所組成，個人心靈亦可區分爲理智、激情與欲望三個構造層面，城邦與個人的三個層面相互對應；因此，城邦正義的呈現在於三者的和諧運作，個人正義之呈現，則亦在于心靈各層面的和諧運作，由此也證成個人的正義之所在；請參考《理想國》（Republic，430～445）。下文論述所引用的柏拉圖《理想國》之引文，英譯本參照 Edith Hamilton、Huntington Cairns edited，*THE COLLECTED DIALOGUES OF PLATO*，New York：Ollingen Foundation，1961.而中譯本則對照下列等書：王曉朝譯，《柏拉圖全集》卷二，台北：左岸文化，2003 年，頁 260～618；侯健譯，《柏拉圖理想國》，台北，聯經，2002 年；苗力田，《古希臘哲學》，台北：七略，1999 年，頁 291～336。

〔註7〕 請參考江日新、關子尹編，《陳康哲學論文集》，台北：聯經，1987 年，頁 72～74。

（二）最高知識──「善之理型」之論證

1. 日喻──說明善之理型的內涵。

2. 線喻──說明知識的四個層級。

3. 洞穴寓言──說明獲得最高知識的認知歷程。

（三）「哲學王」的養成教育和選拔

1.「哲學王」的養成教育課程。

　　（1）數字和計算之學。

　　（2）平面幾何學。

　　（3）立體幾何學。

　　（4）天文學。

　　（5）諧音學。

　　（6）辯證法。

2.「哲學王」教育之學程表及其選拔。

以上為理想城邦之可行性──「第三波巨浪」之內容結構。在論述安排上為行文方便，筆者將「哲學王」論證之論述分為三個部分。首先，是關於何謂「哲學家」之論證；再則，由知識論進路討論最高智慧與德性之內涵，如日喻、線喻與洞穴寓言等論述；最後部分，則說明「哲學王」之養成教育與選拔。

一、何謂「哲學家」之論證（Republic，472B～480A）

在《理想國》的對話中，蘇格拉底提出理想城邦的用意，原本在於透過理想城邦的成立，論證城邦正義存在之可能，並由此可能類比於正義的個人；由於理想城邦乃諸種美德之完善，而正義的個人則亦應是幸福完滿的。故原先構思理想城邦的目的，並不在於證明此城邦是否真實存在，而是透過對理想城邦的描述，來建立一個理想的楷模與標準。由此判斷個人與理想楷模間的相似程度，來衡量自己是否幸福。雖然，所謂的理想楷模並不一定真實存在，況且現實與理想間，似乎永遠存在著一段距離，此理想的楷模並不由此而受到否定與破壞。因此，理想城邦既是幸福完美之國度，若能讓城邦盡可能的趨近于理想的楷模；則建構理想城邦的努力，即有其可行性與存在意義。

蘇格拉底認為完美理想城邦的成立，其關鍵即在於哲學家成為君王。「哲學王」具備真實的知識與完美的德性，乃政治權力與智慧德性的完美結合；

因此，理想城邦的實現有賴政權與智慧集於一身；此處的智慧指的是關於「善之理型」的認識，亦即對絕對價值的認識〔註8〕。如此，城邦在「哲學王」的帶領之下，各個階層能夠各司其職、各盡其分的和諧運作，讓城邦邁向理想與完美的境地，他說：

> 除非哲學家成爲我們這些國家的國王，或者那些我們現在稱之爲國王和統治者的人，能夠用嚴肅認眞的態度去研究哲學，使政治權力與哲學理智能結合起來，而把那些現在只搞政治而不研究哲學，或者只研究哲學而不搞政治的碌碌無爲之輩排斥出去，否則，我親愛的格老孔，我們的國家就永遠不會得到安寧，全人類也不能免於災難。除非這件事能夠實現，否則我們提出來的這個國家理論，就永遠不能夠在可能的範圍內付諸實行，得見天日。我躊躇很久而不敢說出來的，就是此事，因爲我知道我一旦說出此事，人們便會說這是一種奇談怪論。因爲人們難以看出，除此之外，還有什麼辦法能給私人或公眾生活帶來幸福。（473D～E）

完美的城邦依賴「哲學王」得以成立，「哲學王」代表智慧與政權的完美結合，如此方能消弭人類的苦難；而哲學家如何具備完美的智慧與德性，則實有賴於教育，此即「哲學王」的養成教育。

（一）哲學家乃愛智者

至於何謂哲學家？《理想國》由其所關注的知識性質來探討，蘇格拉底拋出一個思考點：假如一個人是某類事物的愛好者，他所愛者不僅是這類事物中的一小部分，而應是這類事物的全部；同理可證，哲學家愛好的知識亦就其整體而言，他說：

> 當我們肯定某個人是某樣東西的愛好者時，那麼他顯然愛這東西的全部？這樣說的意思肯定不是說他喜愛這樣東西的某個部分，而不喜歡這樣東西的其他部分。（474C）

又說：

> 格老孔啊，你的答覆對別人合適，對你自己並不合適。一個人要是忘了所有風華正茂的青少年都能撥動愛慕孌童者的心弦，引起他對美少年的關注和欲望，那麼他就不可能成爲一名愛者，你對美少年的反應不正是這樣的嗎？看到塌鼻子的，你會說他面容嫵媚；看到

〔註8〕請參考江日新、關子尹編，《陳康哲學論文集》，頁71。

高鼻子的，你會說他長相英俊；看到鼻子不高不低的，你會說他長
得恰到好處；看到皮膚黝黑的，你會說他有男子氣慨；看見皮膚白
嫩的，你會說他神妙秀逸。你難道不知道「像蜜一樣白的」這個形
容詞本來就是從某些戀愛中發明出來的？可見他們並不把青年發育
時臉色蒼白當作災難。總之，只要處在青春煥發時期，那你就沒有
什麼不能寬容的，也沒有什麼優點你會漏掉而不加讚美的。

（474D）

上述兩個巧妙的譬喻都在說明智慧為完滿之整體，乃不可分割與區別者；因
此，哲學家所愛的就是知識的全部，而不僅偏愛任何種類的知識，亦是對真
理的追求永懷抱熱忱者，蘇格拉底說：

那麼我們也要肯定，智慧的愛好者熱愛全部智慧，而不是愛一部分
智慧而不愛其他部分智慧。（475B）

上述這段話，為哲學家所愛的智慧作了最佳的註腳。另外，真假哲學家應如
何分別；蘇格拉底進一步說明，他認為愛好聲色的人，其所喜愛的是美好的
調子、色彩和形狀；他們雖喜愛具有這些性質的具體事物，但卻無法認知到
美的理型之存在，進而理解美的理型之內涵。因此，相對於知識而言，他們
無法擁有知識，其所能擁有的僅是意見。蘇格拉底說：

一些只看見許多美的事物，但看不到美本身的人不能跟隨他人的指
導看到美本身，那些只看見許多正義的事物但看不到正義本身的
人，也不能跟隨他人的指導看到正義本身，其他各種情況亦如──
為這樣的人我們要說，他們對各種事物都擁有見解，但他們對自己
擁有見解的那些事物實際上一無所知。（479E）

由上所述，愛意見者無法獲得真實知識，因此，也無法認識美的理型；唯有
愛智者方能認識美的理型，並且可以分別出理型和「分有」（participate）理型
的具體事物間的不同〔註9〕，如此他們心靈才算真正擁有知識。蘇格拉底說：
「另一方面，對那些能在各種情況下對永恆不變的事物本身進行沉思的人，
我們該怎麼說呢？我們難道不應該說他們擁有知識而非只有意見嗎？」
（479E）因此，知識和意見的不同所在，在於知識的對象是可知世界存在的

〔註9〕 柏拉圖認為個別事物透過「分有」（participation）和「模仿」（imitation）而參
　　　與「理型」，分有說最早出現在《斐多篇》（Phaedo），認為個別事物之所以是
　　　美的，乃由於分有了美的理型。

事物，而意見的對象只是現象世界（可見世界）的事物。那些認識個別事物而僅承認個別事物存在，拒絕承認理型存在的人，都不是愛智者或哲學家，而只是愛意見者。因此，對所謂愛智者，蘇格拉底說：「對那些在各種場合下，以各種方式歡迎眞正的存在者的人，我們必須稱之爲愛智者而非愛意見者。」（480A）

　　綜上所論，在澄清哲學家與愛意見者的差別之後，蘇格拉底認爲愛意見者缺乏有關絕對眞理的知識，猶如有眼睛的瞎子一般，無法帶領城邦朝向正義幸福之道；相對而言，哲學家乃「愛智者」，能洞知一切事物的眞理，也具有完美良善的道德素質，自然更加適合擔任君王，引領城邦邁向完美理想之途。

（二）哲學家具備完善之德性。（Republic，484A～486E）

　　至於哲學家應該具備那些良善的德性，在《理想國》（484A～486E）的對話中，蘇格拉底列舉如下：

1. **誠實**：哲學家若愛好智慧，就不可能又愛智慧又愛虛假。蘇格拉底說：「熱愛眞理，永遠不願承認虛假的東西，他們痛恨謬誤、熱愛眞理。」（485C）

2. **節制**：愛智者熱衷於知識的追求與探問，把所有的精力放在靈魂的完善之上，故忽視肉體之享樂，對欲念深自節制而無貪婪渴求，因此，亦對世俗名聞利養淡然視之。蘇格拉底說：「知識的眞正熱愛者，一定最有可能從小開始就以各種方式追求眞理。」（485D）又說：「這種人肯定有節制，絕不會貪財，因爲別人熱中於追求財富，耗費巨大的精力實現某種目的，但他不會這樣做。」（485E）

3. **勇敢**：愛智者所追求的乃存有之全體，故不會心胸偏狹而眼界開闊；也不會過份看重自己的生命，因此，不會是個怕死與怯懦之人。蘇格拉底說：「哲學家的靈魂一直在尋求一切人事和神事的整全，沒有什麼品質比思想狹隘與哲學家更加對立了。」（486A）

4. **正義**：愛智者是一個身心和諧，不貪婪、偏狹、張狂、怯懦之人，故不爲不義之事且待人寬厚。蘇格拉底說：「一個精神健全的人，既不貪財又不狹隘，既不自誇又不膽怯，不會處世不公、待人刻薄。」（486B）

5. **強記**：「健忘的靈魂不能納入愛智者的行列，我們要有好記性。」（486D）

6. **和諧**：愛智者天性和諧，擁有優雅的心靈與分寸：「除了別的品質外，我

們還要尋找生來就有分寸而又溫和的心靈，它的本能使它很容易接受引導，關注一切事物的理想的實在。」（486D）

總而言之，作為愛智者的哲學家，本為真理的追尋者，也必然具備上述種種的美德，故哲學家兼具智慧與德性之完美結合。

另外，**關於哲學家無法貢獻城邦之因（Republic，487A～503E）**，柏拉圖在後續的對話中藉阿德曼圖斯的進一步提問，指出：經驗上那些年輕時代學習哲學的人，成年後還繼續研究哲學的人，往往成為怪物或惡徒，或當中優秀的人皆因研究哲學而成為無用之人。由此說來，哲學似乎對城邦的完善毫無貢獻，蘇格拉底則舉出一個寓言來說明。大意是：有一位航海知識不高明的船長，他的船員沒有學過相關的航海術，但每個人都自認其有掌舵的權利。這些船員用酒或麻醉劑迷惑了船長，並且將船隻佔為己有，把反對他們的人全都殺掉或扔進海中。並用暴力、甜言蜜語令船長尊其為領航舵手，由此任意分配糧食、決定航程。而船上有真正航海技術的人，則視其為廢物與夢想家（488～489A）。蘇格拉底以此寓言喻示：一般人認為哲學家對世界百無一用，然而哲學家無法貢獻城邦之責任，不在哲學家本身，而是在不肯用哲學家的人。一個人病了自然得自動求醫，而非由醫生來找他。因此，真正具備完善德性與智慧的哲學家，不應主動要求民眾給予執政的權利。

蘇格拉底認為對哲學構成威脅者，往往是那些自稱從事哲學研究的人，由於這些哲學家中盡多廢物或惡人，方使哲學變得百無一用。然而那些不具備哲學天性的人更佔據了哲學家位置，更因此而敗壞了哲學家的名聲。蘇格拉底指出使哲學天性腐化的因素有：「不適當的教育」與「腐化心靈的成長環境」。

首先，對不當的教育而言；一般資質平庸的人無法成為大善或大惡。然資質優秀的心靈若受到不當的培育，必然比普通人更為敗壞惡劣。有哲學天份的人需要有適當的土壤與養份，才能養成一切美德；倘若種植在不適當的土壤中，除非命運之神眷顧，不然日後往往成為最毒的莠草。社會輿論將腐化哲學心靈之責任歸咎於辯士，蘇格拉底則認為：其實責任在於批判他人的社會大眾本身。若有人不被群眾意見所說服，往往落得被褫奪公權、沒收財產或以死刑威嚇使之就範。（柏拉圖由此暗喻蘇格拉底之死，由此可見，柏拉圖對現實政治充滿不滿與失望），因此，世人所謂的辯士（sophist）其所宣稱的智慧，不過只是社會大眾的意見；大眾就如同一頭巨獸，辯士深知這頭巨

獸的好惡與脾性，凡是大眾喜歡的辯士即稱爲善的，大眾所不喜歡的即稱爲惡的。蘇格拉底說：

> 那些收費授徒的私人教師被政治家稱作智者，並加以敵視，這些人傳授的東西無非就是如何在公眾集會時發表自己的見解，並把這種知識稱爲智慧。這就好比一個人想要獲得馴服猛獸的知識，如何接近它，什麼時後或用什麼東西能使它變得最可怕或最溫和，還知道它在各種情況下習慣發出幾種什麼樣的吼聲，什麼樣的聲音能使它溫和，什麼樣的聲音能使它發狂。通過與猛獸長期相處，他掌握了馴獸的知識，並稱之爲智慧，並由此形成一門技藝，再把這門技藝教給別人。至於這些意見和要求是否眞實，是高尚還是卑鄙，是善良還是邪惡，是正義還是不正義，他全都一無所知，只知道按猛獸的反映來使用這些名詞，猛獸喜歡的，他就稱之爲善，猛獸不喜歡的，他就稱之爲惡。他講不出任何別的道理來，只知道稱必然的東西爲高尚的和正義的，從來沒有注意到必然的東西和善良的東西有天壤之別，不能一個來解釋另一個。憑天起誓，你就不覺得這樣的人是一個缺乏經驗的教育者嗎？（493B）

其次，具有哲學天性的人自幼即卓然不群，引人注目，故亦受其朋友奉承，希望日後分得好處，在此情形下，本來具有哲學天性的人即充滿驕傲與野心，而聽不進任何忠告，在此環境成長下，則難以成爲哲學家，即在不良的教育環境裡使人遠離哲學。具有哲學素質的人由此捨棄了正道，其他一些人爲了哲學之榮譽即佔據了哲學之殿堂，說一些無關眞實智慧的意見，使哲學蒙上惡名。具有哲學家品質的人不願同流合污又無能爲力，故只能獨善其身。蘇格拉底說：

> 屬於這個群體的極少人已經嘗到了擁有哲學的甜頭和幸福，已經充分理解了民眾的瘋狂，看到在當前的政治事務中沒有什麼可以說是健全的或正確的，也沒有人可以作爲正義之士的盟友加以援助，使他們免於毀滅。極少數眞正的哲學家就好像孤身一人落入猛獸群中，既不願意參與作惡，又不能單槍匹馬地抗拒所有人的野蠻行徑，在這種情況下他一事無成，無法以任何方式爲朋友或城邦做好事，在他能這樣做之前就英年早逝。由於上述原因，哲學家都保持沉默，獨善其身，就好像在狂風暴雨或風沙滿天之時避於矮牆之下，目睹

他人做盡不法之事，而他只求潔身自好，終生無過，最後懷著善良
的願望和美好的期待而心滿意足地離世。（496C～E）

因此，蘇格拉底指出現實中的政治並無適合哲學家者，而哲學家亦往往不容
於世，無法適應此混濁之惡世，故在外人眼光看來，此爲哲學家被認爲百無
一用之因，綜而言之，「哲學王」的養成關鍵在于「教育」，此亦是柏拉圖教
育哲學精彩之處。

二、最高知識──「善之理型」之論證（Republic，504A～509C）

（一）日喻：說明善之理型的內涵。

蘇格拉底指出能夠成爲哲學家的人實際上少之又少。所以衛士要成爲城
邦的執政者需要通過各種勞動、艱難等等的考驗外，另需通過各種知識的考
試，以證明其擁有最高知識的能力。蘇格拉底認爲正義、節制、勇氣和智慧
等美德知識，必須經過漫長的認知歷程才可獲得。但這些知識仍不是最高的
知識，最高的眞理乃至善理型，任何事物價值之成立皆與至善理型有關，認
識至善理型亦唯透過教育。

至於善的理型是什麼，蘇格拉底用「善之子」（太陽）來說明，認爲這個
世界上存在許多美與善的事物，還有許多我們可以用同一語詞加以描述的事
物。這些事物可以稱之爲「多」。在這許多美與善的事物之背後，皆有一個絕
對善與美的相對應。眾多事物可見不可知，理型則可知不可見。因此，我們
透過光可見眾多事物，光由太陽而來，在此，太陽即所謂的「善之子」，太陽
是善之理型依照其樣式所生成，而出現在這個可見的世界裡。於可見世界中，
太陽、視覺和視覺對象三者的關係，即如可知世界中，善的理型、心靈和心
靈對象的關係，蘇格拉底說：「太陽與視覺和視覺對象之可見事物的關係；猶
如可知世界中，善本身與心靈和心靈對象的關係」（508C）。

此個別事物與理型之關係有兩層意義；首先，在可見世界中，當太陽照
耀萬物，視覺對象被呈現，但至夜裡，太陽不再照耀萬物，則無以見萬物。
蘇格拉底說：「太陽不僅使可見事物可以被看見，而且也使它們能夠出生、成
長，並且得到營養，儘管太陽本身不是被產生的。」（509B）可見太陽爲可見
世界之主宰。同樣的，在可知的世界中，至善理型是可知對象能被認知之因，
當心靈轉向眞理所照耀的事物上時，便能獲得眞實的知識。但當心靈停留於
變化的世界之中，即無法獲得知識，只能獲得不確定的意見。另外，太陽本

身不是被產生的，卻能促成萬物得之滋長，相對而言，至善理型並非存有，而是位于存有之上，促成可知事物存在的原因。他說：

> 知識的對象不僅從善那裡得到可知性，而且從善那裡得到它們自己的存在與本質，但是善本身不是本質，而是比本質更加尊嚴、更有成力的東西。（509B）

又說：

> 把眞理賦予知識對象的這個實在，使認知者擁有認識能力的這個實在，就是善的「型」，你必須把它當作知識和迄今爲止所知的一切眞理的原因。眞理和知識都是美好的，但是善的「型」比它們更美好，你這樣想才是對的。至於知識和眞理，你絕對不能認爲它們就是善，就好比我們剛才在比喻中提到光和視覺，但絕不能認爲它們就是太陽。因此，我們在這裡把知識和眞理比作它們的相似物是可以的，但若將它們視爲善，那就不對了。善的領地和所作所爲具有更高的榮耀。（509A）

綜而言之，柏拉圖將世界區分爲兩者；一個是現象界屬於變化（Becoming）的世界，一個是理型界屬於存有（Being）的世界，吾人所處的經驗世界即變化的世界，經驗世界存在的個別事物，恆常在生滅變化之中；而太陽乃此經驗世界之最高存在，爲光的來源亦是萬物生成之因；存有的世界便是理型的世界，理型界乃永恆之存在無生滅變化，善之理型乃其最高理型，其地位猶如理型界的太陽般，是所有眞理與理型存在之源。善的理型不僅是事物之理型可被認知之因，亦是其得以存在的原因。因此，根據日喻，太陽與善的理型分別主宰著可見的世界與可知的世界。

（二）線喻：說明知識的四個層級。（509D～511D）

蘇格拉底繼日喻之後，又以線作比喻，對兩個世界進一步作說明，他說將一根線分成長度不等的兩段，分別代表可見與可知的世界。其後，再將兩個部分各自以同樣比例再分爲兩小段，代表不同的描述對象。

首先，就代表可見世界的部分而言，第一小段是由各種影像所構成，這些影象包括事物的影子或水面所反映出的影象。其次，第二小段則代表可見世界中的各種實物，由動植物、自然物和人造物所構成。其與影像的關係即原本與摹本的關係，具有不同程度的眞實性。第三，可知世界的第一小段，代表幾何、算術之對象。其所研究者爲可知的對象，因此幾何等所研究者是

介於可見的世界的實物與理型間的對象。可知世界的部分的另一小段，代表心靈藉由辯證法，越過假設領域後所能認知的對象，辯證法和幾何等數學定理間的不同，在於辯證法使用假設時不把假設視爲第一原理，只視其爲達到理型世界之步驟與跳板。蘇格拉底說：

> 至於可知世界的另一部分，你要明白，我指的是理性本身憑著辯證法的力量可以把握的東西。在這裡，假設不是被當作絕對的起點，而是僅僅被用作假設，也就是說假設是基礎、立足點的跳板，方才是一切的起點，上升到這裡並且從中獲得第一原理以後，再回過頭來把握那些依賴這個原理的東西，下降到結論。在這個過程中，人的理智不使用任何感性事物，而只使用事物的型，從一個型到另一個型，最後歸結爲理型。（511B～C）

另外，蘇格拉底說心靈裡有四種官能，與上面四個區分相對應。第一是理性，是與理型相對應，第二是領悟：是與幾何算術等對應，第三是相信或信念：是與可見世界的實物相對應，第四是想像：是對各種影像的知覺。這些官能有種種不同清晰程度，由理性開始依次遞減且與其對象相應。蘇格拉底說：

> 相應於四種劃分，靈魂中有四種不同的功能，理性（noesis）相應於最高的，理解或思索，（dianoia）領悟是第二，相信或信念（pistis）是第三，最後是想像（eikasia）。把它們按比例排列起來。讓我們肯定，不同功能的清晰度和精確性，跟他們對象所具的眞理性與眞實性同等程度。（511E）

其間相互關係，簡言之，吾人之心靈由無知發展到有知，可以劃分爲想像、信念、推想和理性四個認知階段，此四個階段分別與影像、個別事物、數學定理與理型相對應；其中，數學定理乃理型的影子，可見世界中的個別事物是理型的仿本，藉由分有與模仿理型而存在。

（三）洞穴寓言（514A～517A）

蘇格拉底使用太陽對善之理型作說明，也以線喻對知識與意見之相關等級做四種區分後；又以洞穴寓言做譬喻，說明人類沿著知識層級逐步上溯，達到至善理型的認知歷程。

1. 洞穴寓言之大意：

設想有一群穴居人住在一個地底洞窟深處。這些人自幼即生活在洞穴

裡，從未離開過洞穴亦未見過洞外光景。他們的雙腿和脖子都被鐵鍊所綑綁著，故他們只能面對著洞穴深處的內壁，連頭部亦無法轉動。其身後有一把燃燒的火炬，在火炬與其身後之間有一道矮小的土牆，有人站在土牆旁邊，手上揮舞著木頭或石頭，所製成的各種人類、動物和器物的雕像，好像是在演傀儡戲一般，火把將這些事物的影子照映在洞壁上，由於那些囚徒只能面向洞壁，所以他們唯一看得到的東西，就是洞壁上的影子。

此時，若有其中一位囚徒獲得釋放，朝洞穴光亮處走去，當初至洞外難以適應亮光而感到眼花撩亂，直至漸漸適應陽光，始能直視陽光下的實物與太陽本身，才明白洞外光景乃眞實世界之景象，而洞壁上的影子乃身後火光所映照。假使這位見過陽光的人，再次回到洞穴裡，反而無法適應黑暗的洞穴，若他試圖想釋放其它囚徒，囚徒們不但不會感激，反而會想辦法逮捕他加以處死（柏拉圖暗指蘇格拉底遭處死之事）。

「洞穴寓言」中之洞穴比喻可見世界，而火炬便是可見世界中的太陽。那個被釋放的囚徒走出洞外世界，說明人類超越可見世界，體認可知世界之認知歷程。蘇格拉底說：

> 將囚徒們居住的洞穴比作可見的世界，裏面的火光比作太陽。如果你把上升的途徑及對上方萬物的靜觀比作是靈魂上升到可知世界，……在知識世界中最後看到、也是最難看到的，即是善的理型。要認識到它，就必須說明它確實是各種美和公正事物的原因，是可見事物的光明之父，是可知世界中理智和眞理最高源泉。任何一個要合理地處理公務和私人生活的人必須注視到它。（517B）

因此，至善理型在認知的歷程中，於知識世界裡最後才會出現，也必須經過層層努力方能達致。若吾人體認至善理型之內涵，便可以藉此推論其美善事物之創造者，爲可見世界中太陽之父（故太陽又稱之爲「善之子」），也是理性與眞理的本源所在，此乃洞穴寓言之教育意義所在，要認識至善理型必須將目光由洞壁上轉移到地面上去。在柏拉圖之前的希臘哲學，已有人區別萬有爲感覺對象與高級認識對象。所謂高級的認識對象，在柏拉圖哲學中指的是「理型」，而「至善理型」或絕對價值乃高級認識對象之極致。在洞穴寓言中洞壁上的影像乃指個別事物，地面上的事物乃指高級的認識對象，太陽乃指絕對價值「善之理型」；故要認識絕對價值則必須先將目光從洞壁上轉移到地面上去。

2. 洞穴寓言之啟示：

洞穴寓言有以下兩點啟示：（1）人生來即專注於感覺對象（2）唯有依賴引導，特別是適當的引導方可獲得高級認識，體認至善理型〔註10〕。

就教育的歷程而言，教育的本質帶有「啟蒙」和「解放」；走出洞外的過程，為「洞穴寓言」教育哲學上的「心靈轉向」，因此，陳康認為洞穴寓言涵蓋兩層意義〔註11〕：

（1）消極面—指真正的知識或智慧不是製成的物品，彷彿市場上的商貨一樣可直接教授，這是否認教育可以如「哲人」所宣傳的，只要聽過其演講便可獲得智慧，故教育不是知識的灌注或者像一般的技藝傳授，而是一種啟發與引導。

（2）積極面—認識絕對價值乃是心靈理性部分的機能，就洞穴寓言來講，教育乃是使集中於洞中影像上的目光轉移到洞外之陽光，故教育乃「心靈轉向」，是柏拉圖《國家篇》中教育概念的積極一方面。在《曼諾》篇中柏氏亦主張教育的兩點義涵，一是知識傳授的不可能（消極面）、一是學習乃是回憶（積極面）。前者所論與國家篇意義相近，後者則以為在心靈深處實隱藏著關於萬有的知識，若吾人遇著適當的環境，得以回憶起遺忘的知識。知識原來存在人心中，只是隱而不顯。所以它並非由外注入，因此，教育只是用適當的方法，譬如有技術的詢問，使學習者回憶起他所遺忘的。在《國家篇》中柏拉圖不再認為心靈隱藏著知識，只承認它裡面有獲得知識的能力。故心靈非知識內容的負荷，因此教育不是引起回憶，而是使認識能力朝正當方面發展，來獲得知識，故教育乃「心靈轉向」。因此，人要能獲得真正的知識必須轉動整個靈魂，方能認知真實的知識。

總而言之，教育的意義不再是引起「回憶」，而是「心靈轉向」，「心靈轉向」即引導囚徒將目光轉向洞外的太陽，此過程即走出洞外之努力過程，是一種循序漸進的引導，使囚徒漸次可以習慣洞外世界。

因此，囚徒走出洞外之心靈轉向的歷程，乃囚徒由掙脫鎖鍊看到太陽之過程，是人之心靈由無知與俗見走向認識至善理型的過程。相對而言，一般教育學者，認為教育乃知識對心靈之灌輸，對柏拉圖而言實為謬論。人本擁

〔註10〕請參考江日新、關子尹編，《陳康哲學論文集》，頁76。
〔註11〕請參考江日新、關子尹編，《陳康哲學論文集》，頁76～78。

有視覺可見真實事物，然唯人願意轉動身軀，否則其望眼所看仍是一片漆黑而得見光明。相對的，人的靈魂本來即擁有學習之能力。但人要能獲得真正的知識，就必須轉動整個靈魂面相，方能理解存有之所是，而終能體認至善理型。最後，柏拉圖乃第一位提出教育的宗旨在於人格的培養，並指出道德的培養與知識的獲得，皆不能憑藉教條式的灌輸模式，而必須像洞穴寓言中所描述的心靈轉向之模式〔註12〕。

3. 哲學家所以義務參與城邦運作之因：

自覺無知並非人人能之，哲學家在突破超克自我藩籬，走出洞外仰望理型世界後，並不停留於「獨善其身」的境地，必須再重回洞穴來啟蒙芸芸眾生。理想城邦的創立者，另外有一項重要的任務，就是要提供一種教育，讓最優秀的人獲得真正的知識，以便將來擔任城邦的執政者。但當這些秀異人士體認理型世界之後，便不大願意回到洞穴參與可見世界的事物。蘇格拉底說：

> 那些已經達到這一高度的人不願意做那些凡人的瑣事，他們的靈魂一直有一種向上飛升的衝動，渴望在高處飛翔。如果我們可以作此想像，那麼這樣說我認為是適宜的。（517D）

又說：

> 如果有人從這種神聖的凝視轉回到苦難的人間，以猥瑣可笑的面貌出現，當他兩眼昏花，還不習慣黑暗環境時，就被迫在法庭或在別的什麼地方與人爭論正義的影子或產生影子的偶像，而他的對手卻從未見過正義本身，那麼你會感到這一切都奇怪嗎？（517D）

是故，城邦的創立者需要強迫這些已獲得真知識的哲學家，參與理想城邦的運作。

於此，格老孔認為這些哲學家本可過更幸福的生活，卻因我們強迫其參與俗世事務，使其過較不幸福的生活，對這些哲學家而言是否較為不公平。

蘇格拉底對此提出四個理由加以說明：

〔註12〕單就理想城邦的成立，柏拉圖的人格教育似乎只為城邦機器而成立，然就《理想國》全書之論旨而言，則可知《理想國》一書之旨趣乃在探討倫理學上關於正義之探討，理想城邦的提出也是僅是柏拉圖為了論證「正義」之所以較為幸福的論述進路，而由此而來所發展出來一套近似烏托邦式的政治哲學；另外，城邦中關於衛士的教育，似乎無法養成其批判精神。

（1）城邦創立者的主要任務，乃在謀求整體城邦的最大幸福。因此：「我們的立法不涉及這個國家中某個階層的具體幸福，而是想要爲整個城邦造就一個環境，通過說服和強制的手段使全體公民彼此協調合作，要求他們把各自能爲集體提供的利益與他人分想。這種環境本身在城邦裡造就這樣的人，不是讓他們隨心所欲，各行其是，而是用他們來團結這個共同體。」（520A）

（2）迫使哲學家參與城邦事務並無不義之處。在蘇格拉底所構思的理想城邦中，那些哲學家天生即爲城邦的執政者，故其接受比別人優越完美的教育，而有勝任城邦事務之能力。由於他們已認識善與正義之理型，故能建立完美理想的城邦。蘇格拉底說：

> 格老孔，請注意，迫使我們的哲學家，關切、照顧他人，並無不合正義之處。我們要對他們解釋，在其它國家裏，他們這一階層的人，沒有義務來分擔政治的辛勞：這本來是合道理的，因爲他們的成長教育，都出自自力，政府也並不情願要他們參預。他們既屬以自修求學，自不能冀望他們，感激他們不曾得到的教化。但你們這些人，讓你們生下來便是要你們執政的，要當自己與其他公民的王。你們受到的教育，比他們優越完美，足能使你們擔當這種雙重任務。因此，你們每個人，在輪值當班之時，一定要下到地下的共有住所，養成暗中視物的習慣。你們養成這種習慣以後，你們的視覺，要比洞穴裏的原住民的視覺，強上萬倍，並且知道那些不同的影像是什麼，代表些什麼，因爲你們業已見過美、正義和善的眞面目。這樣一來，我們的國家，也就是你們的國家，便可以是眞實的，而非僅是夢境，而其治理的精神，也必然與它國有異，因爲在它國裏人們僅是爲影子而互相爭執，並且因爭權奪利而忘卻正途；他們是把權利看做大善的。其實呢，執政們最不樂意執政的國家，永遠是最好、治理起來最寧靜的國家，國內的執政們最熱切的，則是最糟的國家。
> （520B-D）

（3）眞正哲學家皆通達正義之理，必然嚴肅看待政治事務，故不致拒絕負承執政責任的要求。

（4）城邦的創立者將爲未來的執政者，設計一套高尚富裕的生活方式，此富裕並不是物質的富裕，而是德行與智慧方面的富裕。

三、「哲學王」的養成教育和選拔（521C～534E）

（一）「哲學王」的養成教育課程

《理想國》中的教育思想，分爲兩個部分，高等教育爲「哲學王」養成所設計，主要乃在啓發其智慧與完善其德性，初等教育則爲衛士所設計，主要是體育與音樂教育兩方面，主要在調和性情使其勇敢又和靄〔註13〕；故「哲學王」之養成教育，乃著重在智慧上的啓發與理性的訓練，本質上也是心靈轉向的教育學程。理想城邦之所以可能乃在「哲學王」，但哲學家需接受適當的教育，方能獲得關於至善理型之眞理，並由此完善其德行。這些條件的具足有賴以下的課程學習，這些課程的安排，在於使具有哲學天性的人，轉動其靈魂由恆變的可見世界，轉向恆存的可見世界。前述第 2-3 卷已提到衛士教育的一些內容，包含體育、藝文等技藝，然而僅這些課程尚未能完全達到轉化靈魂之目的，故須特別安排一些屬於心靈轉向之課程。

1. 數字與計算之學，蘇格拉底認爲數字與計算之學能使靈魂轉向，數字與計算可以把心靈引向可知世界，因此，數學科目乃預備課程，其目的乃將心靈由感覺對象轉向對理型認知，理型的與數學之差別，乃在數學並不探求根源性的問題，而是由其本身的定理作演繹與推理，不若純哲學乃就最高眞理之探問。

2. 平面幾何學，首先它對做戰有利，最終達到令靈魂趨向眞理之目的。

3. 立體幾何學。

4. 天文學，蘇格拉底指出在天文學上，應該如幾何學一般，運用理性提出和解決問題，把可見的星空放在一旁。

5. 諧音學，學習諧音學目的，是要達到眞確的知識，故諧音學研究不能侷限在感官的領域，侷限在感官的領域無法提供知識的。數字的自然和諧才是諧音學的眞正對象。

　　蘇格拉底認爲對上述學科需融會貫通才能對靈魂轉向有所助益，然這些學科皆只是哲學教育的序曲，眞正的學科則是辯證法。

6. 辯證法：

　　蘇格拉底認爲辯證法屬於可知世界，人藉由理性而不求助於任何感官終得以掌握理型，達致可知世界的頂點，此認知過程即辯證法。前述所言的洞穴寓言，乃辯證法運用過程之象徵。關於辯證法之本質爲何，蘇格拉底間接

〔註13〕請參考江日新、關子尹編，《陳康哲學論文集》，頁 82～83。

的提出四點說明：

（1）辯證法是了解事物本質的唯一可行方法，一切技術學科只是與人的慾
望、意見有關，並不能提供眞正知識，至於幾何學其假設是未經檢驗與
說明，不能成爲眞正的知識。唯有辨證法才能直接上升至第一原理。蘇
格拉底說：

> 辯證法，而且只有辯證法，才能按這種方式進行探索，它能夠去掉
> 假設，上升至第一原則自身，以在那裏求得確信。當靈魂之眼被埋
> 在奧菲教神話所説的野蠻無知的泥坑中，辯證法能細心地將其拉
> 出、並幫助它逐步上升。（533D）

（2）辯證法可在前述預備學科的幫助下，使陷溺於可見世界的理性得以仰望
可知的世界。這些預備學科一般稱爲學問，介於眞實的學問與意見之間。

（3）人對善的理型有所認知，必能從一切事物中抽象出至善理型。蘇格拉底
說：

> 除非一個人將善的理念從其餘一切區分開來，合理的給出定義，除
> 非他能在論戰中應付各種反對意見，努力通過訴諸本質的實在、而
> 不是意見來考察每件事物，在整個推理中，堅持到底毫不退縮。總
> 之，除非他具有這樣的能力，否則你可說他既不知道善自身，也不
> 知道特殊的善。如果他持有什麼，那就只有陰影，是通過意見而不
> 是通過知識得來的。他將始終處於夢遊狀態，並且在他還未醒過來
> 以前，已經長眠於冥間了。（534C）

（4）辯證法乃一切學問之王、知識之極致。因此，蘇格拉底說：「我們已把
辯證法放於眾科學之上，作爲科學的試金石，沒有其他的研究能正當地
跟它並列或高於它，而我們關於學科的論述現在已經完成。」（534E）

（二）「哲學王」教育之學程表及其選拔（535A～541B）

至於「哲學王」養成教育之歷程表，依其教育歷程的時間表，可以簡單
的劃分爲如下幾個階段：

1. 幼年至 17～18 歲：接受藝文教育的同時，就應該接受數字和計算、幾何
學等學科的薰陶，但不能用強迫的手段，而應該使這些早期的教育像遊戲
一般。

2. 17～18 歲：主要是體能與作戰技巧的訓練。

3. 20～30 歲：從中挑選一部分優秀的人才，接受數字、計算之學、幾何學等

辯證法的預備學科訓練，其時要將各種學問融會貫通，使其了解這些學問彼此之間的關係，獲得整全性的思考能力。

4. 30～35 歲：城邦在前述的選拔下，再次挑選其中優秀者來接受辨證法的訓練與考驗。

5. 35～50 歲：這些人再次擔任軍事或其他適合的職務，使其人生體驗更加豐富。

6. 50 歲以後，那些最優秀的人平時從事哲學研究，並在治國義務已盡之時培育接班人。

　　了解「哲學王」所需學習的學科與歷程，關於選擇什麼人來接受靈魂轉向的教育，蘇格拉底以下列人選爲考量：

1. 具有哲學天性的年輕人。
2. 具有高貴和慷慨的性格。
3. 其中最穩定、勇敢與最俊美的人。

　　他們應該具有哲學教育的天性，這些天性包含頭腦敏銳學習快速；良好的記憶力、毅力和對工作的熱愛。

　　其次，蘇格拉底認爲哲學所以不受重視，是因爲研究哲學的人不把哲學視爲其志業。蘇格拉底說：「那些研究哲學的人並沒有事業的感覺，哲學之不爲人所重，原因便在這裏。親近哲學的人，應該是他嫡子，而非庶孽。」（535C）。因此，城邦在挑選勤奮而身心健全的「哲學嫡裔」的年輕人，來接受完整的哲學教育，並排除這些一半勤奮、一半懈怠的「哲學私生子」，以免哲學再次受到傷害。

　　由上可知，蘇格拉底說前述論關於理想城邦的一切，雖難以在現實世界中實現卻非完全不可能。此乃理想城邦之實現關鍵在教育，柏拉圖也認爲教育是一種工具，其功能在平衡發展心靈的各個部分。因此，城邦教育與個人主義並不彼此衝突，爲整個城邦教育計畫之整體，故「哲學王」之教育哲學乃希臘教育思想之高峰與集大成。

　　綜而言之，《理想國》第 5～7 卷所論述的「哲學王」，爲柏拉圖思想在政治與教育哲學上的完美結合。書中對哲學家所以爲執政者提出說明，也藉日喻、線喻與洞穴寓言說明了至善理型之所是，以此證成「哲學王」之必要性。因此，「哲學王」本質爲柏拉圖之教育理想，也是柏拉圖政治哲學之完美圖像。

參、結論

本文以柏拉圖「哲學王」思想爲研究重心，「哲學王」首見于《理想國》篇。柏拉圖認爲理想城邦如同完善的個體心靈，在于各部分和諧而充分的運作；而「哲學王」正是理想城邦實現之關鍵。本文由論證「哲學王」之可能起始，指出「哲學王」乃政權與智慧德性完美的結合，能夠帶領城邦朝向理想完美之境。柏拉圖認爲「哲學王」的養成，其關鍵乃在完整的心靈教育。而「哲學王」思想所呈現之哲學義涵，則涵蓋倫理學、政治哲學與教育哲學等層面之內涵，並在「哲學王」論述中形成一個完美的結合。

然而，《理想國》所論述之哲學王理想，在現實生活中，柏拉圖似乎未能將其實現；而其在現實中尋求「哲學王」之努力，其精神很像春秋戰國時代，周遊天下一心尋找聖王，以仁義之說來勸導君王實行仁政，實現其政治理想的孔孟一般。其不同之處，在於孔孟成德之教乃普及於一般民眾，並無特別強調對統治者的一整套教育養成。柏拉圖尋求「哲學王」以實現「理想國」之理想，特別表現在三度造訪西西里島的行程上。首次的旅程竟令他幾爲狄奧尼修斯一世（Dionysius I）所殺害，幾經波折終至被販爲奴；其後第二度、三度雖再往西西里島，然皆無法眞正實現其理想，及其友人狄昂（Dion，408～354B.C.）於公元公元前 357 年推翻狄奧尼修斯二世的政權後，柏拉圖「哲學王」理想似乎出現一現曙光，無奈狄昂不久（354 B.C.）尋由其學院友人卡里普斯（Callipus）所弒，使得柏拉圖實現「理想國」理想城邦之構想再次破滅；自此，柏拉圖即修正其政治思想，由《理想國》「哲學王」之人治思想模式，轉變成《法律篇》之法治思想模式〔註14〕。

總結而言，「哲學王」除表現爲柏拉圖政治哲學之理想圖像外，其養成教育中所必修的學科如數學、天文、幾何、諧音學、辯證法等；實際上，乃中世紀自由七藝、後世通識教育之雛型，此點對通識教育特具意義。因此，柏拉圖「哲學王」之教育內涵，一方面呈顯爲教育本質作爲「心靈轉向」之啓蒙義涵，另一方面也是希臘時期完整的全人、通識教育之內涵。

〔註14〕 《法律篇》是柏拉圖最後的語錄，其對城邦的描述與理想國所主張者有所不同，其所描述的城邦並非最理想的城邦，只是希望城邦能達到一般水準的最好情況。故柏拉圖晚期的態度顯然與《理想國》所主張者有別。請參考費爾特著，呂武吉譯，《柏拉圖的哲學》，台北：臺灣商務，1992 年，頁 79。

引用書目

一、柏拉圖原典相關譯著

1. Edith Hamilton、Huntington Cairns edited，The COLLECTED DIALOGUES Of PLATO，New York：Ollingen Foundation，1961.

2. 王曉朝譯，《柏拉圖全集》卷二，台北：左岸文化，2003 年。

3. 吳錦裳譯，《饗宴》，台北：協志工業叢書，1997 年。

4. 呂健忠譯，《蘇格拉底之死——柏拉圖作品選譯》，台北：書林，1991 年。

5. 侯健譯，《柏拉圖理想國》，台北：聯經，2002 年。

6. 郭斌和、張竹明譯，《柏拉圖》，北京：商務，2002 年。

二、當代相關專著

1. A.E. 泰勒著，謝隨之譯，《柏拉圖——生平及其著作》，濟南：山東人民出版社，1991 年。

2. E・策勒爾，翁紹軍譯，《古希臘哲學史綱》，濟南：山東人民出版社，1996 年。

3. R. M. Hare，李日章譯，《柏拉圖》，台北：聯經，1990 年。

4. 史偉民、沈享民編著，《柏拉圖理想國導讀》，宜蘭：佛光人文社會學院，2004 年。

5. 皮埃爾・威爾南著，秦海鷹譯，《希臘思想的起源》，北京：三聯書店，1996 年。

6. 江日心、關子尹編，《陳康哲學論文集》，台北：聯經，1987 年。

7. 阿佛烈・威柏，《希臘哲學》，台北：久大，1989 年。

8. 范明生，《蘇格拉底及其先期哲學家》，台北：東大，2003 年。

9. 苗力田，《古希臘哲學》，台北：七略，1999 年。

10. 陳恆，《古希臘》，香港：三聯書局，2002 年。

11. 傅佩榮，《柏拉圖》，台北：東大，1998 年。

12. 程石泉，《柏拉圖三論》，台北：東大，1992 年。

13. 費爾特著，呂武吉譯，《柏拉圖的哲學》，台北：商務，1986 年。

14. 奧康諾，《批評的西方哲學史》，台北：桂冠，1998 年。

15. 劉若韶，《柏拉圖理想國導讀》，台北：臺灣書店，1998 年。

三、期刊論文

1. 俞懿嫻，〈柏拉圖德育思想及其相關語錄〉，《哲學與文化》，第 23 卷第 5 期，1996 年 5 月。

附錄四　柏拉圖〈費多篇〉靈魂不朽學說初探*

壹、前言

柏拉圖（*Plato*，427～347 *B.C.*）〔註1〕生死哲學的基本命題是「死亡是靈魂從身體的釋放」〔註2〕。其對生死哲學的探討主要集中在〈費多篇〉（Phaedo）、〈曼諾篇〉、〈國家篇〉、〈蒂邁歐篇〉、〈斐德羅篇〉、〈智者篇〉、〈法律篇〉等篇章論述中〔註3〕。而〈費多篇〉所提到的靈魂不朽學說，來自於對畢達哥拉斯（*Pythagoras, 569～?*）死亡哲學的發展。本文以〈費多篇〉的靈魂不朽論證爲考察重心，透過蘇格拉底與西米亞斯、齊貝的對話，最終理解其靈魂不朽學說之內涵，並藉以理解哲學家面對死亡的超然態度，及其以哲學作爲死亡練習之意義。

在〈費多篇〉（Phaedo）中柏拉圖透過蘇格拉底（Socrates）與齊貝（cebes）和西米亞斯（simmias）對於「靈魂不朽」的討論，最終提出以無懼的態度面對死亡之可能。〈費多篇〉的談話地點在菲力烏絲（Phlius），當費多（伊利斯人，Elis）由雅典回家途中，途經菲力烏絲向當地一群崇拜蘇格拉底，卻無緣見其最

---

* 本篇論文摘錄自拙著：〈柏拉圖〈費多篇〉靈魂不朽學說初探〉，《宗教哲學》第41期，2007年9月，頁149～161。

〔註1〕當代哲學家懷德海（*Whitehead,1861～1949*）曾感嘆道：「兩千五百年的西方哲學只不過是柏拉圖哲學的一系列註腳而已。」請參見威廉.巴雷特，《非理性的人》，紐約，1962年，頁79。

〔註2〕段德智書中翻譯原題「死亡是靈魂從身體的開釋」，「開釋」爲具有佛教意味之用詞，爲符合中文之習慣用法，筆者將之更動書寫爲「釋放」。請參考段德智，《死亡哲學》，台北：洪葉文化，1994年，頁70。

〔註3〕請參考段德智，《死亡哲學》，頁71。

後一面的菲力烏絲人，轉述蘇格拉底臨終時的談話〔註4〕。費多所轉述的談話中，齊貝與西米亞斯被描述爲年輕的畢達哥拉斯學派信徒〔註5〕。對話開始於對「自殺」是否適宜的討論（62B-E）〔註6〕，由此引導出「靈魂不朽」的談論。

　　本文論述在正式進入「靈魂不朽」學說的闡述之前；先就蘇格拉底對死亡的基本看法，與其哲學作爲死亡的練習之意義作說明，以此略述〈費多篇〉生死哲學之概要；進而掌握其靈魂不朽學說論證之發展脈絡。

貳、死亡乃靈魂由肉體之釋放

一、死亡乃靈魂之釋放

　　蘇格拉底在進入靈魂不朽的討論前，對身體和心靈的關係做了一個有趣的比喻。在還沒有飲毒藥之前，獄卒替蘇格拉底把手銬腳鐐打開。之後，蘇格拉底坐在床上，揉一揉他被綁了很久的部位說：

> 多麼奇怪啊!這個很平常的感覺居然叫做快樂。顯然，這個感覺通常和它的對立面即痛苦緊密相連。快樂和痛苦從來不會同時降臨到一個人身上，但是你如果追求它們中的某一個並且有所體驗，妳幾乎總是不得不體驗到另一個，它們就向受同一個大腦指揮的兩個軀體一樣。我想，如果伊索曾經想到這一點的話，它會爲此而編撰這樣一個寓言：當神發現無法制止快樂和痛苦的無止盡爭吵時，就把它們的腦袋栓到一起。這樣，無論它們中的一個在什麼地方出現，另一個必然緊緊相隨。這的確就像發生在我身上的事一樣，腳鐐把我的腿弄得很痛，而現在我感到快樂隨著痛苦而到來。（60B-C）

蘇將身體視爲囚禁靈魂的牢籠，強調儘管在死亡來臨時會有短暫的痛苦，但

〔註4〕由於其中的一個菲力烏絲人（依其克拉底，Echecrates），爲畢達哥拉斯（Pythagoreans）學派的信徒。因此，Taylor 推斷當地應是畢達哥拉斯學派的聚會場所。請參考 A.E.Taylor 著，謝隨知譯，《柏拉圖──生平及其著作》，山東人民出版社，1996 年，頁 253。

〔註5〕齊貝與西米亞斯雖是畢達哥拉斯學派信徒；但其原本的宗教性思想內涵已被科學性的思維所遮掩。因此，蘇試圖令其回想原初形成畢達哥拉斯學派思想基礎的宗教元素內涵，此宗教內涵與其目前（齊與西兩人）思維中傾向科學思維的內涵有所不同。請參考 A.E.Taylor 著，謝隨知譯，《柏拉圖──生平及其著作》，山東人民出版社，1996 年，頁 253。

〔註6〕cebes 和 simmias 提出疑問：「既然人是神的僕人，那麼人的死亡就象徵人將脫離神的眷顧，人應該難過才是。如此一來又怎麼能說，人脫離身體而死亡是件快樂的事呢？」（62D～E）

是終將會得到永恆的快樂。因此，不該為即將離開囚禁靈魂的肉體牢籠而難過。蘇格拉底強調「不要眷戀生，而厭惡死」，並且認為「真正的哲學家是準備視死如歸的人」（61C）。而「死亡是靈魂從身體的釋放」，誠如〈斐多篇〉對靈魂不朽的論證所提示者，死亡是不死的靈魂「離開肉體監獄，而獲得釋放重新進入理型世界」。

二、哲學乃「死亡的練習」

哲學是「死亡的練習」：「專心致志於從事死亡」的人，才配稱得上「真哲學家」的稱號（67E）。對柏拉圖而言，哲學不在死亡之外而在死亡之中，哲學本質並不僅是死亡的學問，而即是死亡的練習。真、善、美即在哲學家死亡的練習中，對哲學家而言死亡問題已不僅為恐懼之問題，而且更是在死亡中去追求真理與美德。故蘇格拉底說：

> 普通民眾似乎無法理解，那些以正確的方式真正獻身於哲學的人實際上就是在自願地為死亡作準備。如果這樣說是正確的，那麼他們實際上就是在自願地為死亡作準備。如果這樣說是正確的，那麼他們實際上終生都在期待死亡，因此，如果說他們在這種長期為之準備和期盼的事真的到來時感到困惑，那麼倒確實是荒謬的。（64A）

蘇格拉底認為哲學家乃勇於練習死亡（63A～77D），故厭生趨死；此「死亡的練習」並非就字面上理解為去實際經驗死亡，故並非在消極意義層面上去鼓勵「自殺」；而是正視「死亡」此一存在事實，由此確認人存在之真實使命；故哲學作為「死亡的練習」，應就其正視死亡進而朝向生命真善美境地之努力作思考。再則，一個終生奉行哲學的人，死後必將同樣受到聰明良善的諸神之照料，並且與過去最優秀、正直的人為友，因此給了其面對死亡的勇氣（63B～D）。哲學的生活只是死亡前的準備與練習；因此，一個長期面對死亡的人，並不會因為將死而有所畏懼、困擾。由於一般人對哲學家關於「死」的說明有誤解〔註7〕。蘇格拉底指出哲學家不太重視物質慾望的滿足，其所照料者並非其肉體而是靈魂，這也是一般人認為他們是半死的人的原因（64C～65A）。原本哲學家關心靈魂勝過身體，所以哲學家比起其他人更能抗拒肉體慾望的誘惑。故哲學家在生時盡可能的遠離肉體慾望的干擾，並且引領一直準備淨

〔註7〕　Taylor 認為俗世將「垂死的生」與「活著的死」的觀念混淆。哲學家則力圖由死入生，而世俗之人卻雖生猶死。請參考 A.E.Taylor 著，謝隨知譯，《柏拉圖——生平及其著作》，山東人民出版社，1996 年，頁 259。

化〔註8〕心靈的人，給予最美好的希望。所以眞正的哲學家，也就把追求死亡當作爲自己的職業。蘇格拉底說：

> 無論什麼人，只要他對死亡感到悲哀，這就足以證明他是一個愛欲
> 者，而不是一個愛智者。（68B～C）

再者，哲學家之所以勇敢的正視死亡，並不是因爲他擔心更大的不幸將降臨。事實上，只有智慧才能使勇敢、節制、正直、善成爲可能。故眞正的道德不能建立在情感上，眞正的智慧必然是清除了情感的純淨事物（68D～69D）。蘇格拉底說：

> 在進入另一個世界時，未受啓迪的人將陷入污泥中，而淨化和開化
> 的人將和眾神居住在一起。（69C）

因此，靈魂在生時的修練與淨化，在柏拉圖生死哲學中亦別具意義；亦唯此善良的靈魂方能與眾神同住理型世界，而無受到善加看護之靈魂，則將陷入污泥而孤獨的徘徊於陰間〔註9〕。

參、〈費多篇〉關於靈魂不朽的論證〔註10〕

關於靈魂不朽的討論，首先由論證靈魂在死後是否依然存在，以古代再

〔註8〕 Gadamer 以爲淨化已不再是一種宗教儀式，而是意味著專注思辯的哲學家生活中所發現的自我知識。請參考 Hans-Georg Gadamer 著，余紀元譯，《伽達默爾論柏拉圖》，北京：光明日報，1980 年，頁 28。

〔註9〕 蘇格拉底說：「聰明的、守規矩的亡靈跟著它的嚮導走，路上的景色也不是陌生的，而那些深深依附著肉體的靈魂，如我以前所說，長期徘徊在這個可見的世界上，在做了許多抵抗和受了許多痛苦之後，才被迫被它指定了的守護神領走。當它抵達與其他亡靈同樣的地方時，由於做了許多不潔的事，因此它是不潔的，或者涉及違法的流血，或者犯下與其他同類亡靈所犯的相同罪行，令其他所有亡靈對它都唯恐避之不及。沒有亡靈願意與它相伴或給它引路，它孤獨地在荒野中漫遊，直到過完某個確定的時期，對它的行爲來說，這是它必然會遇到的事情。」（108A～C）因此，蘇格拉底雖然強調死亡乃靈魂從肉體之釋放，然而在靈魂生之時不曾細加看護之亡靈，死後則必落得孤獨無人指引之途。由此層面義涵言，柏拉圖在靈魂不朽論之內涵中，亦導入相當成分道德義涵之善惡問題；更由此開顯靈魂淨化、提升及其哲學作爲死亡的練習之深刻意義。

〔註10〕 下文論述所引用的柏拉圖〈費多篇〉之引文，英譯本參照 Edith Hamilton、Huntington Cairns edited，*THE COLLECTED DIALOGUES OF PLATO*，New York：Ollingen Foundation，1961.而中譯本則對照下列等書：王曉朝譯，《柏拉圖全集》，台北：左岸文化，2003 年；苗力田，《古希臘哲學》，台北：七略，1999 年，頁 262～273。

生傳說、回憶說作爲討論的起始（70C～77D）；這部分討論所要處理與釐清的問題，主要在對死後靈魂仍能繼續存在作說明。繼之由靈魂單純不毀論、理型論來進一步論證「靈魂不朽」。

一、古代再生傳說（70C～72E）。

古代再生傳說，認爲靈魂離開這個世界後，會存在於另一個世界，並且能再於此世界降生存活。蘇格拉底說：

> 如果有生命的人是由於靈魂轉世才獲得生命這點可以成立，那不就得承認我們的靈魂的確存在於另一個世界中？如果靈魂不先存在於另一個世界中，就不可能再度轉世。（70D）

蘇格拉底認爲生來自於死，而非來自其它事物；故靈魂離開此世間後則相應必存在於另一個世界中（71E）。這部分的論述由兩個論證組成：1、對立相生的論證。生的對立面是死，吾人已經確知有死，故其對立面亦應成立，故靈魂必定存在於某個可以再生的地方；故有生必有死，有死必有生。2、生死循環不已的論證。假設無生死之循環，所有的生命終將歸於死亡而不再復返。

（一）對立相生的論證

蘇格拉底由一般事物具有其對立面之性質，如冷、熱、大、小、好、壞……等，且此對立面往往相互產生依存，故所有事物都是由對反的東西而來。例如較大的是由較小的東西比較而來（71A～B）。冷熱的替換或者是醒夢之間，皆存在此對立相生之理；依此，就靈魂之生而言，即必然導出死亡，則死亡亦必然引導出生〔註11〕；故生爲死之對反亦由此而來（71C），而有生必有死，則死亡必然引導出生。此即所謂「再度復生」。蘇格拉底說：

> 生出於死，就像死出於生一樣。如果我們肯定了這一點，那麼足以證明死者的靈魂一定存在於它們再生之處。（72A）

死者的靈魂存在於再生之處，意謂「再度復生」，此亦古代再生傳說的引申，然就人一般之認識經驗而言，靈魂之再生似乎並非再生於此世間；若此，吾人無法在客觀經驗事實上加以經驗，則靈魂再生或靈魂死後繼續存在似乎不能成立。因此，靈魂在死後其再生或存在方式，在理論上應該是指在另一個世界繼續存在，此爲：「靈魂離開這裡以後，存在於另一個世界。他們二度進入這個世界是從死進入存在。」（70C）。總之，就對立相生的論證而言，靈魂

〔註11〕蘇格拉底推論說：「生命的再生是事實，有生之物由無生之物轉世也是事實，死後靈魂存在也是事實。」（71E）

在死亡後繼續存在，其存在方式表現爲在另一個世界的生。

（二）生死循環不已的論證

再者，蘇格拉底認爲如果兩個對立面之間的產生過程，無法週而復始的循環不已，生命的生死過程僅是一直線的單向道，則萬物之生成變化最終勢必將完全停止。如此一來，則對生死的分析並無意義；因此，若生之物皆會死並且死後無再生之可能，則此世界最終不再有生之物存在，而成爲死寂無生命之情境；蘇格拉底說：

> 如果兩套對立的事物之間的產生沒有連續對應的過程，即循環輪迴，如果產生是直接地走向對立的終點而沒有任何向起點的回復或偏離，那麼你會明白最終萬物都會具有同樣的性質，處於同一狀態，也就不會有任何變化？（72B）

又說：

> 如果擁有生命的事物逐漸死去，而死者在死後就保持死的狀態不再復活，那麼萬物最終不可避免地都是死的，沒有活的了，對嗎？如果說有生命的事物從其他有生命的事物中產生，而有生命的事物要死去，那麼有什麼辦法可防止它們的數量由於死亡而最後滅絕呢？
> （72C～D）

假使無生與死之間的循環歷程，則世界終將淪爲死寂、了無生趣；由此則無靈魂再生之事，此與生命不斷延續再生之客觀經驗事實不符（無法在邏輯上成立其說法），即世界存在事物之不斷持續新生；因此，生死循環不已的論證由此成立〔註12〕。（71A）

二、回憶說的論證（72E～77D）。

回憶說的主旨在於證明靈魂在我們出生前就已經存在。關於回憶說，身爲畢達哥拉斯學派學員的齊貝（cebes）亦承認此說：

〔註12〕蘇格拉底認爲靈魂在人死後仍繼續存在，並且良善的靈魂以更好的方式存在。當代學者從邏輯考察的角度，認爲此處依賴古老的對立學說，所引申出的靈魂再生說，似乎是藉此安撫人對死後靈魂消散的恐懼；並由（63C）語錄處「相似但不等同」的措詞，認定「靈魂再生」說的論斷實無任何意義。然而，Gadamer 則認爲吾人不當忽略「情境」義涵，在柏拉圖語錄中所具有的重要意義與地位。再者，亦由於「古代再生」的論証有此缺陷，才將回憶說援引入論證中。請參考 Hans——Georg Gadamer 著，余紀元譯，《伽達默爾論柏拉圖》，北京：光明日報，1980 年，頁 29。

> 如果所謂的學習實際上就是回憶這一點是肯定的，顯然我們現在所回憶的必定是我們在某些時候以前所學習的東西。也就是說，除非我們的靈魂在投生為人之前就存在某個地方，否則就不能回憶生前所學習的東西。（72E）

如上述所言，贊成回憶說的論據在〈米諾篇〉已經提過〔註 13〕，例如在幾何學問題的例子裡；柏拉圖認為透過適當的引導，即可令其對問題作出正確的解答，由此呈顯回憶說的合理性〔註 14〕。根據蘇格拉底所說：

> 回憶就是這種經驗，假定一個人看到、聽到或用其他方式注意到一件事物，不僅意識到這件事物，而且想到了一些別的東西，想到了另一種認識對象。就好像對於情人們來說，看到他們所愛的人用過的樂器，穿過的衣服或其他私人物品時，他們心就會浮現一幅其所有者的畫像，這就是回憶。（73C～74A）

由於回憶既可以是由相似的事物所引起，亦可以是由不相似的事物所引起。由於所有相等的事物都在追求絕對的相等，卻無法完全契及。此乃吾人所有關於相等事物的概念，皆是藉由視覺、聽覺等等感性知覺所得到的。蘇格拉底說：

> 我們在開始看、開始聽及開始運用其他感官之前，一定在某處獲得了這樣的知識：絕對相等是存在的。否則我們就不能把它作為比較的標準，並藉此認識一切。相等的感覺對象儘管都期望自己成為絕對相等，但是只能是它的不完全的摹本。（75B）

一般作為認知之對象，乃吾人透過視覺、聽覺或任何感官加以感知，其後通過聯想加以組合其已遺忘之對象。由於絕對相等的知識顯然無法出自感官感知，相對於絕對的實在如美、善之存在，則應該是來自吾人先前關於實在之知識，就如靈魂在出生前定然存在之事實，則此絕對的實在亦必然存在。由此，回憶說所指涉的學習只是回憶以前所掌握的知識，故「**學習即回憶**」（75D-E）。由學習回憶說反證，則靈魂在生前已然存在，此即「**我們的靈魂**

〔註 13〕　在〈米諾篇〉中，一個男孩藉一張圖表和蘇格拉底格的引導提問，解決一個幾何問題，然而原先男孩對幾何學並無所知。

〔註 14〕　Taylor 指出：雖然 Cebes 完全知道回憶說，但是 Simmias 則把它全忘了。因此回憶說顯然應該不是 Socrates 或者 Plato 所首創。其極可能是畢達哥拉斯派古老的哲學，只是某些此派的先進學員將此拋棄。請參考 A.E.Taylor 著，謝隨知譯，《柏拉圖——生平及其著作》，山東人民出版社，1996 年，頁 268。

在和身體結合前，就已經存在著，他們獨立於我們的肉體，並且有智力。」
基於回憶說的證明，柏拉圖認為我們透過後天經驗，僅能獲得關於「可見世
界」的「意見」，而不可能獲得關於「理型世界」的「知識」；理型世界的知
識必須透過「靈魂的回憶」方可獲得。故蘇格拉底說：

> 既然心靈是不死的，並且已經投生了好多次，既然它已經看到了陽
> 間和陰間的一切東西，因此它獲得了所有一切事物的知識。因此人
> 的靈魂能夠把它以前所得到的關於美德及其他事物的知識回憶起
> 來，是不足為奇的〔註15〕。

綜合上述所論，回憶說的論證（學習即回憶），其基本論述結構為：（1）回憶
是經由眼前之物對過去之物所產生的回想。（2）對於某物的回憶，必然是因
為過去曾經具備對某物的知識。（3）吾人可以透過學習獲得數學、絕對美、
善的知識。（4）在經驗世界中並不可見絕對的美、善，只有相關於此的不完
全摹本，絕對的美、善僅存在於理型世界。（5）我們關於絕對美、善的知識，
決不是來自於當前生存的現象經驗世界。（6）關於絕對美、善的知識，乃與
生俱來且終生保有者，為靈魂在進入這個世界前即已經擁有。（7）故靈魂在
進入這個世界前，必然已經先存在於另一個世界中並具有智力。

最後，古代再生說由死後之靈魂必然再生來論證靈魂的存在，回憶說則
由論證學習之所以可能，來說明靈魂之先前存在性。古代再生說是基於古老
宗教思維裡的傳說，而回憶說極可能是畢達哥拉斯學派古老的哲學，此兩者
皆為柏拉圖所援用來論證靈魂不朽之論述。

三、靈魂單純不毀論證

靈魂單純不毀論證，靈肉屬性不同。首先，說明何以靈魂死後不會煙消
雲散，靈魂和神性、理智、不能分解以及永遠自身同一不變的事物更相似，
而肉體則和人性的會死的可分解的事物更相似，故靈魂自身不會消失。

在此，西米亞斯與齊貝對蘇格拉底提出質難，蘇格底透過對其質難的辯
駁，再次證成靈魂不毀之論證。

（一）由相似性論證靈魂近於不變之事物

根據前面的討論，可以同意靈魂之先在性與持續存在性。「靈魂單純不毀
論證」則繼續對「何以死後靈魂不會煙消雲散？」（77A～84B）作出說明。

〔註15〕《古希臘羅馬哲學》，台北：商務印書館，1982年，頁191。

首先，蘇格拉底指出**被解散**事物之特質，由此區別出合成物和非合成物之分別，由此則合成物具有被分解驅散之命運（78B～E）。處於遷流不定的事物往往屬於合成物，永恆的事物往往是單一不變的。諸如絕對的美、善則為永恆不變之實在，而美的各種具體事例，諸如美的人、馬、衣服等事物總是處於變化之中。就吾人理智之認知對象言，可以將認識對象粗分為兩類存在事物：一為感官可見的具體事物，一為感官不可經驗的絕對實在，如絕對的美、善理型。依此吾人亦可將人之生命視為肉體和靈魂兩個部分的構成。一般而言，當靈魂藉助肉體來認知世界，往往被肉體誘入可變事物的領域而迷失方向。但當靈魂回歸其自身即可進入純粹的、永恆的、不朽的和不變的事物的領域。因此，靈魂一旦脫離肉體而獨立，進入絕對、永恆不變事物的領域，則與此類永恆事物擁有相同的本質。是以肉體與可變的事物相似，而靈魂就相對與不變的事物相似（79A～E）。蘇格拉底說：

> 靈魂和神性的、不朽的、理智的、不能分解的以及永遠自身同一不
> 變的事物更相似；而肉體則和人性的、會死的可分解的事物更相似
> （80B）。

總之，靈魂比肉體更具有神性，當人死後靈魂必然因其神性的、永恆不變的、單純的、非合成的特質，無法被解散而永恆存在。

最後，靈魂在死後雖不遭拆散，但由於靈魂在脫離肉體前遭受到污染，而無法純粹、清淨。並由於長期受到肉體的情感、快樂的引誘；故靈魂往往為肉體所監禁 （81B）。哲學之宗旨也在此提示靈魂淨化之方。如此死後的靈魂將達到一個和本質、本性相類似的美善境地，如此一來，亦無需在死後擔心遭到被驅散的命運。（82C～D）

（二）西米亞斯（simmias）和齊貝（cebes）對蘇格拉底的質疑

西米亞斯以七弦琴的和諧來說明靈肉之間，只是一種琴與琴音之間的和諧，肉體死亡靈魂也隨即死亡。齊貝則用裁縫師與其衣服之依存觀點來說明靈肉之關係，即人可替換過很多衣服，但必死於最後一件衣服替換之前；猶如靈魂可以替換過許多肉體，相對而言，靈魂亦必在最後一個肉體毀壞前消散。

1. 西米亞斯的質難（85E～86D）。

西米亞斯雖然也承認靈魂是比肉體更具神性和更高級的存在事物；但以靈肉作為一種和諧的理解進路言，靈魂亦可能遭到毀滅。他說：「如果有人堅

持認為，由物質要素構成的靈魂在我們稱為死亡的過程中首先會毀滅，你怎麼回答這個問題呢？」（86D）西米亞斯認為蘇氏關於肉體與靈魂的推論，若以七弦琴與琴音來作比喻，則靈魂猶如弦音是非物質和神性的存在，而七弦琴則是可見的具體事物，琴音所以存在乃七弦琴之和諧演奏而成；若七弦琴遭到破壞毀損，則弦音亦不由得聞，由此可證明靈魂並非永恆存在〔註 16〕。故言七弦琴毀壞琴音依舊在別處繚繞迴響，顯然相當荒謬。因此，如果琴音因為七弦琴之毀壞而不復存在，則肉體因病痛而不再保持和諧，在肉體遭到破壞而死亡後，則靈魂亦不能在別處繼續存在，亦即靈魂並非永恆存在。

2. 齊貝的質難（86E～88B）。

齊貝認為對死亡的恐懼，並不因為靈魂進入肉體一次或者是多次而有所差別，儘管承認關於靈魂在生之前就存在的說法，大致上可以令人信服的。可是，並不表示可以證明靈魂在我們死後仍然在某處存在。齊貝認為即使靈魂比肉體強而有力得以持久存在，但靈魂仍舊會毀壞。亦如同人與衣服的關係一般，人顯然比衣服存在的時間更久遠，然當人不斷的更換穿壞的衣服後，其必定也會比他所穿的最後一件衣服先腐爛。靈魂和肉體的關係也是如此，在靈魂不斷的「穿壞」無數個肉體後，靈魂在死亡時仍然佔有最後一個肉體，並且比這最後一個肉體先消亡。故吾人實無理由說人死後靈魂繼續存在某處，因此，靈魂雖較肉體持久但仍會毀壞。

3. 蘇格拉底對上述異議的回應

在先前齊貝與西米亞斯皆同意學習即回憶說的預設下，進一步斷言靈魂被束縛在肉體以前，必定存在於某處。**蘇格拉底對西米亞斯的回應**，可分為三點 （91C～95A）。第一，如果西米亞斯以為靈魂是一種和諧的組成事物，則靈魂即肉體成分在特定張力作用下的和諧組成。則表示靈魂在進入人體以前即已存在，如此即與學習即回憶之觀點不一致。第二，贊成靈魂是一種和諧，則無法說明靈魂的善惡問題，蘇氏說：

> 如果靈魂是一種和諧，它就不能包含邪惡的成分，因為既然和諧就
> 是和諧而不是其他任何東西，它就根本不能包含不和諧。（93C）

〔註 16〕 西米亞斯這種觀點與「人是機器」的觀點非常相似。實際上，靈魂與肉體的關係相對於於七弦琴與琴的關係更形複雜；故西米亞斯以七弦琴來類比靈肉關係，亦無法全面適切對靈魂等相關問題作出說明。請參考奧康諾，洪漢鼎譯，《批評的西方哲學史》（上），台北：桂冠圖書，1998 年，頁 60～61。

因此，雖靈魂的本質並無邪惡，但西米亞斯的靈肉和諧比喻無法說明靈魂的善惡。第三、一種和諧或組成物的作用是由其組成成分所規定的，不能違反組成成分的要求起作用。如果靈魂是一種和諧，其根本不會同其組成成分的緊張、鬆弛或是其他任何狀態相背，必須服從其組成成分。但實際上，靈魂往往以相反的方式起作用，諸如其對慾望、激情和恐懼的節制。由靈魂能夠操縱和掌控肉體情感這一點上言，吾人沒有理由說靈魂是一種和諧。關於蘇格拉底對西米亞斯的回答（91C～95E），可以簡單的表述如下：

（1）西米亞斯的和諧說與回憶說有所矛盾，如此靈魂如何先於肉體存在。

（2）靈魂為一和諧，如何說明靈魂與肉體間的衝突與對立，西米亞斯之說有善惡不分之虞。

（3）靈魂不是由肉體張力所構成的和諧，和諧也不能說明靈魂的善惡。

　　再者，對於齊貝的質難（95A～107B），蘇格拉底先由其早年學習自然哲學的經驗作反思，並針對自然哲學家作出批判：

> 他們想像有一天會找到一個更有力的、支撐一切的不朽的天神阿特拉斯（Atlas），他們卻沒有想到，真正包容和結合一切的是善和道德義務。（99C）

蘇格拉底強調若透過感官感覺來觀察、解釋世界，恐怕無法了解事物之真相，就像用感官體驗去體驗世界一般，蘇格拉底作一個奇妙比喻說：

> 在對研究自然感到精疲力盡以後，我想一定要提防一種危險，就好像人們在觀察和研究日蝕，如果不是通過水或其他同類的媒介物觀察太陽反射出來的影子，而是直視太陽，那麼肉眼就真的會受到傷害。我感到類似情況也在我身上發生了。我擔心，由於用肉眼觀察對象，試圖借助每一種感官去理解它們，我也有可能使自己的靈魂完全變瞎。（99D～E）

因此，對於齊貝所論，蘇格拉底強調必須藉由一個更健全的法則，來重新審視事物的本質是否與之相符〔註17〕。（100A）由此原則作為當初辯論的出發點。因此，蘇氏則以為擁有靈魂之物即擁有生命，故靈魂本質無死。（此論點必須參照第四個關於理型的論證來相互理解）

〔註17〕 Taylor 認為蘇氏提出此法，乃是基於當初始命題遭受排斥，其習慣「把全部的辯論帶回到假設的地方」（亦即他與對手共同承認的初步命題）。A.E.Taylor 著，許爾譯，《蘇格拉底》，台北：志文出版社，1973 年，頁 150。

四、理型論

以理型來說明靈魂的不朽，則靈魂為生命存在之起因，其自身絕不可能成為與之相反之物（即死亡）。因此，當對立面的死亡逼近時，靈魂不能成為毀滅或消散之狀態，靈魂必定是退離到另一個世界繼續存在，故靈魂是永恆不朽的。此外，《理想國》篇中，也談到任何物體皆有其毀滅的原因；此可稱為惡，靈魂的惡是對四主德的背離，但靈魂本身並未因此而毀滅，故「靈魂不朽」之說可以成立。

基於理型的證明，理型乃永恆不變而神聖者，既然靈魂得以理解理型，則靈魂本身亦必是永恆不死的。蘇氏認為一個特定的事物之所以是美的，是因為那個事物參與（participation）了美的理型。美的理型使美的事物成其為美。依此而言，靈魂的對立面是死亡，由先前的討論得知，靈魂永遠不能容納其對立面（可朽與會滅亡者）。所以吾人必須承認靈魂是永恆不滅的，蘇格拉底說：

> 當死亡降臨一個人時，死去的是他可朽部分，而他的不朽部分在死
> 亡逼近時的時後不受傷害地逃避了，他的不朽部分是不可滅的。
> （106E）

因此，靈魂是永恆不朽的存在，並且在肉體死亡後繼續存在於另一個世界，他說：「靈魂是不朽、不可滅的，我們的靈魂真的會存在另一個世界。」（107A）

綜而言之，柏拉圖的靈魂不朽學說，其重要意義不在實證上證成靈魂之不朽；而在於其揭示靈魂不死的希望，而非不死之確定性〔註18〕。

肆、結論

柏拉圖生死哲學的基本命題是「死亡是靈魂從身體的釋放」。其對生死哲學的探討主要集中在〈費多篇〉（Phaedo）、〈曼諾篇〉、〈國家篇〉、〈蒂邁歐篇〉、〈斐德羅篇〉、〈智者篇〉、〈法律篇〉等篇章論述中。其中，〈費多篇〉所提到的靈魂不朽學說，來自於對畢達哥拉斯死亡哲學的發展；其內涵分別以古代再生傳說、回憶說、靈魂不毀論、理型論來論證「靈魂不朽」之理。

〈費多篇〉靈魂不朽學說，其意義不在客觀認知或邏輯論證上去強調靈魂之不朽，而是藉此強調面對死亡所應具備的超然態度與認知。因此，強調死亡作為徹底解脫之意義，哲學家乃勇於面對死亡、練習死亡之人，並以追

〔註18〕請參考 A.E.Taylor 著，《柏拉圖其人及其著作》，紐約，1956年，頁206。

求死亡作為終生之志業。再者，由於心靈往往受到肉體的污染而變的不完滿，唯有死亡帶給靈魂完滿之淨化機會；因此，人亦須於生時看護其靈魂，應盡可能的遠離肉體慾望的干擾，其死後將受良善與美好的牽引，而重生於理型世界。

附錄五　克里希那穆提生死觀 之哲學詮釋*

壹、前言

　　基督・克里希那穆提（*Jiddu Krishnamurti，1895～1986*）〔註1〕是當代西方世界最受尊崇的心靈導師之一，在其諸多演講中談到生死問題，分別見諸《生與死》、《愛與寂寞》、《心靈與思想》、《論關係》、《論上帝》、《心靈自由之路》、《從已知中解脫》、《人生中不可不想的事》等演講集裡。其中，尤以《生與死》為較有系統之講述；克里希那穆提對生死問題的思考，主要是由

---

*　本篇論文摘錄自拙著：〈克里希那穆提生死觀之哲學詮釋〉，《樹德通識教育專刊》
　　第 2 期，2008 年 4 月，頁 291～316。

〔註 1〕他是印度二十世紀最卓越、偉大的靈性導師。強調人應探索心念的所有意識狀
　　　　態，並透過自我覺察的方式，達到轉化與昇華；他認為要先從個人意識的改變
　　　　出發，方可透過了解自我侷限、宗教與民族等制約來轉變世界。1929 年開始巡
　　　　迴世界各地演講，並時常與政治家、科學家、心理學家進行對談。克里希那穆
　　　　提與當代知識份子都有所往來與對話。蕭伯納稱他為最卓越的宗教人物，又
　　　　說：「他是我所見過最美的人類。」赫胥黎亦說：「他的演說是我所聽過最令人
　　　　難忘的！就像佛陀現身說法那樣的具有說服力。」亨利米勒則說：「和他相識
　　　　是人生最光榮的事！」紀伯倫更盛讚說：「當他進入我的屋內時，我禁不住對
　　　　自己說──這絕對是菩薩無疑了！」克氏是當代最受敬仰的心靈導師之一，他
　　　　廣泛的與當代科學家、佛學家、哲學家、藝術家、天主教耶穌會教士等各領域
　　　　人士對話。他始終主張我們所面臨的一切問題，需要人類意識的徹底轉變才得
　　　　以解決。至今，美國已有百餘所大學院校，由哲學、心理學、宗教、教育等領
　　　　域進行研究。相關文字敘述請參考 http://newage-taiwan.dyndns.org/krishnamurti/
　　　　（2012/09/23）.

生命的整體內涵來作省察，也包含了對生命價值、生活意義的探討。在《生與死》一書中，克氏首先由時間、悲傷與死亡三者的交互關係來探究死亡；繼則提到恐懼與死亡的關係，指出對死亡的恐懼實乃人認知情識之執所致，並非死亡之真實面貌；最後，開示活在當下、超越死亡恐懼之生命態度，並期能由此活出生命之愛、美與自由。

克氏的演說集結成的 60 冊以上的著作，被譯為 47 國語文。在歐美、印度及澳洲也都有推動其志業的基金會和學校。〔註2〕國內近十年內關於克里希那穆提的研究，學位與期刊論文並不豐富。在學位論文方面僅有黃信彰的〈克里希那穆提教育理念之研究〉（2002），〔註3〕黃稽興的〈克里希納穆提心靈教育研究〉（1997）；〔註4〕而期刊論文方面僅有曹翠英的〈國民教育的基本功能不足──以 Krishnamurti 哲學論點初探〉（2000 年 3 月），〔註5〕郭秋勳的〈自然主義思想家──克里希那穆的哲學思想評析與啟示〉（1997 年）。〔註6〕由上得知，國內對克里希那穆提的研究，咸由教育哲學的探討入路，專就克氏思想在教育哲學或者教學改進層面作探討。其實克氏思想智慧在涉及生命議題的諸多層面皆有所展現，其生死觀則更體現了對生死問題的透澈與深度了解。因此，他對生死問題所體現的特殊洞見與深度，實為當代各領域思想家所難企及。本文立足於此研究初衷，期能由此管窺克氏所開示的生死智慧之一二。

貳、克里希那穆提生死觀釐析

克里希那穆提在其諸多演說集中皆談到生死問題。〔註7〕《生與死》是克氏生死觀之完整而有系統之演說，本文探究即以《生與死》為研究主軸，輔以其它相關演說論述作貫串，以期勾勒出克氏生死觀之全貌。在《生與死》的序頁裡，克里希那穆提說：

〔註2〕 他雖然備受近代歐美知識分子所熟知與尊崇，然而真能領會與體悟其教誨的人，至今卻寥寥無幾。部分內容引用整理請參考 PuPul Jayakar，胡因夢譯，《克里希那穆提傳》一書。

〔註3〕 台北：淡江大學歷史學系碩士論文，2002 年。

〔註4〕 台北：政治大學教育研究所碩士論文，1997 年 6 月。

〔註5〕 《北縣教育》第 33 期，民國 89 年 3 月，頁 79～82。

〔註6〕 《南投文教》第 10 期，民國 86 年。

〔註7〕 此如《生與死》、《愛與寂寞》、《心靈與思想》、《論關係》、《論上帝》、《心靈自由之路》、《從已知中解脫》、《人生中不可不想的事》等書。

> 死亡一定和生命一樣是非凡的事情。生命是很完整的。悲傷、痛苦、
> 快樂、妄念、占有、嫉妒、愛、心酸的孤獨──都是生命。要了解
> 死，必須先了解生。……了解生，就了解死；因為兩者事實上是不
> 分的。〔註8〕

可見，克氏並未單獨割離生與死來作說明，而是透過對生命之整體關懷來了解「死」之為何物。因此，克氏所強調者並非單就「死」而論其內涵，所在乎者還在於人實存之生命整體，其中，還包涵了生命價值、生活意義的探討。其次，在《生與死》一書中，我們可以清楚看到克氏論述生死問題之脈絡。首先，實由時間、悲傷與死亡三者交互關係的討論而來；繼則提到恐懼與死亡的關係；最後指出活在當下、超越死亡恐懼之生命態度，並期能由此活出生命之美、愛與自由。以下筆者則順此脈絡來作論述鋪陳。

一、死亡與時間

　　克氏認為常人由於無法認清時間感，實際上是來自於心念的認知狀態。由此而來所產生的悲傷感，實則源於對生命的自憐、逃避，本質上是對死亡真相的逃避，唯有正視悲傷，正視心念的真實運作狀態，方能由對死亡的恐懼所產生的悲傷中釋放。

（一）時間、悲傷與死亡

　　克氏探討死亡並不單獨就「死亡」本身來作討論，而是就生命的完整內涵來作說明，他強調：「想了解生命完整的動態，我們必須了解三件事情。這三件事情是時間、悲傷、死亡。了解時間，了解悲傷的全部的意義，等待死亡──這一切需要的是純潔的愛。〔註9〕」可見時間與悲傷乃了解死亡的兩個思考進路，它們和死亡共同構成生命的完整動態。因為時間和悲傷在克氏看來並非兩回事。〔註10〕其實，克氏認為悲傷來自於心念的狀態，唯有了解自己心念運作的整個過程，時間感由此停止，悲傷因此也就停止。〔註11〕他認為一般人的悲傷來自於自憐與逃避，必須無情的加以處理、如實的面對；才

〔註8〕　克里希那穆提著，廖世德譯，《生與死》，台北：方智出版社，1995年，序頁。
〔註9〕　克里希那穆提著，廖世德譯，《生與死》，頁9。
〔註10〕　請參考克氏：「不了解時間，就無法了解悲傷。時間和悲傷並非兩回事，可是我們老是認為這兩者有別。」請參見克里希那穆提著，廖世德譯，《生與死》，頁13。
〔註11〕　請參考克里希那穆提著，廖世德譯，《生與死》，頁13～14。

能正視悲傷，進而從悲傷中解脫。〔註12〕至於如何正視、面對悲傷，克氏強調一種無分別的觀察與凝視，〔註13〕旨在讓我們的心念直接面對悲傷，完全沉靜的看待悲傷；如此一來，即可由心完全敞開的狀態下，使我們的心不再有悲傷之感，此即「悲傷的止息」。〔註14〕

（二）死亡之無常性與當下性

克氏在分析了時間、悲傷與死亡的關係後，進一步說明死亡的無常性與當下性。對於死亡的無常性，克氏直截了當的宣稱：「死亡要來，不會事先要求你允許。死亡要來就來，然後把你占領。它當場解決你。〔註15〕」因此，死就是毀滅、絕對的。我們無法和死亡爭辯，它隨時到來不容擬議、請求、討論；如同莊子視死亡為命定之必然，死亡之無常性在莊子看來又是合乎生命之自然理序。因此，死亡之存在實非主觀意志得以逆轉與改變，《莊子・大宗師》云：

> 死生，命也，其有夜旦之常，天也。人之有所不得與，皆物之情也。

「死生，命也」指出有生必有死之事實，「命也」即命定之必然。「其有夜旦之常，天也」說明死生如同晝夜更替之自然循環常理。「人之有所不得與」說明生死之變非人力所能干預與逆轉。《莊子・達生》亦云：「生之來不能卻，其去不能止。」皆是說明死生乃超乎人情喜惡之自然律則，本質上是「不能卻、不能止」。克氏強調死亡的必然性及其無常性，實則相通于莊子對死亡之慧解。

再者，就對死亡的當下性之體認而言，是為超越對死亡恐懼之認知。我們之所以害怕死亡，進而發明了觀念、希望、恐懼。〔註16〕因此，只有捨棄意見、信仰、執著、貪婪、嫉妒，在每一天、每一刻當下學會死亡，方能止習不安躁動之心，由此洞見生命之真象。〔註17〕克氏說：

> 我們總是把死放在生命的末端，死是在那個地方、在遠方。我們把它盡量放遠，盡量放久。我們知道人都會死。所以我們就發明來生。

〔註12〕 克氏說：「悲傷根源於自憐。了解悲傷，首先要無情的處理一切自憐。」請參見克里希那穆提著，廖世德譯，《生與死》，頁15。
〔註13〕 請參考克里希那穆提著，廖世德譯，《生與死》，頁17。
〔註14〕 請參考克里希那穆提著，廖世德譯，《生與死》，頁17～18。
〔註15〕 克里希那穆提著，廖世德譯，《生與死》，頁137。
〔註16〕 請參考克里希那穆提著，廖世德譯，《生與死》，頁176。
〔註17〕 請參考克里希那穆提著，廖世德譯，《生與死》，頁137。

我們說：「我活過。我成了人物。我做了一些事。這一切難道都跟著
死結束嗎？所以一定還有未來。」但是，未來、來生、輪迴，這一
切不過是在逃避今天的事實，逃避死亡，不和死亡接觸。〔註18〕

克氏強調人要活於每個當下，也要死於每個當下，旨在對治常人逃避死亡無
所不在、隨時發生之恐懼。關於死亡之「此岸性」與當下性，德國哲學家海
德格（*Martin Heidegger*，*1889～1976*）也說：

如果說死亡被規定爲此有的亦即在世的終結，這卻絕不是從存有者
狀態上決定了死後是否還能有一種不同的，或更高級或更低極的存
有〔註19〕。

海德格的死亡分析也是純然保持其爲「此岸」的〔註20〕。因此，死亡不是在
遠方某處，而是在吾人日常生活中的眼前、當下每一時刻，存在於生命的每
一分鐘裡。〔註21〕故死亡與生命乃如影隨形，未曾時刻遠離吾人之生命，且
具有非凡的強度、異常的絕對〔註22〕。另外，在海德格看來，日常的向死而
在，乃是一種非本眞的存在和對死亡的遁逃。由於常人掩蓋死亡之確定可知
性質中的特有性質：「死亡隨時隨刻都是可能的〔註23〕」，凡人雖確知死亡的
確定性（死亡之必然性）與不確定性（死亡之無常性、當下性），然卻習以死
亡在某確定時刻方才來到，由此逃避隨時隨地可能死去之事實，此實爲與生
俱來對「死亡」不確定性（無常性）之根本恐懼所致〔註24〕。在此，常人在
日常生活中，習以「繁忙」的活動來將死亡推遲到「今後有一天」〔註25〕。
由於死亡的到來並不可預期，但總有一天會來，死亡作爲「此有」的最大可
能性〔註26〕；實際上乃時時刻刻無所不在的。然而，對死亡當下之體認，必

〔註18〕克里希那穆提著，廖世德譯，《生與死》，頁230。

〔註19〕Martin Heidegger.*Being And Time*.2nd ed.Trans Joan Stambaugh.U.S.A：State
University of New York Press，1996，p230〔248〕.本文海德格著作引文，英譯
本主要以上述爲主（以下以 BT 代表之，〔　〕內爲德文原著頁數），中譯本則
參照王慶節、陳嘉映譯本（1994 年初版）爲主。另外，本文於翻譯上，將 Being
譯爲「存有」，而 Da-sein 譯爲「此有」，將 existence 譯爲「存在」。

〔註20〕請參考王慶節、陳嘉映譯本（1994 年初版），頁 335。

〔註21〕請參考克里希那穆提著，廖世德譯，《生與死》，頁 20。

〔註22〕請參考克里希那穆提，《生與死》，頁 237～238。

〔註23〕BT238〔258〕。

〔註24〕請參考王慶節、陳嘉映譯本（1994 年初版），頁 346；238～239〔258〕。

〔註25〕請參考王慶節、陳嘉映譯本（1994 年初版），頁 309。

〔註26〕這種可能性越無遮蔽地被領會著，這種領會就越純粹地深入這種可能性中，

須建立在生死一體觀之上，克氏說：

> 對我而言，生和死是分不開的，因為，生裡面就有死。生與死之間
> 並無分別。我們之所以知道死，是因為我們的心每一刻都在死，而
> 這個死裡面就有更新、純真、清新──而非「繼續」。但是對大部分
> 人而言，死卻是從來不曾經歷過的事情。我們有很多伎倆說是要讓
> 我們用來體驗死亡的，可是不過只是妨礙我們真正體驗死亡而已。
> 這些伎倆必須拿掉。〔註27〕

此種當下的死亡即時間感的喪失，乃在於心念無苦無樂、無種種情識之戀執。
活在當下，意謂著時時刻刻死亡、練習死亡〔註28〕。如此，我們的心就沒有
恐懼，沒有恐懼的心即無假相。因此，活在當下，就沒有恐懼；沒有恐懼的
心即無過去、未來之分，因為活在當下的心，既不悔恨過去亦不希冀未來。

二、死亡與恐懼

在分析死亡與時間的關係之後，克氏點出死亡之無常性與當下性；進而
啟示活著即時刻死亡之理，並進一步深入分析常人對死亡的恐懼。克氏認為
常人對死亡的恐懼，其實來自於以下對死亡的錯誤認知；此即對生與死的分
別、對生的戀執，以及由此而來的對「延續」之渴望，以下分別詳述之。

（一）對生與死的分別

克里希那穆提認為人們所害怕的「死亡」一詞，實則僅是對「死亡」念
頭之害怕，而並不解死亡之實情，〔註29〕死亡即生命，是生命之整體，故要

而這種可能性就是存在之根本不可能的可能（as the possibility of the
impossible of existence in general）。請參考王慶節、陳嘉映譯本（1994年初版），
頁351；BT242〔262〕。

〔註27〕克里希那穆提著，廖世德譯，《生與死》，頁138。

〔註28〕柏拉圖認為哲學是「死亡的練習」，而「專心致志於從事死亡」的人，才配稱
得上「真哲學家」的稱號（《柏拉圖語錄》67E）。對柏拉圖而言，哲學不在死
亡之外而在死亡之中，哲學本質並不僅是死亡的學問，而更是「死亡的練習」。
「死亡的練習」並非就字面上理解為去實際經驗死亡，故並非是消極意義層
面上的鼓勵「自殺」；而是正視「死亡」此一存在事實，由此確認人存在之真
正使命。故哲學作為「死亡的練習」，應就哲學家體悟生命本真進而正視死亡，
朝向生命真善美的境地努力來作思考。因此，真、善、美也即在哲學家死亡
的練習中體現；對哲學家而言，死亡問題已不僅為恐懼之問題，而是由死亡
中去追尋真理與美德。

〔註29〕克里希那穆提說：「你害怕的其實是一種抽象的東西，這種東西你並不清楚。
不了解死亡的完整，不了解死亡其中的意義，我們就一直害怕。我們害怕的

了解死亡也要了解生，了解生不能僅從片段來理解。生即是日常生活的「生」，不是意識形態或知識上的「生」；其實質內涵包含了生命實存上之日常衝突、絕望、寂寞、孤獨。因此，所謂的「生」即我們的日常生活的總體。莊子在生死觀上的卓越洞見，即藉由相對觀點的超越，解消俗情對生死的迷思與執見，這種超越的觀點表現在〈齊物論〉這則有趣的寓言中：

> 予惡乎知說生之非惑邪？予惡乎知惡死之非弱喪而不知歸者邪？麗之姬，艾封人之子也。晉國之始得之也。涕泣沾襟；及其至於王所，與王同筐床，食芻豢，而後悔其泣也。予惡知夫死者不悔其始之蘄生乎？

人之所以對死亡有所恐懼與疑慮，實乃由戀生惡死之比較相對觀點而發；莊子以麗姬入宮前後之反應，反證死亡反為可喜可賀之事。凡人忙於逐生惡死者，實乃出於對死亡之無知與恐懼，而拘于俗情之樂生惡死，是生命之最大盲點與迷障。俗見咸認生命之目的在於欲樂之追求，〔註30〕進而錯認死亡乃悅樂之剝奪與終止，故由此生出悅生惡死之執見。其實俗情所謂悅樂，在莊子看來並非真樂，俗情之樂終究以痛苦為本質。故生在莊子看來反倒是負累與勞苦之歷程，而死亡反倒是此一憂苦過程之終止。這是從相對的觀點，來超克常人對生死的主觀情識之執。

　　人之戀生惡死，往往無法由日常生活之瑣事沉澱脫離，是以將生與死分別開來，然而這種分別生與死之作法實則無法了解「死亡」之實情，因為死亡與我們日常生命緊密結合無分無別〔註31〕。克氏說：

> 如果我們心裡害怕，因而和死亡保持距離，將死亡與日常生命分開，這樣反而造成更多的恐懼、焦慮，還有種種講死亡的理論。欲知死，先知生。心念的延續不是生，心的延續製造了我們所有的痛苦。〔註32〕

因此，死亡由實情上來考察應屬於未知之領域；但是，由於我們對「生」與

　　　　是死亡這個念頭，不是死亡的事實。我們不了解事實。」請參見克里希那穆提著，廖世德譯，《生與死》，頁18。
〔註30〕在佛家認為五欲乃俗見情識之迷執，此即指財欲、色欲、飲食欲、名欲、睡眠欲。
〔註31〕克氏說：「你的生活充斥了生的事物——開車、做愛、肚子餓、煩惱、上班、求知等等。你不想死，因為你書還沒寫完、因為你小提琴拉得還不好。所以你分別生和死。」克里希那穆提著，廖世德譯，《生與死》，頁19。
〔註32〕克里希那穆提著，廖世德譯，《生與死》，頁20。

「死」生起執著計較之分別心，也因此產生種種分別與痛苦，故惟有將生與死一體平等觀照，才能從死亡的恐懼的迷霧之中獲得解脫，從而照見生命之實相與美。

（二）對生之戀執

常人分別生與死，如前述所論乃在於對生之戀執；而分析人們戀生惡死之原由，實則害怕失去自己已擁有的事物，這包涵了我們的工作、名譽、財富、家庭、愛人、學識，甚至是理想、宗教信仰等等，屬於人生命中難以割捨的事物。因此，吾人對死亡的恐懼，並非來自於對死亡之未知，而是害怕失去熟悉的東西。我們害怕失去親人，害怕孤獨、寂寞；是以對死亡的恐懼實是害怕失去曾經擁有的事物。〔註33〕因此，克氏進一步認為：

> 要了解死的美和非凡的本質，必須先捨棄自己熟悉的事物。讓熟悉的事物死去，就開始了解死亡，因為，這時的心是新的、新鮮的、無懼的。這樣的話，我們就能夠進入所謂「死」這種狀態裡面。這樣的話，所謂生和死，其實從頭到尾是一體的。智者了解時間、心念、悲傷，因此只有他了解死亡。如果每一分鐘都在死亡，從不累積、從不聚集經驗，就是純真的，因此就一直存在於愛的狀態當中。〔註34〕

當人對生並不產生戀執，面對死亡當能坦然處之，因此，無有欲望之人即「就沒有死亡、沒有開始、沒有結束、沒有愛欲、沒有心、沒有悲傷。〔註35〕」對於「死亡」的本質，克氏認為一般人對死亡有所誤解，其實「死亡不過是感受到極度的孤獨而已」〔註36〕。當人真能面對孤獨而覺察之，進而能夠擁抱孤獨、愛上孤獨；即能由孤獨中體會生命存在之真實，最終洞察人與人之間的種種關係，其實質皆來自於生命底層一種深刻不安，所透顯而出相互依賴的情識之執；真正認識孤獨之人，即能從種種關係所產生的痛苦中解放。因為心不再依賴於種種關係，而能夠孤獨面對存在，表示其生命了無虛欠、圓滿自足；當能在無拘無束的逍遙自在當中，真正領受生命存在之愛；而活在愛之中的生命，也才體現了生命真實之美；而愛與美亦即真理的本來面目。

〔註33〕 請參考克里希那穆提著，廖世德譯，《生與死》，頁20～21。
〔註34〕 克里希那穆提著，廖世德譯，《生與死》，頁21。
〔註35〕 克里希那穆提著，廖世德譯，《生與死》，頁23。
〔註36〕 克里希那穆提著，廖世德譯，《生與死》，頁24。

（三）對「延續」之渴望

克氏談到一般人害怕死亡，除了分別生與死、戀生惡死；還有一種由戀生惡死所產生，而執著於「延續」之渴望。他說：

> 我們為什麼會害怕死亡？只要執著於「延續」，就會害怕死亡。行動不完整，也會造成死亡的恐懼。我們只要一直想延續性格、行為、能力、名聲等等，就會害怕死亡。只要有追求什麼結果的行為，就會有追尋延續的人。然後，這種延續一旦遭到死亡的威脅，就產生恐懼。所以，只要想延續什麼，就會害怕死亡。〔註37〕

又說：

> 會延續的東西也都會潰散。任何一種延續，不管有多高貴，都有潰散的過程。事物延續時絕不會更新，但是，只有更新才能免死亡的恐懼。能夠看清楚這一個真相，我們就能看清一些虛假事物的真相，這樣，我們就能免除虛假，我們就不會恐懼死亡；這樣，活著、體驗事物，都在當下，而非延續什麼的手段。〔註38〕

克氏進一步認為「死亡」並非「延續的狀態」，反倒是重生的契機，常人所期待之「延續」實則是陳腐而死亡的狀態。然而，更新而不陳腐的此種狀態是屬於未知，常人對未知之事物不免有所恐懼，僅能在已知中行動；處於已知與經驗中的行動免不了真正的死亡。但人們習於處在已知之中，對未知狀態自然有所恐懼；就此而言，死亡則永遠是個未知之謎。〔註39〕另外，人們追求延續實與追求「不朽」有關，克氏認為：

> 不朽並非「我的」延續。「我」和「我的」都屬於時間，都是追求目標的結果。所以，「我」「我的」和那不朽的、無時間的事物，其實毫無關係。我們總認為有關係，但是，有的其實只是幻象而已。必朽者無法容納不朽者，無可測度者無法放入時間之網當中。〔註40〕

克氏認為人們所認定之「不朽」，實際上並非「不朽」之真實面貌；而是由「我」與「我的」認識上之概念所建構；「不朽」者超越人所認定與認知之範疇，因為「不朽」超越時間而無可測度，人們的心念實則僅是生住異滅之時間序列的產物，乃無常幻化之夢幻泡影，如何得以認識「不朽」。因為，人們所謂的

〔註37〕克里希那穆提著，廖世德譯，《生與死》，頁27。
〔註38〕克里希那穆提著，廖世德譯，《生與死》，頁28。
〔註39〕請參考克里希那穆提著，廖世德譯，《生與死》，頁28。
〔註40〕克里希那穆提著，廖世德譯，《生與死》，頁28。

「不朽」實則關乎「延續」而言，對於「延續」，克氏提示說：

> 何謂延續？延續不就是代表時間？這時間不是時鐘的紀年時間，而
> 是心理的過程。我要活下去。我認為生是毫無止境的延續，我希望
> 延續這個生，所以我的心一直在累積、在增加什麼東西。我們的心
> 用「時間」思考，只要能在時間裡面延續，它就不害怕。〔註41〕

因此，常人所期待之「不朽」，僅是期待種種生之「延續」的結果，僅是戀生
惡死執我之識所生，並非「不朽」之真實內涵與樣貌；對於「不朽」，他分析
說：

> 何謂不朽？我們所謂的不朽，其實就是「我」——高層的「我」—
> —的延續。你希望這個我能夠一直延續。但是，這個我還是在心念
> 的範疇之內，不是嗎？你對「我」有種種心念，但是對我而言，不
> 論你認為這個我有多優越，這個我都是心念的產物，這個我是制約
> 出來的，是由時間而生。請注意，不要只是了解我的邏輯，要了解
> 其中全盤的意義。真的，不朽不屬於時間，所以不屬於心，不是我
> 們的渴望、需要、恐懼、欲望所生的東西。〔註42〕

因此，常人所認知之「不朽」；並非「不朽」之真實面貌，而僅是落在時間序
列領域中之「延續」。常人一直在追求延續，追求家庭、財產、職業、情感的
穩固與安全。然而追求穩固與安全乃是戀生惡死對「延續」之渴望，追求「延
續」的心無法了解真正的「不朽」。如此一來，也無法了解死亡和恐懼的真實
意義，更遑論從死亡的恐懼中超越。〔註43〕反過來說，吾人若能天天都活在
當下，以嶄新、新鮮的生命態度來過每一天，則就不會將今天的負累帶到明
天，這樣的生活自然是全新而具創造力，同時擁有真實的生命力。

其次，克氏認為常人僅能體驗已知範疇內的事物，因為經驗永遠都在已
知的範圍之內，都是意識投射的幻影，人們無法體驗已知範圍以外的東西。
〔註44〕對於死亡的恐懼也是如此，因為死亡是未知又無法體驗之事，它可能
剝奪你所有已知的事物，以及所有的快樂、滿足。因此，克氏強調：

> 只有辨識了死亡，死亡才會成為舊事物。我們只能用文字、用記憶
> 來辨識事物，而文字、記憶就是制約。死亡之所以舊，是因為它涵

〔註41〕克里希那穆提著，廖世德譯，《生與死》，頁32。
〔註42〕克里希那穆提著，廖世德譯，《生與死》，頁33。
〔註43〕請參考克里希那穆提著，廖世德譯，《生與死》，頁34。
〔註44〕請參考克里希那穆提著，廖世德譯，《生與死》，頁44。

蓋了一切恐懼、信仰、慰藉、逃避的意思。這一切，我們認爲就是
死亡。但是，如果我們用新的態度，完全捨棄舊事物，用新的心來
接受它，死亡也許就不再是我們所謂的死亡，也許是一種完全不同
的東西。〔註45〕

因此，只有全盤推翻已知的經驗、知識（不是技術知識），才能從已知中解
脫，這樣人才能從內在創造一個更新的空間，這樣的空間是一個自由的空
間；在裡面才有愛、創造的能量。海德格認爲死亡乃「此有」最本己的可能
（死亡的不可取代性），當我們存在著時便不可能經驗過死亡；經歷了死亡
便不可能仍然存在著，因此死亡是一種我們無法經歷的現象，無法如同一般
事物的經驗模式被經驗，海德格說：「此有在死亡中達到整全同時就是喪失
了此之有。向不在此有的過渡恰恰使此有不可能去經驗這種過渡，不可能把
他當作經驗過的過渡來加以領會。〔註46〕」所以死亡無法如同經驗事物的模
式去加以理解與領會。在說明恐懼與死亡的關係後，克氏接著說明恐懼產生
之原由，以及如何面對死亡，進而從恐懼的迷霧中超脫。他說：

追求安全的欲望滋養了恐懼。這恐懼既是怕生，也是怕死。恐懼並
不抽象。事實上恐懼好比你的影子，整天時時刻刻都在那裡——怕
老闆、怕老婆、怕先生、怕失去什麼。我們帶著這種恐懼努力在活
著，以至於我們根本不知道何謂活著。一顆永遠害怕的心怎麼可能
活著？恐懼的心會找庇護所，會替自己找溫暖，會使自己孤立，會
遵循什麼模式、宗教幻相、虛構。害怕的心可以活在這一切裡面。
不過這樣卻不是活著。這種恐懼使死亡變成很遙遠的事情。我們把
死亡放在很久以後。這長遠的距離兩端，一個是死的事實，另一個
是恐懼製造出來，讓我們活在其中的幻相。所以，我們的生命不豐
富、不圓滿。〔註47〕

克氏在分析死亡之時，並不在意死亡之存在事實，而透過勘破常人面對死亡
所製造出的恐懼幻相，加以對治之、啓示之。對於死亡所衍生出來種種關於
死後世界、來生等問題並不加以探討。因此，對於死後的景況，克氏並不加
以說明，他認爲「死後會怎樣是另外一回事，這不重要；因爲，如果沒有恐

〔註45〕克里希那穆提著，廖世德譯，《生與死》，頁58。
〔註46〕海德格著，王慶節、陳嘉映譯，《存有與時間》，頁323。BT221〔237〕
〔註47〕克里希那穆提著，廖世德譯，《生與死》，頁202。

懼，你就不會探索死後會怎樣。〔註 48〕」一般宗教教導人們死後有來生，在克氏看來不過是給予恐懼死亡者的安慰作用，因為人們對於一死萬事休之死後的未知狀態，存在著根深柢固的恐懼；這樣訴諸各種信仰、宗教的手段，其根本都還是恐懼死亡之逃避心態。

　　另外，由於常人恐懼死亡，也由此扭曲了生命的意義與生活的價值，而無法活出清新與健康的生命，克氏分析說：

> 恐懼是生活中最大的問題之一，陷入恐懼的心，通常是因惑而矛盾的，因此必定會變得兇暴、扭曲而充滿攻擊性，但是它又沒有勇氣掙脫舊有的思想模式，於是就變得極其虛偽。除非我們由恐懼中徹底解脫，否則我們只有繼續追逐最高的目標，製造各種神祇來解救我們脫離黑暗。我們活在如此腐敗而愚蠢的社會中，從小接受的全是鼓勵競爭而製造恐懼的教育，因此我們全都背負著某種無名的恐懼，就是這個可怕的東西使我們的日子變得乖僻、扭曲而陰沉。〔註 49〕

面對死亡的恐懼所產生的生活態度，必然創造一種扭曲的生活模式與價值觀；由此也製造出種種之生活煉獄（是指精神狀態上之煉獄），舉凡世間追逐名聞利養、權利地位者皆然。生存的競爭如同克氏所言，是來自於生命底層追求生存的恐懼，一切恐懼的動力根源實則來自於對死亡的恐懼，死亡乃生命存在之絕對而必然之真相。是以形成恐懼的主因之一，也在於我們不願意面對真相；如果心智只是一味地企圖克服恐懼，而用壓抑、鍛鍊、控制、曲解的種種方法，必將引發摩擦和掙扎；如此一來，這種掙扎就耗散了我們的生命力。〔註50〕

　　由此看來，恐懼往往不能夠獨立存在，必須關聯著某種事物，但我們所認知的「恐懼」往往並非死亡本身，而是關聯於死亡的已知事物。簡言之，我們的恐懼來自於已知的事物、經驗。所以，「恐懼不能藉由著任何規條或抗拒的形式來克服的。尋找答案，或經由知識、口頭的解釋，都無法從恐懼中獲得自由的。〔註 51〕」唯有如實的面對之、觀照之與接受之，方能由恐懼中

〔註 48〕　克里希那穆提著，廖世德譯，《生與死》，頁 206。

〔註 49〕　克里希那穆提著，若水譯，《從已知中解脫》，台北：方智出版社，1992 年，頁 72～73。

〔註 50〕　請參考克里希那穆提著，若水譯，《從已知中解脫》，頁 74。

〔註 51〕　克里希那穆提著，羅若蘋譯，《愛與寂寞》，台北：方智出版社，1996 年，頁 68。

重獲自由，克氏認為：

> 只有當我和事實有完全的交流時，才沒有恐懼。但是如果我沒有與
> 事實交流，就會有恐懼，而只要我對事實有觀念、意見、理論，和
> 事實就不會有交流。所以我必須非常清楚：我害怕的到底是文字、
> 觀念或是事實。如果我與事實面對面，沒有什麼好了解的，事實就
> 在那裡，而我可以處理它。〔註52〕

事實上，死亡如前述所言屬於未知的範疇；一般人恐懼死亡，也僅僅是對死亡此「名詞」感到恐懼；跟著發明種種信仰以尋求慰藉。〔註53〕一般人習慣將生與死分開，寧願日復一日的折磨、受辱、悲傷及困惑，此即我們所謂的「生活」；那我們的生活不過是一種例行公事；我們寧願執著於自己所熟悉的房子、家具、家庭、個性、工作、知識、名譽，這些微不足道的事物往往主宰了我們生活的所有內涵，並成為吾人之所以存在的價值與意義。因此，我們的生活也在此種折磨之下，痛苦的苟延殘喘。要擺脫恐懼的折磨，克氏告訴我們必須要完全地、徹底地活於當下，只有在這種心智狀態下，恐懼才無從生起。〔註54〕故當吾人心智如實的觀照於恐懼，而不落入已知經驗知識的陳腐認知中，方能由此超越與正視對死亡之恐懼。

三、死亡與自由

克氏認為死亡和生活一體兩面，常人所謂的「生活」在克氏看來實即死亡；因為一般人所謂的日常生活，其內容往往充滿虛矯、苦澀、空虛、瑣碎、照本宣科，日復一日的朝九晚五，這一切吾人稱之為生活。即我們所知的日常生活，往往遮蔽了死亡的真象；因此，惟有去除恐懼、假象，才能夠了解死亡，知道死亡深刻、全盤的意義，進而擺脫恐懼完全活在當下〔註55〕。活在當下意謂正視死亡，不試圖和死亡保持距離，而將死亡和日常生活分開，才能呈現出「此有」的本真存有（本來面目），體會生即死、死即生之理。他說：

> 我們的生活是什麼東西？我們如果仔細觀察，就會發現，從我們一
> 出生，生活就是不停地戰鬥、不斷地鬥爭。很快樂，也很害怕、絕
> 望、孤獨，極度缺乏愛、無聊、千篇一律、單調。在辦公室、在工
> 廠賣命四十年，當家庭主婦、苦工，一切都很沉悶、無聊。性的快

〔註52〕克里希那穆提著，羅若蘋譯，《愛與寂寞》，頁69。
〔註53〕請參考克里希那穆提著，若水譯，《從已知中解脫》，頁129。
〔註54〕請參考克里希那穆提著，若水譯，《從已知中解脫》，頁78。
〔註55〕請參考克里希那穆提，《生與死》，頁95。

樂、忌妒、羨慕。成功後又失敗，崇拜成功——這就是我們的生活。

〔註56〕

克氏對常人所謂之「日常生活」的批判與反省；在莊子書中也有相同之反省，莊子認爲常人存活於世，往往由於逐名追利，跳脫不出生命的盲點；於是逐物戕性、迷途失眞。誠如〈莊子‧齊物論〉所云：

一受其成形，不亡以待盡。與物相刃相靡，其行盡如馳，而莫之能止，不亦悲乎！終身役役而不見其成功，苶然疲役而不知其所歸，可不謂哀邪！人謂之不死，奚益！其形化，其心與之然，可不謂大哀乎？人之生也，固若是芒乎？其我獨芒，而人亦有不芒者乎？

在兩千年前，莊子對人生命存在之精神困境，已有深刻的反省與體會；對照經過二次大戰洗禮，物欲橫流之消費社會下的人類處境，所呈顯之「異化」（alienation）〔註57〕現象，莊子之言無異是最貼切的描述與寫照。事實上，現代人的生命情境，早已是精神上的無殼蝸牛與流浪漢，精神心靈無處安頓，生命理想無處掛搭，這是一種生命無家可歸、不得其所的惶恐與危機。因此，面對死亡的恐懼不免尋求逃避與否認；克氏認爲對宗教信仰的尋求，也包涵了某種層面的恐懼與逃避，他強調說：

如果你相信生命延續的輪迴，那麼你就絕對無法了解死亡是什麼，就如同如果你是唯物論者或共產黨，那麼就是相信完全的斷滅。我們必須暫時放下這兩種信念才能了解死亡是什麼。〔註58〕

因爲，克氏認爲信仰即是受制約的思想，無論你相信生命會繼續存在或完全斷滅，都無法明白死亡的眞相。〔註59〕因此，克里希那穆提被問到：「人死後是重生在這個人間，或者出生在別的世界？〔註60〕」他回答說：「種種恐懼——生的恐懼、死的恐懼、老的恐懼，必須依賴人照顧你的恐懼，孤獨的恐懼、

〔註56〕 克里希那穆提著，廖世德譯，《論關係》，台北：方智出版社，1995 年，頁 129。

〔註57〕「異化」（alienation）一詞，自從馬克思發表「1884 年經濟學與哲學手稿」（Economic and Philosophical Manuscripts of 1884）以來倍受重視。馬克思受到他的影響，遂宣稱疏離或異化，爲資本主義社會的特徵：「他認爲資本主義社會中的工作已成爲貨物，人的固有本質因之喪失；由於這一社會全部關係均因工作而形成，因此它們都被物化及異化。」參見布魯格著，項退結編譯，《西洋哲學辭典》，台北：華香園，1992 年，頁 51。

〔註58〕 克里希那穆提著，羅若蘋譯，《心靈與思想》，台北：方智出版社，1996 年，頁 18～19。

〔註59〕 請參考克里希那穆提著，羅若蘋譯，《心靈與思想》，頁 21。

〔註60〕 克里希那穆提著，廖世德譯，《論上帝》，台北：方智出版社，1995 年，頁 191。

依賴的恐懼——這一切恐懼都會停止。這些話不是隨便說的。只要心不再用『永存』的觀點來思考事物，那不可知者就會自然顯現。〔註61〕」只要信仰是建立在恐懼之上，則害怕一切會結束的「我」，就必須有未來的希望，故有「轉世」之需要。〔註62〕

　　最後，克氏認為吾人由於對死亡存著先入為主的觀念，害怕失去我們所熟悉且擁有的事物，故發明了死亡和來世的理論。事實上，死亡就是結束，但是我們大部分人都不願意去面對這個事實。因為，我們不想離開熟知的事物；因此是我們對已知事物的執著，在我們心中製造了恐懼，並不是不可知的事物造成了恐懼。因為未知的世界不是已知的心智所能理解的，但是這個充滿已知事物的心智卻告訴自己說：「我要結束了」，所以死亡才令我們那麼恐懼。但是，克氏告訴我們，要能活在每一個剎那而不去擔憂未來，如果你能不考慮明天而活（這並不代表今朝有酒今朝醉），如果能覺察心是如何被已知的事物占據，然後把這些知見徹底完全丟開，我們的生命與生活就會有驚人的轉變。因此，將當下的煩惱拋開，而不要累積煩惱到明天，陳腐的心當下死去而從「已知中解脫」，如此才能展現自由與美的生命情境。

　　總結而言，克氏認為死亡每天都與吾人並肩而行，我們若能停止所有的信仰、希望和恐懼，就能真實的活於每個當下。當我們知道如何生活時，死亡就和生活一樣具有非凡的意義，沒有死亡，就沒有生活可言。如果你不能時時刻刻經驗心理的死亡，就不可能真實地生活，這絕不是智性上的詭辯，真的想要徹底活出嶄新美好的一天，就必須死於昨日的種種，否則你只能像機器一般地運轉度日。這種像機器一般的心智，是永遠無法了解「愛」和「自由」的。〔註63〕申而言之，活在當下意謂著完全對過去死去、對時間死去，「所以活在現在，就是時時刻刻死亡〔註64〕。」此種「死亡」的意義，並非是指生理上的死亡；而是徹底的讓心智空掉，把渴望、快感以及痛苦的情識之執完全空掉。如此一來，「死亡」就是更新、突變；是以真正自由之生命，實即時刻體驗死亡之嶄新生命，在這自由嶄新的生命內涵中，並無陳腐的知識、

〔註61〕克里希那穆提著，廖世德譯，《論上帝》，頁194。

〔註62〕請參考克里希那穆提著，廖世德譯，《心靈自由之路》，台北：方智出版社，1994年，頁35。

〔註63〕請參考克里希那穆提著，若水譯，《從已知中解脫》，頁131。

〔註64〕克里希那穆提，《生與死》，頁95。克里希那穆提進一步強調：「死亡必定是非凡的事情，不是讓我們迷惘、害怕的事情」請參見克里希那穆提，《生與死》，頁86。

經驗、判斷；因爲思想是過去的產物，嶄新的生命是由陳腐的已知中解脫，從已知中解脫就是「死亡」，這也才是眞正的生命與「生活」。〔註65〕

參、結論

一般認爲克里希那穆提所倡言者，爲佛門中觀思想之內涵；而其接引學人的手法也近似禪師之手段。強調學人向內求索生命問題的種種解答，並透過觀照己身心念的變化，由此體察心靈精神之種種情貌，進而達致明心見性之功。因此，克氏分析死亡之思考立足點與其整體思想內涵相一致；乃是經由對死亡的種種錯誤認知進行解構，頗有中觀「破邪顯正」之精神；在此，克氏之生死觀並不談論死後世界如何，也並無進一步聯結其與靈魂層面之種種討論，此雖是克氏生死觀所未涉及的論述層面。但也因此保住了克氏生死觀內在理路的一致性與純粹性，其生死觀的基本思想立場近乎佛教「中觀應成派」的表現。

克氏認爲一般人害怕死亡，只是因爲不知道「生活」的眞實內涵。一般人所謂的「日常生活」實則是由生存之恐懼驅力所建構，生存恐懼之源頭即是對死亡的恐懼。克里希那穆提在開示生死智慧時，並不將生與死分別看待之；他認爲生與死是生命完整的內涵，強調吾人必須體認死亡之無常性、當下性；並且徹底擺脫陳腐的認知、經驗，從齊觀生死而不戀生惡死，並且斬斷由戀生而來對「延續」之渴望，由此來體會與領受死亡之眞義。因此，死亡亦即是死於一切已知之物，則死亡就變成是一種淨化、日新又新的過程。「從已知中解脫」向爲克氏所肯認之眞知與眞理，這也表現在克氏終其一生拒絕人們給予「上師」之封號上，他始終認爲「眞理是無路之國」，眞理無法由任何宗教組織、甚至於上師處獲得，必須透過人們開啓自身智慧的靈光，來照耀自己的生命本眞，來啓悟自己的智慧本性。最後，克氏認爲眞能觀照死亡，體認死亡即生活、生活即死亡之意義，進而「活在當下、死於當下」。如此一來，吾人的生命與生活則時刻開啓新頁；如此的生命情境方能擁有赤子之心，赤子之心乃熱情奔放之心，也才有眞正的創造力與自由，並最終領會生、死與愛具有相同之生命內涵，它包含了完整的自由與美，因此，「生即愛、生即死」。

〔註65〕請參考克里希那穆提著，若水譯，《從已知中解脫》，頁 132～133。

引用書目

一、中文書目部分

（一）專書

1. 克里希那穆提、大衛‧博姆著，胡因夢譯，《超越時空》，台北：方智出版社，1991 年。

2. 克里希那穆提著，胡因夢譯，《人類當務之急》，台北：方智出版社，1995 年。

3. 克里希那穆提著，胡因夢譯，《自由‧愛‧行動》，台北：方智出版社，1996 年。

4. 克里希那穆提著，胡因夢譯，《般若之旅》，台北：方智出版社，1991 年。

5. 克里希那穆提著，若水譯，《從已知中解脫》，台北：方智出版社，1995 年。

6. 克里希那穆提著，徐美琅譯，《迎向生命》，台北：方智出版社，1999 年。

7. 克里希那穆提著，張南星譯，《人生‧教育‧學習》，台北：方智出版社，1995 年。

8. 克里希那穆提著，陳蒼多譯，《心靈日記》，台北：方智出版社，1994 年。

9. 克里希那穆提著，葉文可譯，《人生中不可不想之事》，台北：方智出版社，1994 年。

10. 克里希那穆提著，廖世德譯，《心靈自由之路》，台北：方智出版社，1994 年。

11. 克里希那穆提著，廖世德譯，《生與死》，台北：方智出版社，1995 年。

12. 克里希那穆提著，廖世德譯，《全然的自由‧下》，台北：先驗文化，2000。

13. 克里希那穆提著，廖世德譯，《全然的自由‧上》，台北：先驗文化，2000 年。

14. 克里希那穆提著，廖世德譯，《自然與生態》，台北：方智出版社，1995 年。

15. 克里希那穆提著，廖世德譯，《論上帝》，台北：方智出版社，1995 年。

16. 克里希那穆提著，廖世德譯，《論自由》，台北：方智出版社，1995 年。

17. 克里希那穆提著，廖世德譯，《論關係》，台北：方智出版社，1995 年。

18. 克里希那穆提著，廖世德譯，《謀生之道》，台北：方智出版社，1995 年。

19. 克里希那穆提著，繆妙坊譯，《質疑克里希那穆提》，台北：方智出版社，1998 年。

20. 克里希那穆提著，謝志群譯，《靈魂啟蒙書》，台北：海頌文化出版社，1999 年。

21. 克里希那穆提著，謝阿彌、鹿野譯，《克里希那穆提：最後的日記》，台北：創見堂，1996 年。

22. 克里希那穆提著，羅若蘋譯，《心靈與思想》，台北：方智出版社，1996 年。

23. 克里希那穆提著，羅若蘋譯，《愛與寂寞》，台北：方智出版社，1996 年。

24. 克里希那穆提著，羅若蘋譯，《論恐懼》，台北：方智出版社，1996 年。

25. 克里希那穆提著，羅若蘋譯，《論真理》，台北：方智出版社，1996 年。

26. 克里希那穆提著，羅若蘋譯，《論衝突》，台北：方智出版社，1996 年。

27. 克里希那穆提著，羅若蘋譯，《學習與知識》，台北：方智出版社，1996 年。

（二）通論

1. Cybelle Shattuck 著，楊玫寧譯，《印度教的世界》，台北：貓頭鷹出版社，1999 年。

2. Franklin L.Baumer 著，李日章譯，《西方近代思想史》，台北：聯經出版社，1997 年。

3. Gabriele Blackburn 著，趙閱文譯，《克里希那穆提之光：我與克里希那穆提的沈默對話》，台北：人本自然文化，2002 年。

4. Helen Nearing 著、張燕譯，《美好人生的摯愛與告別》，台北：正中書局，1993 年。

5. PuPul Jayakar 著，胡因夢譯，《克里希那穆提傳》，台北：方智出版社，1994 年。

6. Swami Muktananda 著，王季慶譯，《拙火：生命的秘密》，台北：方智出版社，1992 年。

7. 布魯格著，項退結編譯，《西洋哲學辭典》，台北：華香園，1992 年。

8. 林太，《印度的智慧》，台北：國際村文庫書店，1996。

9. 柏拉圖著，王曉朝譯，《柏拉圖全集》，台北：左岸文化，2005 年。

10. 胡因夢，《死亡與童女之舞：胡因夢自傳》，台北：圓神出版社，1999 年。

11. 海德格著，王慶節、陳嘉映譯本，《存在與時間》，台北：桂冠，1994 年。

12. 郭為藩，《教育改革的省思》，台北：天下文化出版公司，1995 年。

13. 蓮華生大士著、徐進夫譯，《西藏度亡經》，北京：宗教文化，1995 年。

（三）期刊、學文論文

1. 曹翠英，〈國民教育的基本功能不足——以 Krishnamurti 哲學論點初探〉，《北縣教育》第 33 期，2000 年 3 月。

2. 郭秋勳，〈自然主義思想家——克里希那穆的哲學思想評析與啟示〉，《南

投文教》第 10 期，1997 年。

3. 黃信彰，〈克里希那穆提教育理念之研究〉，台北：淡江大學歷史學系碩士論文，2002 年。

4. 黃稽興，〈克里希納穆提心靈教育研究〉，台北：政治大學教育研究所碩士論文，1997 年 6 月。

二、英文書目部分

1. Krishnamurti,J. ,*Freedom from the known*,New York：Harper& Row Publishers,1969.

2. Krishnamurti,J. ,*On Education*,India：Krishnamurti Foundation India ,1995.

3. Krishnamurti,J. ,*On Freedom*,San Francisco：Harper Collins Publishers ,1991.

4. Krishnamurti,J. ,*On God*,San Francisco：Harper Collins Publishers ,1992.

5. Krishnamurti,J. ,*On Learning and Knowledge*,San Francisco：Harper Collins Publishers ,1994.

6. Krishnamurti,J. ,*On Mind and Thought*,San Francisco：Harper Collions Publishers ,1993.

7. Krishnamurti,J. ,*On Relationship*,San Francisco：Harper Collins Publishers ,1992.

附錄六　電影「聖女貞德」之哲學詮釋*

壹、前言

　　盧貝松（*Luc Besson*，*1959～*）號稱電影界之創作鬼才，在其賣座之「第五元素」電影片大賣後；繼而開拍屬於其原本創作風格之「另類影片」，「聖女貞德」（1999）即其代表作之一。一般對聖女貞德之傳統詮釋，著重於其偉大的愛國情操與宗教熱誠，是從一個積極光明的面相來陳述其壯烈的史實。然而，我們在盧貝松的影片中，看到導演相當不同凡俗的詮釋手法；這個方式是相當解構且深具挑戰性的，雖然該片中的敘述手法，或許反映導演內心的主觀及其困惑，是盧貝松創作想像的延伸；其特殊不同凡響的表現手法，也許不能詮盡「聖女貞德」的原貌與實情。然就「哲學詮釋」之角度言，「文本」一旦生成，即已具備其自主的生命，成為會訴說的主體。〔註1〕故本文視

---

* 本篇論文摘錄自拙著：〈電影「聖女貞德」之哲學詮釋〉，嘉義大學《藝術研究期刊》第 3 期，2007 年 12 月，頁 1～14。

〔註 1〕本文所提到的「詮釋學」方法之應用，實乃徵諸加達默爾（*Hans-Georg Gadamer*，*1900～2002*）的哲學詮釋學（由胡塞爾的現象學和海德格的存有學所發展出來，其學理立基於胡塞爾現象學的方法，並由後期海德格思想的發展而來）。加達默爾在《真理與方法》一書的導言中表示：詮釋學現象原本非方法的問題，故不能將其（詮釋學）歸類為某種科學方法。加達默爾深切的理解到：人們一向視科學方法為萬靈丹，然而科學真理並非普遍適用，更不能解決人生命的根本問題。在諸多如文學、哲學、宗教、藝術、語言、歷史等非科學的領域範疇裡（加達默爾所言的真理乃人文科學的真理，不是實證主義所言的真理），也相對的存在著真理。詮釋學所關注者，正是要釐清這些不能用科學方法加以證實的真理。由此而言，詮釋學的本質具有普遍性，凡一切存在皆可成為詮釋學的對象。

盧貝松之「聖女貞德」為一個會訴說的（作為「你」）文本。借由盧貝松之視角，觀眾對貞德之傳統形象加以解構，再從中重新建構屬於讀者理解之新圖像，也許這個新圖像並不是貞德之本然面貌；但它卻是一個不斷更新，並且不斷重新自我詮釋的一個文本。當然，人與文本的對話乃不斷隨其所在的社會文化之發展，而有所辯證與再詮釋。因此，人與文本的對話本即是與時俱新，並經由人的不斷閱讀與詮釋，讓文本的意義內涵自行揭露。

因此，無論歷史上「聖女貞德」之原貌為何，就文本隨著歷史之「時間間距」而代有更新的義涵而言。〔註2〕盧貝松之處理方式，亦可呈現作為文本之「聖女貞德」的諸種不同面貌。本文試著從哲學詮釋的面相切入，探討該片所隱涵諸多相關於精神分析學與宗教哲學等面相之完整義涵。

貳、盧貝松「聖女貞德」之哲學義涵解析

「聖女貞德」之史實來自英法百年戰爭如火如荼之際（AC1429），〔註3〕一位來自法國偏遠小村落的少女瓊安（Joan），宣稱自己獲得上帝的啟示，即將帶領法國人擊退來犯的英軍，此傳聞為法國當時的儲君查理之岳母所接納，查理後來讓瓊安領導大批軍隊。戰爭之初法國軍隊士氣大振並且戰無不克，收復法國大批失土；然查理登基後不再支持瓊安，瓊安在缺乏後援的情況之下，法軍從此節節敗退，瓊安並且落入英軍手中，被教會視為女巫，最後被處以女巫極刑而活活燒死。及至五百年後，梵帝崗教廷方為瓊安平反，

再者，加達默爾美認為瞭解與歷史、文獻有關，他提出效果歷史（Virkungsgeschichte）之義涵，意即透過「效果歷史」，歷史所涵攝之意義方得真正顯現，故對文獻的分析與理解乃「詮釋」之必要。另外，效果歷史意識透過：a、傳統與歷史的情景意識，b、活動而開放的視域（vision），c、辯證的經驗等三概念來加以建構；並且由於「效果歷史」，使得詮釋活動成為可能與建構意義。相關哲學詮釋學之深入內涵，請參考迦達默爾著，洪漢鼎譯，《詮釋學I真理與方法》（Hermeneutik I Wahrheit und Methode），台北：時報文化，1996年。帕馬（Richard E.Palmer.），嚴平譯，《詮釋學》（Hermeneutics），台北：桂冠，1992年。洪漢鼎，《詮釋學史》，台北：桂冠，2002年。

〔註2〕「時間間距」表示一個文本剛出現時，也許僅包涵某種層面的意義，但在歷史的演變發展中，使得意義被更廣泛的開發與創造。

〔註3〕相關「聖女貞德」之事蹟與影片內容，請參考下列網站：

A、聖女貞德官方站：The Messenger:The story of Joan of Arc
　　www.spe.sony.com/movies/joan of arc

B、盧貝松之聖女貞德：The Messenger:The story of Joan of Arc
　　www.movie.kingnet.tw/channelk/joan of arc

冊封她爲「聖女貞德」。

　　關於盧貝松「聖女貞德」內容分析的第一個部分，是就盧貝松對聖女貞德形象的重新型塑，對盧貝松之詮釋策略的背後思想義涵作分析，以明白該片之種種精彩處。盧貝松對該片之詮釋手法，是藉著 20 世紀初之精神分析學派的學理，來解構聖女貞德之種種既定形象與一般史實；當然，這樣的詮釋是關聯著盧貝松對基督教文明的認知與焦慮。因此，本文的分析其重點則放在盧貝松如何從精神分析的角度，來看「聖女貞德」在其中所扮演的角色。第二部分是討論在西方基督教文明中的一些爭議點，即盧貝松如何透過對聖女貞德形象的解構，進而碰觸到長久瑩繞在西方文明中，關於基督教教義的一些疑義與爭論。以下爲本文之分析與說明。

一、「聖女貞德」之精神分析義涵

　　貞德所處的時代是在英法戰爭之時期，是西方文化史上基督教文明達到其顛峰之時，英法長年交戰，法國並因此喪失大片土地；上下瀰漫失敗與亡國之夢魘，此時對當時法國人民而言，自然期盼有一個救世主能夠帶領他們收復失土，就在這樣的群體意識下出現一位來自法國鄉間的農村姑娘（瓊安），靠著其驚人的意志力與決心完成了法國的反攻事業，但由於法王的偏安苟活，終以交換聖女貞德以求得暫時的和平。

　　據說貞德從小就具有某種異於常人的能力，可以看到或聽到種種異音或異象，舉凡聽到上帝的聲音、風聲，叢林中的舞蹈、小男生的上帝形象等等。在凡事以宗教爲一切詮釋權的時代，這是具有一定的非凡意義，可以作爲一種仲裁的權力宣言。但這些當時具有神聖特質的特徵，在盧貝松的眼中似乎都成爲一種可資精神分析的材料。首先盧貝松解構貞德之種種幻聽幻象，說明其祇不過是一種精神分裂者的官能現象與幻想；這種幻想幻相往往與當時的宗教文化與社會背景息息相關，由此，貞德在此文化氛圍裡，即以神喻或者是神之代言人的角色出現。這裡的貞德之所以自覺爲神之代言者，其實可以從精神分析之無意識學說來理解。無意識學說是精神分析學說的基礎與核心，佛洛依德（*Sigmund Freud，1856～1939*）將此作爲精神分析的第一個基本理論前提。〔註4〕在當時法國社會急須救世主的降臨，進而帶領法國人擊退

〔註 4〕佛洛依德並非第一位發現這個現象的學者（此現象指的是吾人心中所潛存的無意識思想），如佛洛姆（*Erich Fromm, 1900～1980*）所言：「首次使這個發現成爲他的心理學體系與核心，他詳盡研究了無意識現象，並獲得驚人成果。」

英軍的文化氛圍裡，貞德就由此應世而生了。而歷史上貞德的出現，在這一層義涵上而言，亦決不是僅具有其個人英雄主義、復仇主義所能涵蓋，而應該就其作爲當時整個社會文化之象徵意義，即作爲文化層面之無意識內涵來理解。

再者，在佛洛依德後期的論述發展中，以自我本能與性本能爲「Eros」之核心內涵，發展出「生的本能」之論述，由此也相對的提出「死亡本能」之論點（以破壞、毀滅爲導向），誠如其《超越快樂原則》所提到：

> 由於提出了力比多（libido）的假設，我們就將性本能轉變成愛欲（Eros），這種愛欲迫使生物體的各部份趨向一體，並且結合起來。……愛的本能從生命一產生時便開始起作用了。它作爲一種「生的本能」爲對抗「死的本能」，而後者是隨著無機物質開始獲得生命時產生的。這些看法通過假定這兩種本能一開始就互相鬥爭。〔註5〕

「生的本能」與「死亡本能」爲一組相對論點，佛洛依德認爲生命的歷程，具體展現此兩種相對本能的鬥爭與對抗。而此相對觀點之論述內涵，也間接受東方佛教關於「死亡」觀念之深刻影響，此即佛教所談到的「涅槃」：〔註6〕

> 在心理生活當中，也許在普遍的神經活動中，努力使那種因刺激的內部張力減弱，或使保持恆定，或將之排除。用 Babara.Low 的術語來說，是「涅槃原則」（nirwanaprinzip）。這種表現在快樂原則中，對這個事實的認識，便構成相信有死的本能存在的最有利根據之一。〔註7〕

請參見弗洛姆，《弗洛姆著作選》，中國：上海人民，1989 年，頁 668。佛洛依德認爲無意識並非某種照著固定規律運轉的生理結構，或者如電腦程式的運作模式。其內涵是透過各種不同的信念、道德與象徵架構所組成的文化環境，由各種的符號與意義所建構。這些意義與象徵往往不是表面的、可理解的，超乎人有意識的心理機制所能理解的範圍。請參考車文博主編，《佛洛伊德全集》卷二，中國：長春，1998 年，頁 466。再者，佛洛依德透過無意識，及兒童朝向象徵、文化發展階段的考察上，由此奠立其無意識學說的基本分析概念。此類分析表現在諸如：解釋夢、口誤、與心理官能症等層面上。請參考陳小文，《佛洛伊德》，台北：東大，1994 年，頁 36。

〔註5〕車文博主編，《佛洛伊德全集》卷四，中國：長春，1998 年，頁 6。

〔註6〕涅槃，佛教用語，意旨超脫生死的境界。佛洛伊德借用此語，表示「死亡本能」讓生命回歸寂靜純然的狀態。

〔註7〕東文博主編，《佛洛伊德全集》卷四。

由上論述得知，佛洛伊德的「生的本能」，本質為生存、成長發展和愛欲的一種本能，表現為一種進取性、創造性的力量。「死亡本能」本質為生命底層所潛伏的，一種破壞、攻擊、自毀的本能驅動力，表現為毀滅性、破壞性之力量；使生機勃勃的有機生命體，回歸到毀壞而無生命的狀態。因此，「生的本能」與「死亡本能」，實為生命存在之「建構」與「解構」的對比；然而，「生的本能」與「死亡本能」並非截然對立，兩者其實存在著互相轉化之辨證關係。〔註 8〕其次，在佛洛伊德關於無意識與死亡本能的理論中，認為人內在即蘊含此潛在驅力；換言之，佛洛依德認為此種「死亡本能」，實與人追求宗教之象徵性意義，或者渴望回歸原初空無的「涅槃」有關，亦即由於必然的面對有限生命之死亡，則藉由此意義之建構與精神之寄託，得以由此超拔於死亡之恐懼迷霧中。〔註 9〕在盧貝松影片中，貞德最終僅能否定其所長期信任的上帝，透過如此告解而尋求一死以解脫，盧貝松的詮釋誠然是消極、否定與負面的；然吾人探求貞德面對死亡的態度，也許在歷史中的貞德，所以能夠坦然面對死亡，極可能與此回歸死亡的本能有關；亦即透過一死，貞德方能由此重建其神聖性；在此，盧貝松透過黑衣人對上帝無法在貞德受火刑前，前來襄救而否定基督教文明裡的救贖觀念。影片中最終認為瓊安飽受黑衣人之心靈折磨，最終僅能孤獨、恐懼與無助的死去；不過，本文以為貞德以一死正足以重新建構其「聖」的象徵意義。

另外，佛洛依德雖然建立一套詮釋夢、神話、儀式、象徵、官能性症狀的精神分析理論，但卻沒有提出一套適當的知識論基礎。而拉岡（*Jacques*

〔註 8〕「好像這是生物生命的一種節奏：一組本能促使生物盡快達到生命的終點，另一組使生命趕快返回一定的地方，以便開始發展過程，從而延長這段途徑。」轉引自陳小文，《佛洛伊德》，台北：東大，1994 年，頁 183。

〔註 9〕生命存在的基本目的在於生命之生存與延續，然而生命必須面對其有限與死亡。使人感到恐懼與焦慮的並不是死亡本身，而是人對於死亡意識的感受，當生命開始意識到死亡的憂慮時，此焦慮隨時迫使生命尋找方法與出路，令其暫時忘卻此種恐懼。此如由不斷的想像與幻覺來逃避，一般對死亡在精神上最終的遁逃，佛洛依德認為乃將此焦慮與恐懼，幻化成諸如國家、社群、宗教、民族理想或價值觀之追求；由此價值觀之實踐與完成，可以暫時忘卻死亡之焦慮，此種昇華與轉換常藉由自我生命形式的捨棄與轉化而來，並希冀從此取得一種「聖」境之昇華。佛洛依德認為此種迫於「無意識」的趨力，實由恐懼、自戀之心理幻像所型塑（雖然佛洛依德對宗教之看法仍有其主觀的認定，並藉其精神分析理論間接否定相關宗教之神聖與超越的精神本質；但其對無意識與「死亡本能」之論述，與盧貝松對「聖女貞德」形象之解構立場不謀而合）。

Lacan,1901～1980）則將此任務完成，〔註10〕他提出了「鏡像理論」的概念，詮釋了「想像」（the Imaginary）、「象徵」（the Symbolic）、「眞實」（the Real）之相互關係。〔註11〕在歷史中作爲象徵意義的「聖女貞德」，透過精神分析學的理解進路，盧貝松將「聖女貞德」加以除魅，認爲其英勇殺敵的動力，不過是幼年其姐遭英軍姦殺的復仇意志使然。歷史上的瓊安其人之眞實面貌爲何暫且不論，在電影裡被描寫成一個類似精神分裂，運氣卻又好得出奇的村姑；她對英國人的深刻憎恨，盧貝松認爲純粹是出於其姊遭殘忍地先殺後姦的報復心理，卻爲其心理機制扭曲爲上帝的意旨。這點精神分析的內涵，在影片裡中箭昏迷時表現的最爲明顯，貞德醒來後甚至憤怒的對著辱罵她的英軍喊道：「即使上帝原諒你，我也不原諒你！」，這樣的詮釋手法正好符合盧貝松心中「聖女貞德」的圖像。

在影片的最後，貞德面對黑衣人的種種責難，終至精神崩潰，進而以死來告解（維持其象徵意義的完滿）。在此，盧貝松即以一種戲謔或嘲諷之眼光對此加以詮釋；來呈顯盧貝松想像中之聖女貞德的眞正原貌。在這裡除了盧貝松使用精神分析的詮釋手法之外，其實「聖女貞德」之所以能夠引領法國人，進而鼓舞其士兵之士氣連戰皆捷；相信其本人必然具有相當程度的領袖魅力，此即「克力斯馬」（Charisma，政治、文化相關領域的群眾魅力特質）般的魅力，盧貝松在此不過爲其除魅罷了。以上對精神分析學派的概要說明，可以發現盧貝松電影中所隱涵關於貞德之形象，是如何的由這樣的心理解構之過程，以重構其心中的新圖像，也由此隱約透露出其對基督教文明的深層焦慮與不安。

二、「聖女貞德」之宗教哲學義涵

內容分析的第二部分，則是盧貝松針對基督教文明，對西方社會的深層影響面相切入。由黑衣人代表盧貝松對「聖女貞德」提出詰難（Dustin Hoffman所扮演，黑衣人應該是代表盧貝松內心對基督教文明的質疑與焦慮；因此，

〔註10〕 他從佛洛依德生物論的實證主義者手中，將精神分析學再詮釋與拯救出來。其具體作法則將語言視爲心理分析學核心的關鍵性理解。拉岡在慾望與利必多（Libido）的本能理論裡，加入能指（signifier）的觀念，「能指」乃指涉文化語言之符號象徵；請參考梁濃剛，《回歸佛洛依德》，台北：遠流，1989年，頁101。

〔註11〕 拉岡的詮釋重新建構精神分析學爲一門科學，此學說詮釋了自然慾望如何轉換成文化的象徵作用之機制；請參考
Lancan,J.*Ecrits.A Selection*,London :Tavistick Publication,1997,p97.

黑衣人實即盧貝松本人之內在心語），盧貝松在影片中巧妙的轉化爲貞德之內
在分裂。黑衣人以：「You didn't see what was; you saw what you wanted to see.」
來質疑瓊安關於神喻之種種疑問，這句話也代表盧貝松對所謂的宗教人士的
根本質疑，即此因爲個人特殊經驗而相信神存在之質疑。黑衣人認爲貞德根
本就是以上帝之名實行自己復仇的意志，黑衣人的角色其實也即盧貝松在影
片中之特殊創造，藉此來解構「聖女貞德」之神聖性，進而對傳統基督教文
明之救贖觀所作的深刻批判。在宗教神權的時代中，世界各地常常出現自命
受到天啓的神聖人物，並據此形成新興教派，盧貝松本人也許對於自命受到
天啓的神聖人物深惡痛絕。因此，指出貞德的神聖天啓不過是幼年心理創傷
所導致的殘酷、自私與好戰。爲了表現其這般的詮釋理路，盧貝松安排黑衣
人與貞德對話，藉由黑衣人對瓊安之心靈酷刑；進而逼迫瓊安承認其神聖天
啓不過是自我欺騙，電影的結尾更強調瓊安因恐懼，最終無助地死在火刑台
上。

　　再則，黑衣人在貞德被英軍俘虜後，對貞德作一連串的心靈審訊；其實
此乃盧貝松藉黑衣人對貞德的質疑，間接的表達盧貝松心裡對基督教文明的
疑慮。在這場心靈審訊之下，單純無知識的瓊安，無法與博學多聞且善辯之
黑衣人作論辯，終於親手毀掉自己的信仰，死在完全的絕望之中。原本當貞
德被捕之後，亦堅信靈魂的永生；因此，尙無懼於身體的腐朽，黑衣人指出
人死之後乃只剩一具腐爛的屍體，無任何超越性、神聖性的靈魂存在。雖然
瓊安馬上覺察黑衣人之來者不善；然黑衣人此時施展其神通能力，變現爲貞
德所看過的上帝形像，其用意在於告知貞德所見的上帝形象其實僅是幻象。
此時，貞德的信仰已經開始動搖了，最後，黑衣人更以其殺敵之正當性來質
疑其行爲：「以上帝的偉大，祂需要妳當祂的使者嗎？」，在影片中似乎被描
繪爲心靈意志脆弱的貞德，抵擋不住黑衣人如排山倒海且洶湧的詰難，終而
崩潰否定了長期所信仰的上帝，無助而絕望的走向死刑臺。

　　其實，黑衣人所運用的思辯邏輯，乃基於「聖俗二分」的觀點；自希臘
時代以來，聖俗之分意謂著存在著一個理想世界，〔註12〕人類限於污穢的肉

〔註12〕柏拉圖（*Plato，427～347 B.C.*）將世界區分爲兩者；一爲現象界屬於變化
　　　（Becoming）的世界，一爲理型界屬於存有（Being）的世界，吾人所處的經
　　　驗世界爲變化的世界，經驗世界存在的個別事物，恆常處在生滅變化之中，
　　　並非永恆的存在故可稱爲「凡」；而理型界則代表永恆與完美的世界，則可稱
　　　之爲「聖」（509A～B）。請參考 Hamilton, E. & Cairns, H.（Eds.）〔1961〕. *The*

體而無法提升到理想世界，只有不斷自我超越方能解脫肉體之限，而達到理想世界。在此，黑衣人透過「聖俗二分」的思考邏輯來否定貞德與上帝的關係，從而徹底否定其人生價值、生命意義（此諸如黑衣人強調貞德曾殺過人，進而否認與瓦解其神聖性）。在此，黑衣人對貞德的責難，呈顯出世界上永遠沒有完美的人；因此，期待一個完人來改革不完美的社會，其實就是不切實際的想法。此在柏拉圖（*Plato*，427～347 *B.C.*）「哲學王」（Philosopher-kings）政治理想的破滅，已得到明證。但黑衣人卻根據貞德的「不完美」加以擴大之，進而全盤否定貞德之生命價值，及其對法國所作出的歷史貢獻；然而，黑衣人對貞德的責難顯也令其自己限入「聖俗二分」的二元矛盾之中。

綜而言之，盧貝松的詮釋並不是歷史上的貞德，反而更像是盧貝松本人的自我追尋（宗教層面之究竟意義）。盧貝松對基督教救贖文明的疑慮；迫使當代知識分子必須面對種種信仰上的本原問題。在此，我們回歸宗教一詞在西方社會學上之傳統定義，拉丁文關於宗教（Religion）一詞的意義為：「宗教企圖把人與神結合在一起，同時集合眾人成為一社會體系，一個神聖的團體，因此宗教具有社會結構的意義。〔註13〕」而馬克斯（*Karl Marx, 1818～1883*）卻認為「宗教是人類心靈的鴉片」，馬克斯對宗教持負面看法，認為宗教的發展不過為統治階級的權力辯護，宗教藉由製造虛假意識，進而痲痹人民心靈，由此合理化過程成為受迫害者之心靈寄託；進而阻礙了社會的改革與革命，使得民眾無法認清被資本主義所「異化」之事實真相，最終淪為被資本家所剝削之境地。〔註14〕除了馬克斯之外，大部分學者則對宗教功能持正面的態度，社會學創始者孔德（*Comte, Auguste；1798～1857*）則說：

> 道德為宗教基礎，為維持社會運作之良好秩序，必須仰賴宗教情感的配合；宗教與社會是不可分的，宗教是使社會文化相容的主要力量，在社會化的過程中，宗教有其重要價值。宗教儀式的使用可增加個人與團體的連結，有助於社會變遷的瞭解〔註15〕。

涂爾幹（*Emile Durkheim,1858～1917*）在《宗教生活與基本形式》，就宗教與社會生活的形式提到：

Collected Dialogues of Plato. New York：Ollingen Foundation.

〔註13〕 呂大吉，《宗教學通碖》，台北：遠流，1993 年，頁 140。

〔註14〕 George Ritzer 著，《社會學理論》，台北：巨流，1989 年，頁 157。

〔註15〕 王志成，《解釋與拯救──宗教多元哲學觀》，台北：學林，1996 年，頁 95～98。

宗教是一種神聖事物，與有關信仰與儀式所組成的統一體系。所有
同意這些信仰與儀式的人的團結在一個稱作「教會」的社群內……
因而說明，宗教概念與社會是不可分的；從而清楚的顯示，宗教因
此爲明顯的集體事物的延伸。〔註16〕

涂爾幹將一切事物劃分爲「神聖」與「世俗」的，並由此宗教現象與社會文
化之關聯性，指出宗教現象作爲社會文化之組成要素具有其重要意義。

再者，文化人類學家葛茲（*Clifford Geertz，1926～2006*），對宗教內涵所
具有的象徵意義特別重視，在其《作爲文化體系的宗教》提到：

宗教是一種象徵體系，其目的是確立人類強而有力的，普遍的恆久
的、心緒與動機（mood and motivation），其建立方式是系統闡述關
於一般存在秩序的關連；給這些觀念鋪上實在性的外衣；同時這些
象徵也透過此概念來包裝，而這讓這些情緒與動機彷彿具有獨特的
眞實性。〔註17〕

綜上所論，大部分學者皆認爲宗教具有其不可抹滅之正面價值，而不應簡單
地以一般之消極義涵加以否定。吾人先排除實用性與利益性的考量角度，則
宗教在人類的精神文明歷史上，已實際起著正面而積極的作用。因此，宗教
作爲一種神聖與世俗對比的象徵意義，〔註18〕不僅只是爲其社會文化之投影
（projection）；申言之，宗教具有結合眾人崇高理想之情感功能，〔註19〕進而
引領群眾邁向美好的境地。就此而言，傳統歷史上之「聖女貞德」，就其作爲
收復法國失土，帶領法國人民走出戰敗之陰影而言，其應具有正面與積極之

〔註16〕涂爾幹著，芮傳明譯，《宗教生活的基本形式》，台北：桂冠，1992 年，頁 25。
〔註17〕格爾茲 Geertz 著，王銘銘譯，《文化的解釋》，上海人民出版社，1999 年，頁
　　　　105。
〔註18〕「象徵意義與使用價值最明顯的分判，表現在神聖與世俗兩個世界的對
　　　　立。……是內在秩序（the order of intimacy）與物的秩序（the order of thing）
　　　　的對立。當在世俗日常生活中『人』被其生產性所定義時，人喪失其內在本
　　　　質。而唯有否定其作爲物的存在，人才能重返其內在本質，而死亡則作爲徹
　　　　底的否定物的秩序之手段」。請參考朱元鴻，〈消費——政治經濟學之外〉，《當
　　　　代雜誌》第 67 期，1991 年，頁 14。
〔註19〕懷德海（*Alfred North Whitehead，1861～1947*）《宗教的創生》認爲：宗教的
　　　　興起由四個元素所組成，此即儀式（ritual）、情感（emotion）、信仰（belief）、
　　　　理性化（rationalization）；請參考懷德海著，蔡坤鴻譯，《宗教的創生》，台北：
　　　　桂冠圖書，1997 年，頁 4～14。情感實爲人類動力之根源，在宗教之組成要
　　　　素中，情感亦是其重要構成因素。

義涵，或許這亦是盧貝松藉解構「聖女貞德」，實際乃在召喚一種傳統歷史上，已然爲人所淡忘的崇高宗教精神與感動，並由此對當代新興宗教作出批判與反省。〔註20〕

參、結論

　　一般對聖女貞德之傳統詮釋，著重於其偉大的愛國情操與宗教熱誠，是從一個積極光明的面相來陳述其壯烈的史實。然而，我們在盧貝松的影片中，看到導演相當不同凡俗的詮釋手法；這個方式是相當解構且深具挑戰性的，雖然該片中的表現手法，或許反映導演內心的主觀與困惑，是盧貝松創作想像的延伸；而無法詮盡「聖女貞德」的原貌與實情。然就「哲學詮釋」之角度言，「文本」一旦生成就具有其自主的生命，成爲會訴說的主體。盧貝松之處理方式，亦可呈現作爲文本之「聖女貞德」的諸種不同面貌。

　　就歷史上之「聖女貞德」的傳統形象而言，其對基督教的信仰顯然相當堅貞，並且以此爲其生命實踐的標的所在。宗教象徵意義的建構似乎也是其生命的全部，在此我們也看到盧貝松的質疑所在：到底是神的意志還是貞德個人的意志來進行這場戰爭。神的意志爲何，一直都是西方人長期以來的困擾，以及進而如何探及神的旨意，則似乎更是一般西方人所尊敬又畏懼的課題，在盧貝松的焦慮與質疑中，我們看到這一層義涵（盧貝松電影的進一步內涵，象徵著其對救贖性質宗教的絕望）。儘管影片中貞德最後以絕望、無助的方式步向死亡；吾人仍不能否定「聖女貞德」在歷史上確實爲法國收復大批失土，進而對作爲宗教之根本價值與精神作出質疑。因爲宗教作爲生命超越之可能與理想，從來亦即就生命之不斷完善的歷程上，承認其可能性與可貴性，亦由此確立生命之尊貴性。〔註21〕

〔註20〕盧貝松痛惡當代新興宗教之主事者，往往假借個人克力斯馬的魅力來招攬群眾；如此其宗教之內涵特性，其實在本質上亦具有救贖之特性與意義，對「聖女貞德」的解構與再詮釋亦應是由此而發。

〔註21〕這在東方佛教哲學體系中，特別突出的呈顯此一義涵，此亦惟佛教之思想特色。而在本質上，佛教即深具此透過人不斷完善自身的實踐工夫之強調，從而也保住宗教之根本價值。

引用書目

1. 王志成,《解釋與拯救——宗教多元哲學觀》,台北:學林,1996 年。

2. 弗洛姆,《弗洛姆著作選》,中國:上海人民,1989 年。

3. 朱元鴻,〈消費——政治經濟學之外〉,《當代雜誌》,第 67 期,1991 年。

4. 呂大吉,《宗教學通碖》,台北:遠流,1993 年。

5. 文博主編,《佛洛伊德全集》,中國:長春,1998 年。

6. 帕馬著,嚴平譯,《詮釋學》(Hermeneutics),台北:桂冠,1992 年。

7. 洪漢鼎,《詮釋學史》,台北,桂冠,2002 年。

8. 迦達默爾著,洪漢鼎譯,《詮釋學 I 真理與方法》(Hermeneutik I Wahrheit und Methode),台北:時報文化,1996 年。

9. 格爾茲著,王銘銘譯,《文化的解釋》,上海人民出版社,1999 年。

10. 涂爾幹著,芮傳明譯,《宗教生活的基本形式》,台北:桂冠,1992 年。

11. 梁濃剛,《回歸佛洛依德》,台北:遠流,1989 年。

12. 陳小文,《佛洛伊德》,台北:東大,1994 年。

13. 懷德海著,蔡坤鴻譯,《宗教的創生》,台北:桂冠圖書,1997 年。

14. George Ritzer 著,《社會學理論》,台北:巨流,1989 年。

15. Hamilton, E. & Cairns, H. （Eds.） , The Collected Dialogues of Plato. New York:Ollingen Foundation,1961.

16. Lancan,J. ,Ecrits.A Selection,London :Tavistick Publication,1997.

附錄七 通識教育對生命意義的探問
——一個哲學與宗教面向的思考[*]

壹、前言

　　近年來，國內大學教育的發展趨勢；有逐漸朝向市場化、庸俗化、功利化、工具化之現象，因此型塑一種功利而扭曲的社會價值觀；尤其是技職教育往往注重專業的養成，而忽略了人格教育與人文價值的涵養。因此，當今教育界有識之士紛紛強調通識教育中人文質素的重要，由此達到「全人教育」的通識理念，希冀以此來化解專業教育所衍生的種種短視近利、淺薄浮誇之弊端。當代世界物質文明自西方工業革命後，隨著科技的發展而日新月異；人們日常生活的物質環境，在短短百年間有著驚人的長足進展。雖然物質生活有所改善，當代科學文明冀望以物質生活的改善，來增進人們生活之幸福與生命之價值，在新時代開端的世界情勢看來並未成功；甚至種種自然環境的反噬，諸如暖化現象、天災頻仍，也都反映了人類過度開發、巧取豪奪之後果。在物質文明的極致發展下人類並未更加幸福。反而，人們更加喪失對生命的反省與認知；更加執著於由物質取向消費文化所型塑之表象生命價值，人們忘卻省察生命的根本意義，而不知生活目標為何；此只知不斷的追求現實生活中的種種成功，在追逐功成名就的過程中，就往往忽略人性中種種不可割捨的根本價值。因此，當代文明「上不在天，下不在地，外不在人，

＊ 本篇論文摘錄自拙著：〈通識教育對生命的探問——一個哲學與宗教面向的思考〉，《樹德通識專刊》第 4 期，2010 年 5 月，頁 75～86。

內不在己」的危機，〔註1〕實即「存在意義」的危機；〔註2〕此「存在意義」的危機，表現爲人茫然不知其生命意義之原鄉爲何，而無從由此安身立命。

再則，在台灣，我們看到許多優秀學子在畢業後，即投入激烈競爭的職場中，在此貪婪成風的生存叢林中掙扎求生；因此，除了工作、賺錢與名位，還是工作、賺錢與名位，忘卻也無法體會這其間的種種荒謬與其它可能的生命出路。況且，社會上普遍瀰漫功利、勢利與利益至上之價值觀；可悲的，不唯一般從事商業活動者特別以此爲信念，即使擔負國家高等教育任務的大專院校，同樣不關心具有生命意義建構之人文學科，學校高層經營者則往往更關心招生、營利與評鑑等等考量，視其爲不具生產效益、不符就業市場需要，而加以貶抑、嘲弄與摒棄之。由此，在當今台灣社會中，對人文素養與生命價值的輕忽與無知，竟淪落到令人驚異與感嘆的境地。況且，人們對生命價值與生活目標的認知，往往建立在一個相當錯誤的立足點；並窮其一生，將個人生命所有的一切努力朝向現實效益、金錢至上的考量與算計上，甚至對於工作、友情、婚姻、感情與人際關係的種種生命層面的經營，也都建立在此錯誤的認知與考量上。是以，人們追求所謂的生活「幸福」，往往僅是在生存與物質層面上的經營，距離生命的眞實幸福仍遙不可及，猶如天邊的虹彩般夢幻與不眞實。回顧 2008 年的金融風暴，可以是令人深刻反省的歷史事件，許多人在此風暴中一夕破產，或者多年的努力回歸原點，人們是否由此以金錢主義至上的價值觀中覺醒過來，猶未可知；然而顯見的是，人的根本價值不再是虛幻的金錢數字所能標誌；生命還有外於金錢之外的更高價值，只是人們在過度的物質生活中遺忘了。

在此，宗教與哲學面向對生命問題的思考，乃是人類文化歷史所積累之智慧資產。「宗教」不唯是尋求心靈寄託與避風港而已，也是人追求「眞理」與「超越」之方便法門，滿足個體生命身心靈等多層面的內在渴望，從而達致生命眞善美的境地；哲學則是探索生命根本問題之學問。從本質上言，哲學與宗教皆屬于生命的學問之性格，乃是眞實立足於生命意義與價值上之探究；故以「生命」爲思考中心而展開，由此來調節與安頓吾人之生命。申而

〔註1〕 請參考唐君毅，《中華人文與當今世界》下冊，台北：台灣學生書局，1975年，頁 540～565。

〔註2〕 請參考袁保新，《孟子三辯之學的歷史省察與現代詮釋》，台北：文津出版社，1992 年，頁 166。

言之，生命的學問並不是以知識爲中心，也不是以理智遊戲爲特質的哲學。而是以「生命」爲中心，來展開其教訓、智慧、學問、與修行。〔註3〕可見，面對「存在意義」之危機與「生命價值」之再建構，以「生命」問題爲關懷起始之哲學與宗教面向的思考，本質上，正是「生命的學問」之特性。〔註4〕也唯有由生命爲出發點的學問，方能解決當今人們所面對的根本生命問題。

貳、哲學之探索

一、根本問題之思考

作通識課程之基本構造成份，對於哲學內涵的說明，以基本架構綱要的點撥輔以生活化的教學方式呈現。哲學（philosophy），是一種思考根本問題的思辯活動，在爲某個特定主張提出合理而充分的理由。〔註5〕從字義上來探究哲學，哲學「Philosophy」字源爲：「philo-愛」與「sophia-智」，合言之即「對於智慧的愛好」。而所謂的「愛智」，歷來哲人對其有種種指謂，如：柏拉圖認爲乃是追求永恆眞實的知識，〔註6〕亞里斯多德則認爲是追求自然、人與神之究極眞象的知識，笛卡爾認爲是追求理性的認識萬有等不一而足。再從狹義上言，哲學意指藉由哲學史的學習，對諸多哲學家之獨特思想作一理解，並由此了解哲學發展之脈絡及其意義；是側重關於哲學思想史之知識獲得，及其作爲專門學術領域探究之對象與範疇言。而從廣義上言，哲學泛指一切對人生命根本問題的「思考」，舉凡「人是什麼？」「人從何處來，往何處去？」「世界是什麼？」「人與世界的關係？」「人與人的關係爲何？」都是哲學思

〔註3〕請參見牟宗三，《中國哲學的特質》，台北：台灣學生書局，1994年，頁7。
〔註4〕正如牟宗三以中國哲學中所特具的「內聖」之學特性，指出：「所謂生命的學問，是表示它不同於『知識性』的學問。內聖之學當然含有知識，而且也不排斥知識，但是這套學問的性質，卻不同於我們今天所熟悉的西方那種以知識爲中心的學問。內聖之學的問題不是要成就知識，而是要完成生命的價值」（請參見牟宗三：《中國哲學的特質》，頁7）簡言之，中國哲學在源頭的發端上，所關注的焦點，即是由「人」而發的：此種發展與希臘哲學由自然哲學之宇宙論發端有所不同，它不是源於對自然的驚奇（wonder），故不特別著重於知識論上的探討與思辯，而是由「人」眞實生命的存在本身著眼。
〔註5〕請參考（Peter K. McInerney）著，林逢祺譯，《哲學概論》，台北：桂冠圖書，1996年，頁1。
〔註6〕柏拉圖認爲有兩個世界，一個是超越的世界，是眞善美的。另一個世界是現象的世界是在流動狀態中的一些事物所構成的，它們仿傚理型（ideal）的世界，但並不成功。

考萌芽之所在，因此，關涉乎所有生活世界所切身經驗之一切，都可以是哲學思考的對象；包括「語言」、「審美」、「社會」、「身份」、「自由」等等。故從廣義上言，哲學又可包含吾人面對生活世界之種種省思，這其中也包含個人從日常體驗中，加以哲學反思所獲得的領悟，並落實於日常生活中之種種修煉工夫；是對生命價值與意義之探究，此亦是對生命整體的觀照。〔註7〕

　　再者，所謂的根本問題不外是由人之客觀存在事實為立足點，來思索其存有場域中之諸多問題：此如 1.0 人是什麼？1.1 人的本質為何？1.2 人由何處來（生），人往何處去（死）？2.0 世界是什麼（形上學問題）？2.1 世界的生化原理為何？2.2 世界的生化結構及其過程為何（宇宙論問題）？3.0 人與世界的關係為何？3.1 人與現象世界的關係為何？3.2 人與生活世界的關係為何？3.3 人與超越的世界的關係為何？ 4.0 人與人的關係（倫理學問題）4.1 語言 4.2 道德 4.3 社會文化&政治經濟等等。若實際從哲學所探問與研究的範疇上言，在作為通識課程的施作與引介上；大致可依其內容與性質，分為以下幾個範疇作簡要說明：〔註8〕

　　1. 邏輯（或稱理則學、論理學、名學、辯學）：

　　logic 一詞係由「logos」衍變而來，原意為理性、語言、談話、定義、原則等。簡言之邏輯原是一種徵定人類思想推理之正確與否的方則，即研究健全思考和有效論證的共通架構。就西方哲學史而言，首次用到邏輯一語的人為希臘三哲中的亞里斯多德。

　　2. 知識論（認識論、知識學）：

　　研究知識的性質及其獲得的方法。舉凡有關知識的起源、性質、限制、條件與方法進路……等。透過人心靈認識能力所把握並研討的都可稱為「知識」。包含了常識（common sense）、知識（science）指理由充分，可以明確說明的事實，智慧（wisdom）真理等內涵。

　　3. 形上學：

　　研究存在或實在的基本範疇與結構，可分為存有學與宇宙論。存有學（ontology）討論宇宙現象之所以形成的原理的論證；宇宙論（cosmology）討

〔註7〕 就人作為理性的主體而言，實具有觀照與思索世界之能力，此正如馬丁·布伯（Martin Buber）所說：「所有其他的東西都存在於自我的觀照之下」請參見 Martin Buber, *I and Thou*, trans. by R. G. Smith, New York: Charles Scribner's Sons, 1958, p8.

〔註8〕 部分內容請參考（Peter K. McInerney）著，林逢棋譯，《哲學概論》，頁 3～5。

論宇宙的起源、生化與過程等。

4. **倫理學（道德哲學）：**

倫理學（ethics）一詞首先由亞里斯多德所提出，重視人的道德意識與行為，並評價人道德言行的諸般表現，以提出統攝諸道德的至高原則。由於人不可能離群索居，人必然的與他人有所關聯與互動，倫理學即是討論人與人間關係之適當性，並尋求人與人之間妥善而理想的互動。因此，在人與人的互動中必然有所謂適當與否的問題。這亦是倫理學所關注之所在。 倫理學的兩個範疇針對善惡對錯之行為問題而提出規約、並定奪正確行為的為「規範倫理學」（normative ethics）。而對善惡、對錯做哲學探討與邏輯分析的為「後設倫理學」（meta ethics），亦即為討論道德判斷的本質與方法為何，研究如何生活、善與惡、對與錯，以及道德原則。

5. **自然科學的哲學：**

研究科學實在的基本範疇（形上學），和建立科學知識的方法（認識論）。

6. **心靈哲學：**

研究心靈的性質，包含何謂意識，如何知道自己和別人的想法，以及自我和個人身份的同一性（personal identity）所指為何。

7. **宗教哲學：**

研究宗教的性質及其內容，以及宗教活動的重要性。

8. **社會與政治哲學：**

研究社會與國家的基本原則，包括什麼是最好的政府型式。

9. **藝術哲學：**

研究藝術鑑賞的基本原則，包括成為藝術作品的條件，及作品的詮釋。

10. **語言哲學：**

研究語言的基本架構，以及語言與世界的關連為何。

11. **社會科學的哲學：**

研究社會科學理論的基本範疇。

12. **哲學史：**

研究各個歷史階段的主要哲學思想，及其影響與效果。

綜而言之，由上述哲學研究範疇的介紹，可以看出其本源皆來自對根本問題的探問，亦是源於對生命意義探問之「愛智」行動；因此，「關於生命意

義的問題，源於我們主體不懈的探究，這種探究就構成了哲學史。」〔註9〕，哲學之產生亦即在此種對生命意義建構的渴望中而生。

二、生命價值之安立

由美國奧立佛史東（Oliver Stone）2004 年所導演的「亞歷山大帝」，電影描述史上第一個創建橫跨歐、亞、非三個大陸帝國的霸主亞歷山大帝（柯林法洛飾），由於年紀輕輕即縱橫當時文明世界（除當時亞州的秦帝國外），更在 33 歲的盛年離奇撒手人寰，為歐洲人眼中的「傳奇英雄」。他的受業老師即哲學史上赫赫有名的亞里斯多德。在奧立佛史東所導的影片中，亞歷山大有一段發人深省的內心告白。當亞歷山大通過興都庫什山隘口，要進入印度前；曾對其大將托勒密，談到東征時內心真實的感受，他說：「我每征服一個地方，我的夢想就再度破滅；我最終將面對死亡，但我仍然努力尋找一個家。」亞歷山大雖已覺察征服全世界之舉，本質上乃徒勞無功、毫無意義。但是亞歷山大並沒有真正醒悟：這種不斷追尋世界盡頭的荒謬，及其本身所代表的價值與意義何在，他仍然決定：「我們必須繼續前進，直到我們找到盡頭。」其實，人在生命歷程中所作的一切努力與追求，不過在追求一種意義與價值的建構：因為生命的價值所在，即生命的意義之安宅。《老子》33章云：「不失其所者久」，然而現代人的處境正是亡其宅與失其所的。亞歷山大征服全世界，卻終究未得其家；因此，生命的價值之所在，乃在於內在心靈的安頓，而非外在成就之追求。廓庵〈十牛圖〉〔註10〕描述了禪宗學人追尋真理的心路歷程，由「忙忙撥草去追尋」（一圖）、「依經解義、閱教知蹤」（二圖），終至得牛（四圖）、牧牛（五圖）與返本還源（九圖），學人終究體悟本來面目，即生命所求索者原本不假外求，只要直下生命內在體認、俯拾即得。〔註11〕

〔註9〕 請參見辛格（Singer, Irving）著，郜元寶譯，《生命價值的創造》（*The Meaning in Life-The Creation of Value*），台北：業強出版社，1996 年，頁 23。

〔註10〕 宋代廓庵師遠撰繪（一說清居禪師作）。此十圖以牧牛為主題，並各附自序及偈頌，以闡示修禪之方法與順序。所謂「十牛」，即：（一）尋牛。（二）見跡。（三）見牛。（四）得牛。（五）牧牛。（六）騎牛歸家。（七）忘牛存人。（八）人牛俱忘。（九）返本還源。（十）入塵垂手。

〔註11〕 可謂「眾裡尋他千百度，驀然回首，那人卻在燈火闌珊處」（王國維《人間詞話》）

　　亞歷山大與第歐根尼〔註12〕作為同一個世界的兩個對比，他們曾有過一段精彩的對話。據說他住在一個木桶裏，所擁有的所有財產包括這個木桶、一件斗篷、一支棍子、一個麵包袋。有一次亞歷山大大帝訪問他，問他需要什麼，並保證會兌現他的願望。有一次亞歷山大帝訪問他，問他需要什麼，並保證會兌現他的願望。第歐根尼則回答：「我希望你閃到一邊去，不要遮住我的陽光。」亞歷山大帝后來說：「我若不是亞歷山大，我願是第歐根尼。」但亞歷山大說此話自有他的道理，他體認到第歐根尼乃是比他更自由的「世界公民」。

　　相較於此，莊子思想在生命價值之思考上尤有獨到見解，其〈養生主〉有云：「澤雉十步一啄，百步一飲，不蘄畜乎樊中。神雖王，不善也。」亦即水澤區的野雞，雖然覓食不易，但牠們的生命是自由的，不若被豢養在籠中的野雞，雖然神態旺盛卻不自由快樂。〈秋水〉篇的兩則寓言，更淋漓盡致的表達了莊子對生命價值的取向，〈秋水〉云：

　　　　莊子釣於濮水。楚王使大夫二人往先焉，曰：「願以竟內累矣！」莊
　　　　子持竿不顧，曰：「吾聞楚有神龜，死已三千歲矣。王巾笥而藏之廟
　　　　堂之上。此龜者，寧其死為留骨而貴乎？寧其生而曳尾於塗中乎？」
　　　　二大夫曰：「寧生而曳尾塗中。」莊子曰：「往矣！吾將曳尾於塗中。」

〈秋水〉又云：

　　　　惠子相梁，莊子往見之。或謂惠子曰：「莊子來，欲代子相。」於是
　　　　惠子恐，搜於國中三日三夜。莊子往見之，曰：「南方有鳥，其名鵷
　　　　鶵，子知之乎？夫鵷鶵，發 於南海而飛於北海，非梧桐不止，非練
　　　　實不食，非醴泉不飲。於是鴟得腐鼠，鵷鶵過之，仰而視之曰：『嚇！』
　　　　今子欲以子之梁國而嚇我邪？」

在第一則「神龜」的寓言中，莊子運用所謂的「同理心」，充分的表達了其志向與意願；而莊子與惠子的對話，則更顯露出莊子對世俗的名聞利養之鄙夷。反觀當代人生命價值之危機，除為了三餐穀粱而異化、物化與工具化外，更在於以外在價值來認定生命價值，忽略生命之內在本質；由此人成為商品性的存在，可以量化、規格化。人成為工具理性之內涵，而成為缺乏個性、靈魂的存在，進而與生命之本質背道而馳。況且一般社會價值觀認為有用的人，其生命的存在才有價值，何謂有用？台灣社會所普遍認定的「有用」，不外乎

〔註12〕第歐根尼，古希臘哲學家，犬儒學派的代表人物，約活躍於公元前 4 世紀。

成為功利價值取向所認可的「某某」身份；因此，難道是成為醫師、律師與會計師，才是成功而有價值的人生嗎？這些社會上所謂「有用」的人，其價值在莊子看來似乎無異於無用的腐鼠，只是神龜與鵷鶵之流而已，莊子一向反對將人以工具性的價值來衡量。然而，當代社會對人性價值的認知，往往由工具性的立場來考量，並以可笑荒謬的金錢來加以標誌，進而有所謂的「身價」高低之評定；此種評定，進一步擴展至感情與婚姻也可以金錢來估量，完全悖離其眞實的本質與內涵。由此，人不再成為他自己，而僅努力的成為社會所普遍認可之身分地位；這樣的人生究其實僅是扭曲與盲目的。兩千年前的莊子告訴我們：要成為你自己，成為一個眞正自由的人。〔註13〕「自由」才是生命最可貴的內在價值，也才是生命的眞實意義之所在。「自由」乃人生命之最眞實面目，一個眞正自由的人；也才能體現禪宗所言之「本來面目」。在通識課程的哲學內涵建構中，生命「自由」價值的追求與體認，是透過哲學對生命價值的探問中，所開示之智慧與領悟而來。

參、宗教之實踐

　　人之生命存在僅是生物性的存在，抑或乃精神心靈之呈現；關於精神心靈與物質身體的爭論，歷來西方哲學聚訟不休而無定論。尼采（*Friedrich Wilhelm Nietzsche，1844～1900*）則詩性的由生命之可能性來談論人之為何，他認為：人類是一條高懸於深淵的繩索。人類之所以偉大，正在於他是一座橋樑而非目的？人類之所以可愛，正由於他是一個跨越的過程與完成！〈查拉序四節〉。〔註 14〕筆者就人之可能性入路作省察，由生命縱貫之昇進歷程言；則人之生命存在可由生物性（獸性）──人性──超越性（神性或云佛性）來作理解。首先，對於生物性與人性之分辨，孟子由哲學的思考向度，以道德意義清晰的標誌了人性價值之眞正內涵；其〈離婁〉下有云：「人之異於禽獸者幾希，庶民去之，君子存之，舜明乎庶物，察於人倫，由仁義行，非行仁義。」可見人之生命存在是否淪為獸性之存在，只在是否識取其仁義本心而肯認之、踐履之。孟子哲學建立在人間學問之平實基礎上，其對獸性與人性之分判最為直截的當。筆者以為在「人禽之辨」的第一層分判外，亦

〔註13〕此處所謂的「自由」，並非一般意義或法律意義上的「自由」；而是就生命本身之思考而發，成為自由的生命，意謂擺脫生命在社會化過程中所習染之種種病痛與扭曲，由此體現本眞而逍遙的生命理境。

〔註14〕請參考尼采著，魏桂邦譯，《尼采語錄》，台北：業強出版社，1996年，頁 123。

得涵涉人之超越性的轉昇，此是生命的圓成與理想。超越性的追求與實踐，充分表現爲宗教的體驗與追尋，人在文明之初始即有原始宗教之發展；簡言之，宗教安頓了人對「超越」的渴求。〔註15〕牛津字典對宗教的定義，認爲：宗教是人類對一種不可見的超人力量之承諾，這力量控制人類的命運，人類對之服從、敬畏與崇拜，以達天人合一的境地」牛津字典的解釋尚無法滿足吾人，當然我們也很難精確定義宗教這一詞之意義內涵爲何，〔註16〕中文的「宗教」一語乃譯自英文的「religion」一字，大約源自 relegere（重新拾起），但也可能來自 religare（重新捆住），因此意指一再餉往、小心翼翼地關切某件事，而所專注的應該是有價值的事；至於宗教的本質，一言以蔽之是重新與第一根源及最終目的相連繫〔註17〕。中文「宗教」一詞是日人依據《書經·堯典》：「禋于六宗」的「宗」和《易經·觀卦》「聖人以神道設教，而天下服矣。」的「教」而來。聖人用「神道」所設之「教」就是「禮教」，此爲中國思想中最顯著以爲宗教定義者。〔註18〕

　　再者，筆者以爲若純粹以宗教之意義而言，則可約略分爲兩層內涵：一是形式意義，一是內容意義。形式意義指就宗教的儀式與諸種不同宗教之差異上言；由此，「宗教」一詞所指無異乎一般客觀之體驗對象，可以研究分析與觀察比較。內容意義，則指宗教本身之精神所在，無以言說，縱有所說，言語只能是一個模擬比喻，而關於宗教的感動與體悟，往往只能是個人的領會，無法以客觀的言語及一般的溝通方式傳遞。因此，就宗教之實質精髓言，則不關乎學術、不關乎科學；在這層意義上，對於宗教精神的契及與體會，

〔註15〕誠如雅斯培（*Karl Jaspers*，*1883～1969*）曾強調：哲學思考就是一種「超越」的行動，哲學問題的解決方式是「超越」，其結果是意識的改變。若哲學思考是一種對「超越」的行動，則宗教則是進一步將此行動付諸實踐。另外，對於宗教的興起，懷德海（*Alfred North Whitehead*，*1861～1947*）在其《宗教的創生》認爲：宗教的興起由四個元素所組成，此即儀式（ritual）、情感（emotion）、信仰（belief）、理性化（rationalization）；另外，更指出「孤獨」方是構成宗教之核心。請參考懷德海著，蔡坤鴻譯，《宗教的創生》，台北：桂冠圖書，1997年，頁4～14。

〔註16〕「宗教」所意謂之內涵爲何實難獲得一確論，因此有很多爭議。「目前有些學者定義宗教，或先由定義原則下手，或由宗教組織要素做判斷，或是由宗教理念、儀式、行爲、心理機轉等」。參見曾仰如，《宗教哲學》，台北：台灣商務印書館，頁70～100。

〔註17〕布魯格編著，項退結編譯，《西洋哲學辭典》，台北，華香園，1992年，頁455。

〔註18〕請參見蘇景星，〈孔子宗教態度初探〉，《東海哲學研究集刊》第一輯（1991年10月），頁90～92。

都是在一般宗教外在相貌的區別之外。這兩層意義的區別與關連，從作爲宗教追求的個體實踐上言，形式意義也不可或缺，形式意義作爲一個入道之門、解脫之方便施設，對於作爲實存於現象世界之個體言，亦有其意義所在。而就精神本質上言，宗教精神源於愛、祈禱與肯定，對世界的態度是順承與接納；科學則是源於與外在世界的對立，相信理性與人定勝天，因此想要主宰、掌控自然世界；而哲學（西方傳統）則起於（wonder），以思辯與懷疑爲基調。

　　一般人對宗教的理解不外視其爲精神的寄託，或視之爲迷信。然而隨著現代工商社會的快速變遷，人的心靈似乎亦發淺薄空虛，需要精神上與超越性的安頓。有部分學者否定宗教之價值，此如馬克斯（*Karl Marx,1818～1883*）認爲「宗教是人類心靈的鴉片」，馬克斯對宗教持負面看法，認爲宗教的發展藉由製造虛假意識，進而痲痹人民心靈，由此阻礙了社會的改革與革命，使得民眾無法認清被資本主義所「異化」之事實。〔註 19〕除了馬克斯之外，大部分學者則對宗教功能持正面的態度，諸如：社會學創始者孔德（*Comte, Auguste，1798～1857*）、涂爾幹（*Emile Durkheim,1858～1917*）、文化人類學家格爾茲（*Clifford Geertz，1926～2006*）等等皆持正面的法。因此，宗教不應僅視爲「人民之鴉片」，而武斷簡單地以消極意涵加以否定，如果排開利益性與實用性的角度言，宗教在人類的精神領域與意義安頓上，實際上也是起著正面而積極的功用。對照現代人不斷的追逐物欲而喪失精神價值，宗教在這物欲濁流中如何激濁揚清、進而再現清流，令其信仰成爲人心最後的一塊淨土；而使人心不再沉浮於世俗的對立價值之中，乃須宗教自身重新建構其內涵與活力，方能擔綱此一重任，進而圓滿理事二界、聖俗二諦。〔註 20〕

　　而作爲構造通識教育之基本人文內涵，宗教所強調的是實踐面向的生活體會；何謂實踐，則諸多祈禱或者禮拜的儀式不可視之爲神秘的迷信活動，可以作爲宗教之方便施設視之，因此，實踐即在知識名言的領會之外，由實際的生活場域中去體會而親證親知；此親證親知乃知識的理解之外，更深一層的體悟與體會，此「知」方爲眞「知」、實「知」。宗教由原始宗教至當今宗教形式的發展，一直就著當今社會的生活形式而有所適應發展。依佛門之禪修與苦行傳統而言，或許，就今日的社會環境作考察，也很難再有如藏傳佛教「密勒日巴」

〔註 19〕George Ritzer 著，《社會學理論》，台北：巨流圖書，1989 年，頁 157。
〔註 20〕二諦是爲勝義諦與世俗諦，亦指眞諦與俗諦。

的苦行事蹟；〔註21〕但其根本的實踐精神則是恆久不變的；或者，宗教的實踐不僅限於有限的廟宇與教堂，而能普及於日常生活的行住坐臥之中。我們看到禪宗所強調的生活性，正符應將宗教實踐落實於生活中之理想。由禪宗開宗立派之根本發展上分析，中國禪宗的建立即融通了中土文化的特性，而成爲中國式的佛教。中國禪宗吸收印度禪的精義，並揉和了中國文化的思想（儒、道思想）所提煉而成。中國禪將印度禪修定三昧實際運用於日常生活（行、住、坐、臥）之中，不僅限於禪修與「打坐」時才開顯其境界。這說明中國禪是在於擴大印度禪的實際應用範圍，發揮「生活與禪定」相配合的具體理想，實踐「禪即生活、生活即禪」的理想境界。中國禪所顯現的生活性正符應通識教育之根本理念，因此，以宗教面向所構築的通識教育之人文內涵，其對生命究竟價值的建構與追尋，也可證成宗教作爲通識教育之不可或缺的重要內涵，並成爲其深具強度與深度的課程設計與安排。

肆、結論

　　當代社會因爲科技與物質文明的影響，強勢的工具理性與科技理性的衝擊，造成現代人生命面對前所未有的困惑，人如何在此狂濤巨浪中找到心靈的浮木、精神的靈糧；進而重建生命的意義與價值，並由此建構生命超越面向的理想。我們看到哲學與宗教面向的思考，提供了究竟與周全的建議，因此，在構造通識教育之人文內涵時，實不可忽視與排除此兩個重要的思考面向。

　　哲學與宗教作爲通識課程人文內涵的根本元素之原由，乃在於其本即生命的學問，爲通識教育所不可迴避之課程結構，而具有綱要性與體系性之架構內涵；哲學與宗教面向的思考，對通識教育所具有無可取代與主導性之價值。由於哲學以生命根本問題的思考爲起始，進而探問生命價值之眞正所在，此本是基於對生命的眞誠與對眞理之熱愛。宗教初則安頓生命對死亡的恐懼，進則滿足人對超越性的內在渴求，此是人追求崇高理想之靈魂內在的原鄉，並提供生命究竟與終極意義之安立，亦即生命意義與價值之究竟所在，從而圓成生命的最終理想。由此，生命意義之探問，也即透過哲學的探問與宗教的實踐，來建構其眞實的意義與價值。

〔註21〕西藏密勒日巴大師（AC1052～1135）以苦修、實修的動人事蹟而聞名，是藏傳佛教噶舉派的重要傳承人物。

引用書目

1. 王志成，《解釋與拯救──宗教多元哲學觀》，台北：學林，1996 年。

2. 尼采著，魏桂邦譯，《尼采語錄》，台北：業強出版社，1996 年。

3. 布魯格編著，項退結編譯，《西洋哲學辭典》，台北，華香園，1992 年。

4. 牟宗三，《中國哲學的特質》，台北：台灣學生書局，1994 年。

5. 吳建明，〈先秦儒家「天人合德」思想之演進與發展〉，東海大學哲學系博士學位論文，2005 年 1 月。

6. 呂大吉，《宗教學通碖》，台北：遠流出版社，1993 年。

7. 辛格（Singer, Irving,）著，郜元寶譯，《生命價值的創造》（The Meaning in Life-The Creation of Value），台北：業強出版社，1996 年。

8. 尚‧布希亞（Jean Baudrillard），蔡崇隆譯，〈消費社會與消費欲望〉，《當代》第 65 期，1991 年 1 月。

9. 唐君毅，《中華人文與當今世界》下冊，台北：台灣學生書局，1975 年。

10. 格爾茲（Clifford Geertz）著，王銘銘譯，《文化的解釋》，上海人民出版社，1999 年。

11. 袁保新，《孟子三辯之學的歷史省察與現代詮釋》，台北：文津出版社，1992 年。

12. 涂爾幹著，芮傳明譯，《宗教生活的基本形式》，台北：桂冠圖書，1992 年。

13. 曾仰如，《宗教哲學》，台北：台灣商務印書館。

14. 戴康生，《當代新興宗教》，北京：東方，1999 年。

15. 懷德海著，蔡坤鴻譯，《宗教的創生》，台北：桂冠圖書，1997 年。

16. 蘇景星，〈孔子宗教態度初探〉，《東海哲學研究集刊》第一輯，1991 年 10 月。

17. George Ritzer 著，《社會學理論》，台北：巨流圖書，1989 年。

18. Martin Buber,I and Thou, trans. by R. G. Smith,New York: Charles Scribner's Sons, 1958.

19. Peter K. McInerney 著，林逢棋譯，《哲學概論》，台北：桂冠圖書，1996 年。

20. Wilson.B,"contemporary transformations of religion",London,1976.